甘いバナナの苦い現実

石井正子 編著

アリッサ・パレデス　市橋秀夫　関根佳恵
田坂興亜　田中滋　野川未央

コモンズ

甘いバナナの苦い現実●目次

序章 そんなバナナ!?●意外と知らないバナナの話……石井正子 9

一 意外と知らないバナナのこと 10
二 フィリピンの人たちが食べているバナナ 14
三 バナナから見えてくること 16
四 『バナナと日本人』が投げかけた問い 21
五 21世紀にバナナが投げかける問い 24

第1章 ミンダナオ島で輸出用バナナが作られるようになるまで……石井正子 33

一 なぜミンダナオ島で広がったのか 34
二 スペインの植民地化に抵抗した南部、植民地化された中北部 37
三 独立を前提としたアメリカ植民地統治——地主エリートによる支配の始まり 41
四 ミンダナオ島への移民入植 45
五 日本軍政期の影響 52
六 独立からマルコス政権期——輸出用商品作物の生産拡大 54

第2章　フィリピンでバナナはどう作られているのか……69

1 バナナ栽培に関わる企業と人びと——農地改革後の変化……石井正子　70

一　包括的農地改革法の制定　70
二　栽培契約とリース契約　75
三　多国籍企業の変化　78
四　地場農園の変化　85
五　アグリビジネスと契約する生産者の変化　92
六　栽培契約とリース契約の問題点　100
七　アグリビジネスによる低農薬栽培バナナ　108
八　輸出用バナナ産業の多角化と拡大　114

2「高地栽培バナナ」の発見と山間部の変化……アリッサ・パレデス　127

一　高地栽培バナナの出現　127
二　販売方法の変化と架空の栽培地　134

三　より高く甘いバナナのより苦い現実　140
四　高くて甘いバナナが忘却するもの　144

第3章　バナナ産業で働く人たちの現実　149

1 輸出用バナナ産業の周辺で――収穫、梱包、運搬、廃棄バナナ利用　石井正子　150
一　数字にみる概要　150
二　バナナ園での仕事　152
三　優良産業の数字には現れない労働者の実態――二つのアグリビジネス　159
四　農園から港まで――バナナ園の外での仕事　163
五　規格外バナナのゆくえ　165

2 正規雇用を求める労働者の闘い――スミフル農園の梱包作業所　田中　滋　170
一　日本のＮＧＯの調査開始　170
二　梱包作業所の不当労働　173

三　法律を遵守しないスミフルと闘いを続ける労働者　181
四　日本の市民・ＮＧＯがしてきたこと、これからできること　191

第４章　バナナ園の農薬散布●毒か薬か　193

1 バナナをめぐる農薬問題　田坂興亜　194
一　フィリピンのバナナ園で使用されている農薬　194
二　バナナに残留する農薬と子どもたちの健康への影響　198
三　農薬散布がバナナ園周辺住民の健康に及ぼす影響　205
四　子どもたちに安全な食環境を残す　210

2 フィリピンの農薬空中散布反対運動　アリッサ・パレデス　216
一　農薬カクテル　216
二　日本人の食のために代償となる命　218
三　農薬の空中散布に反対する運動　221

四　バナナ王のお膝元で　231
五　人間が大切にされていない　236

第5章　多国籍アグリビジネスの再編と新たな「規制」枠組み……関根佳恵　243
一　多国籍アグリビジネスとバナナ　244
二　多国籍アグリビジネスによるバナナビジネスの形成と再編　245
三　多国籍アグリビジネスの新たな戦略——オルタナティヴを「盗用」する　250
四　新たな「規制」枠組みの構築　253

第6章　バナナが食卓に届くまで●サプライチェーンの徹底解剖……市橋秀夫　261
一　バナナのサプライチェーン　262
二　バナナはどう輸出されているのか　263
三　バナナはどう輸入されているのか——保税地域内での工程と輸入業者　282
四　追熟加工は誰がどう行うのか　300
五　国内流通の短縮効率化と寡占化——卸売市場からコールドチェーンの確立へ　309

六　小売店から消費者へ――ブランディング（ブランド戦略）と量販店　321
七　誰にどれだけの取り分があるのか――バナナ価格の構成をみる　331

第7章　私たちはどう食べればよいのか●エシカルな食べ方へ　349

1　公正な民衆交易を目指して　市橋秀夫　350
一　日本でバナナの民衆交易が始まった　350
二　新自由主義のもとでの民衆交易／フェアトレードの変容　356

2　エシカルな食べ方へ　野川未央　367
一　オルタナティヴなバナナの現状　367
二　多国籍バナナ企業を変えるために　370
三　エシカルな食べ方へ　375

あとがき　石井正子　382

そんなバナナ!?
意外と知らないバナナの話

石井正子

一　意外と知らないバナナのこと

バナナは、いまや、めずらしくもなんともない果物となった。スーパーに行けば、季節を問わず、いつでも売っている。コンビニには24時間ある。

では、バナナはいったい、どんな植物に、どんな形で実をつけているのだろうか。本書を読み始める前に想像して、絵に描いてみよう。

<お絵描きコーナー>

図序－1　バナナ・リンゴ・みかんの年間消費量（2人以上の世帯）

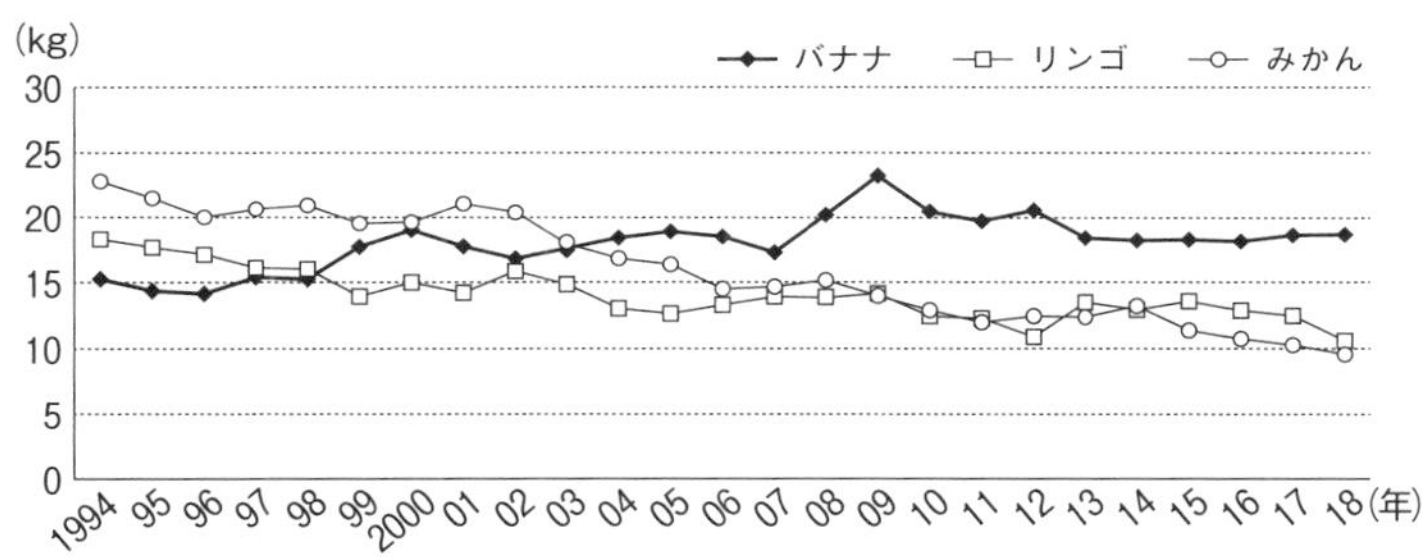

（出典）総務省統計局家計調査「第 15 回バナナ・果物消費動向調査」日本バナナ輸入組合、2019 年 7 月、10 ページより転載 https://www.banana.co.jp/database/trend-survey/docs/trend15.pdf（2020 年 3 月 29 日アクセス）

どうだろう。上手く描くことはできただろうか？

今日、果物のなかで、私たち日本人[1]が最も多く食べているものは、バナナである（**図序―1**）。２００４年にみかんを上回って以来、一貫してトップだ。離乳食からお世話になっているほど身近な存在である。種はなく、皮はむきやすく、手を汚さずに食べられる。便利でありがたい果物だ。

しかし、「バナナの実がなっているところを描いてください」と言うと、大多数の日本人が戸惑う。バナナには南国のイメージがあるから、無人島に生えるヤシの木のような植物を描く。その葉の下に、スーパーで袋詰めして売られている３～５本がつながっている実を付け足す。

バナナの植物が身近である沖縄地方の人を除けば、私たちが描くイメージは、たいていそのようなものではないだろうか。

では、実際に写真で確認してみよう。食料として栽培

写真序－1　バラゴンバナナ
（2015年2月、南コタバト州）

写真序－2　バラゴンバナナの全果房
（2015年2月、南コタバト州）

されているバナナには、数百の品種があるという。上の写真はオルター・トレード・ジャパン社が輸入しているバラゴン（*balangon*）[2]と呼ばれるバナナである（**写真序－1、2**）。

バナナの背丈は種によって異なるが、高いものは5ｍほどになる。背丈が高いので木と思われがちだが、じつは幹に見えるものは、葉鞘（葉の付け根が鞘状に変形したもの）が重なり合ったもの（偽茎）である（**写真序－3**）。偽茎は柔らかいため、台風などの強風に弱い。

ほとんどの栽培されているバナナの果実には種子がない。野生種には硬い種子があるが、栽培されている品種は、突然変異により種子ができなくなったものである。このため、株を増やすときには脇芽を使って株分けをする。

果実を収穫すると親株は枯れる（または切り倒される）が、地下の球茎から出る脇芽が新しい

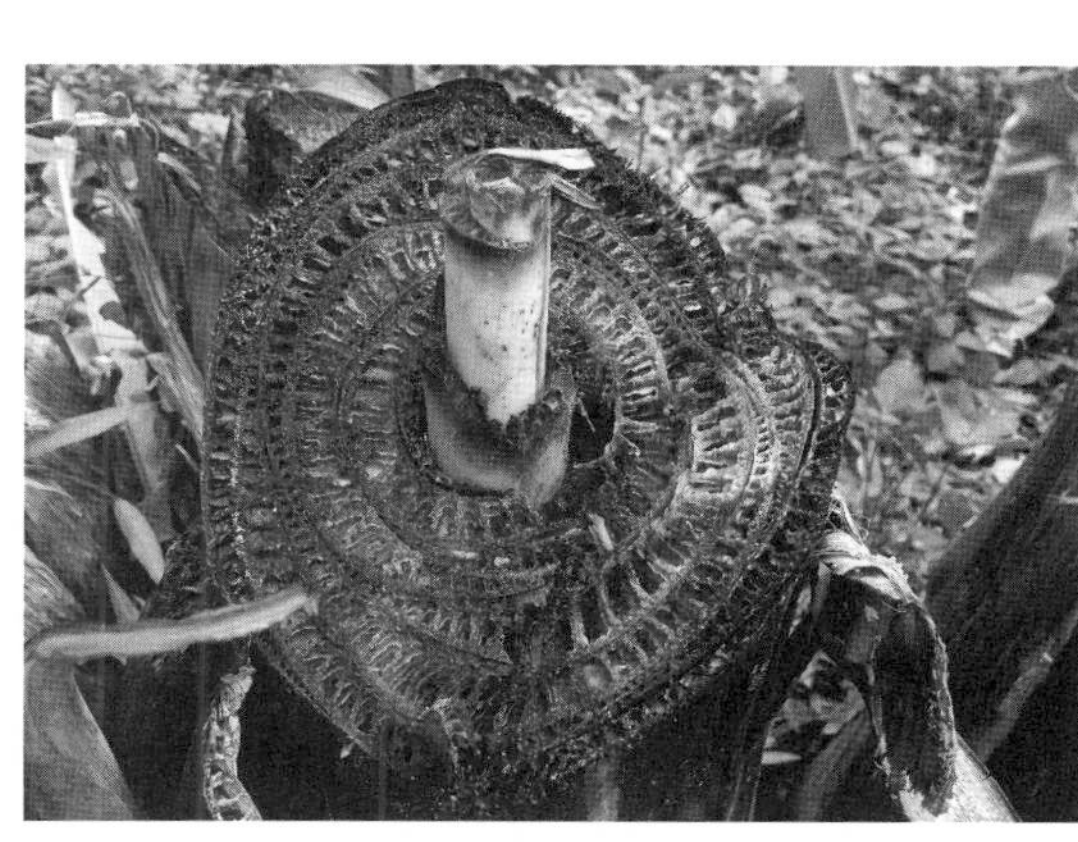
写真序－3　偽茎の断面(2016年9月、南コタバト州)

親株として成長し、6カ月～1年ほどで再び開花結実する。株分けで増やすバナナは、同一品種内の遺伝的多様性に乏しい。そのため、病気が発生すると壊滅的な打撃を受けやすい。

バナナの栽培に適した熱帯や亜熱帯における人類とバナナの歴史は古い。2002年にパプアニューギニアのクックの初期農耕遺跡で、紀元前5000年ごろにバナナが栽培されていた痕跡が見つかった(ただし、彼らが食べていたのは野生種バナナの地下の球茎部分)。聖書に登場する禁断の知識の木の果実はバナナだったが、ラテン語版が活版印刷の発明により普及する過程で誤解され、リンゴになってしまったという話もある(コッペル2012)。しかし、バナナが育たない地域に住む人びとと商品作物としてのバナナとのつきあいは、ほんの150年ほどだ。

では、バナナは、どこから日本に輸入されているのだろうか。こちらはお絵描きクイズとは違い、日本人正解率8割超と言っていい問いだ。バナナ＝フィリピン、フィリピン＝バナナというほど、いまの日本人のなかでは、バナナはフィリピンと結びついている。

しかし、「じつはフィリピンから輸入されるバナナの98％はミンダナオ島で生産されているんですよ」と言うと、驚く人は少なくない。バナナはフィリピン全土で生産され、その一部が日本に輸入されていると思っている人が多いからだ。

なぜ、輸出用バナナはほぼミンダナオ島だけで栽培されるようになったのか。この事情は次章で詳しく説明することとして、ここでは、私たちが食べているバナナは、フィリピンの人たちが普段食べているバナナを増産したものではないということを確認しておこう。つまり、フィリピンの人たちが食べない輸出に適したキャベンディッシュという種類のバナナを、わざわざミンダナオ島の広大な土地で栽培しているのである。

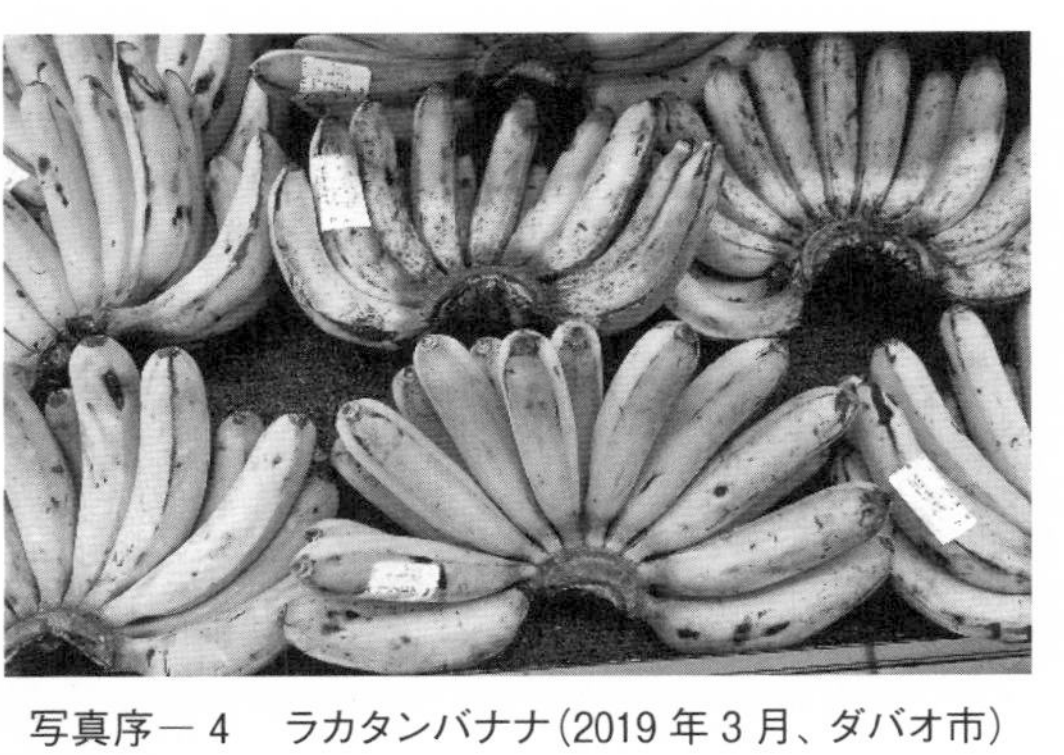

写真序－4　ラカタンバナナ（2019年3月、ダバオ市）

二　フィリピンの人たちが食べているバナナ

では、フィリピンの人たちはどんなバナナを食べているのだろうか。

まず、人気なのはラカタン（**写真序－4**）であろう。食感はねっとりしていて、実は濃い黄色で、蜜のように甘い。

写真序－5　ラトゥンダンバナナ（2017年2月、南コタバト州）

写真序－6　サババナナ（2015年9月、コタバト市）

同じく好まれるのはラトゥンダン（**写真序－5**）。皮に厚みがなく、色は薄く、実はもっちりしていて、酸味が強い。もっとも、十分に熟していないものを食べてしまうと、口の中が渋みで一瞬マヒした状態になる。ところが、困ったことに、十分に熟したかどうかを見極めるのは素人には難しい。個人的にラトゥンダンが大好きな私は、市場で買ってきては、まだ熟していない実をほおばり、口をアワワとマヒさせる、という失敗を繰り返している。

この二種類のバナナに加えて、フィリピンに行ったらぜひ試してほしいのが、生では食べない、サバと呼ばれる調理用のバナナである（**写真序－6**）。

サバの実を二つ串刺しにして、黒砂糖をまぶして揚げたものがバナナキュー。一串10ペソ＝

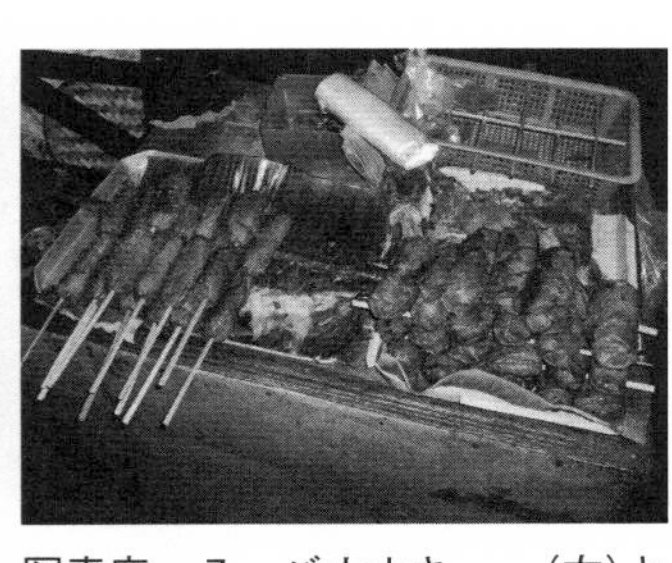
写真序－7　バナナキュー（左）とトロン（2009年8月、マニラ市）

写真序－8　バナナハート（2015年9月、コタバト市）

21円ほどである（**写真序－7**）。また、サバの実を春巻きの皮でくるんでディープフライにしたものがトロン。熱々のうちに、ハフハフ言わせながら食べるのが美味しい。外はパリっとしていて、中からトロ～ンと甘酸っぱい果実がとろけだすようだ。やはり一つ10ペソ。どちらも安く、庶民の味方のおやつである。

三　バナナから見えてくること

バナナは実だけが利用されるのではない。花は赤紫色で、心臓の形にも見えるので、「バナナハート」（フィリピン語では *puso ng saging*）と呼ばれる（**写真序－8**）。バナナハートは、ココナツミルクとの煮込み料理（*ginataang*）や、玉ねぎやトマトなどとサラダの具材になる。

葉は巨大だ。おこわをくるんだり、蒸し菓子や焼き菓子に使うと、香りがよい（**写真序－9**）。お皿としても重宝される（**写真序－10**）。

そして柔らかい。農作業のときに使うボロと呼ばれる山刀で形

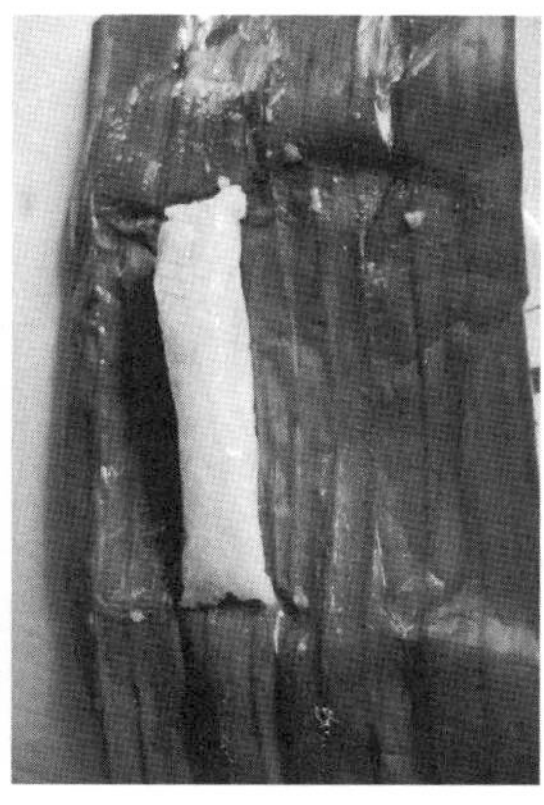

写真序－9　もち米にココナツミルクを加え、バナナの皮でくるんで蒸したスマン(*suman*)(2016年9月、南コタバト州)

写真序－11　バナナ傘(2016年9月、マギンダナオ州)

写真序－10　大きなバナナの葉をそのままお皿に(2011年9月、パンパンガ州)

を整えて切り出せば、即席傘のできあがり。雨傘にも日傘にもなる(写真序―11)。アバカ(マニラ麻)と同じバショウ科なので、偽茎から繊維を取り出し、紡いで布を織り、紙を作ることもできる。布はフィリピン人男性の正装のバロンタガログにも仕立てられる。

このように、フィリピンでは植物の部位すべてが利用されている。すぐれた有用植物であり、豊かな生活文化を創っているのである。

かつて私は、ミンダナオ島ジェネラルサントス市の市場の路上で、野菜売りをしていたことがあった。正確に言えば、野菜売りをしていた女性の手伝いをしながら、彼女のライフヒストリーに耳を傾けていたのだ。私は彼女のことを「お母さん」と呼び、親しんでいた。なお、市場では、バナナの葉も売られている(写真序―12)。

市場の朝は早い。「お母さん」は朝2~3時ごろに起床する。未明、近郊の農民が野菜や果物をトラックやジープニー(ジープ型の乗物)の荷台に乗せて、市場に卸しにやってくる。このことを地元の人は俗に「ジャンブル」と言うのだが、この言葉はすぐに覚えられた。色とりどり、形もいろいろ、虫食いもある、泥もつきっぱなし。けれども、どこか生命力をみなぎらせた野菜や果物が、トラックやジープニーの荷台から地面に放り出される。その豪快な様子が、「ジャンブル」という音感と結びついたからだ。

バナナは、全房ごと運び込まれる。いや、運び込まれるというより、担ぎ込まれるといったほうがいい。バナナの皮には、たくさんの傷がついている。だが、そんなことは、市場では問

写真序－12　公設市場で売られているラカタン。よく見るとおばさんの膝の前あたりにバナナの葉も売られている（2015年9月、コタバト市）

題にならない。小売商や私の「お母さん」のような露天商は、虫食いはないか、実が太っているか、うまそうかに目を光らせながら、農民が運び込む野菜や果物を選ぶ。

そして夕方。「お母さん」の朝は早いので、そろそろ家に帰ろうとする5時ごろ、市場に「リジェクト、リジェクト」という声が響く。「リジェクト」は英語の reject＝廃棄、という意味だ。声がする方に目をやると、エビの頭だけを売りに来る人、マグロの内臓を売りに来る人、そして緑色のバナナを売りに来る人がいる。バナナは、少し傷があったり、ひんまがったりしている。つまりこれらは、日本向けの輸出規格の対象外となり、廃棄された魚介類の部位や果物なのだ。市場では、「リジェクト」に一番安い値段がつけられる。「お母さん」はマグロの内臓を買い、それを夕食のおかずにしたことがあった。

私たち日本人は、輸出規格を通ったバナナの実だけを食べる。規格外となった実は、捨てられるか、二束三文で市場に売り出される。農民は、廃棄の対象となった実を譲り受けるか安く買い、切り刻んで家畜のえさなどに利用する（第3章1参照）。一部はバナナケチャップやバナナチップスの材料として利用されるが、限られている。なお、輸出用バナナのほとんどに農薬が使われているので、葉は利用できない。

バナナはいつでも私たちの身近にある果物だ。しかし、輸入果物だけに、私たちはその植物を目にすることはない。実以外の利用の仕方を知らない。

輸出用バナナは広大な土地に単作されている。大規模な単一作物農園＝プランテーションの問題は、バナナに限らず、サトウキビ、ゴム、茶、コーヒー、カカオ、ココヤシ、アブラヤシなど他の作物においても指摘されてきた。それらの輸出用商品作物は、豊かな国の消費者が安価で購入できるように、巨大資本によって大量に流通・販売される。

一方の末端生産者の多くは低収入・低賃金で、生活を向上させられない。自給用作物が植えられていた彼らの土地は、自分たちが食べない商品作物の栽培に変えられる。生産者の生活はますます輸出用商品作物栽培に依存するようになる。広大な土地における単作は農薬の使用が必須となり、自然環境に負荷を与える。先進国で規制されている有毒な農薬が使われることもある。

一次産品をめぐる「先進国」と「開発途上国」の貿易不均衡の問題がラテンアメリカの経済学者によって提起されたのは1960年代だ。プランテーション栽培に携わる労働者の貧困問題は植民地主義の延長であるとして批判の対象になってきた。しかし、こうした古くからの批判にもかかわらず、フィリピンにおける輸出用バナナのプランテーションは、日本だけではなくグローバル市場に向けて拡大している。

いったいこれまで指摘されてきた問題は、どのように変化しているのだろうか。そして、私たちは、グローバルに展開するプランテーションに食料供給の多くを支えられている状態に、どのように向き合えばいいのだろうか。

四　『バナナと日本人』が投げかけた問い

フィリピンの農民が、自分たちが食べないバナナを輸出用に栽培する。しかも、農民や、バナナ園や梱包作業所で働く労働者、箱詰めされたバナナを船に積む港湾労働者は、低収入・低賃金で貧困から抜け出すことができない。広大な農地がバナナの単作に転換され、有毒な農薬が農民の健康をむしばむ。農作業が細かく分けられてあたかも工場のように生産管理が行われ、自然のリズムを壊していく。鶴見良行は1982年、『バナナと日本人——フィリピン農園と食卓のあいだ』(岩波新書)を出版し、こうした問題を指摘した。

1970～80年代は、高度経済成長を経た日本が非西欧ではいち早く先進国の仲間入りをし、「ジャパン・アズ・ナンバーワン」と評されるなど、敗戦国の立場から自信を回復していった時代であった。89年には、日本のODA(政府開発援助)の拠出額がアメリカを抜いて世界第一位となる。

日本の戦後処理を定めた1951年のサンフランシスコ講和条約には、冷戦の力学のなかで、アメリカの主張により連合国が日本に対する賠償請求を放棄する条項が盛り込まれた。アジア・太平洋戦争で100万人の死傷者を出したフィリピンは、条約の内容があまりにも日本を優遇しすぎているとして、調印はしたが直ちには批准しなかった。それゆえ、フィリピンとの賠償協定締結と国交正常化は56年に持ち越されたのである。

フィリピンに対する賠償は、その後の二国間の賠償協定において、金銭(カネ)での支払いに代わり、日本の生産物(モノ)と日本人の技術者などの役務(ヒト)を供与することとなった。戦後賠償が発展的に解消されたのがODAを中心とした経済協力である。日本のODAの拠出額の最大の受け手は東南アジア諸国で、それは日本の経済進出の契機をつくった(津田・横山編著1999)。しかし、鶴見の本が出版された1980年代には、戦後賠償が発展的に解消されたものがODAであったという事実など忘れ去られようとしていた。

1970年代、東南アジアは開発独裁の時代を突き進んだ。フィリピンでは65年に大統領に就任したフェルディナンド・マルコスが、72年に戒厳令を布告し、議会を停止して独裁体制を敷き、強権的に開発政策を推し進めていく。日本の賠償とODAはマルコス開発独裁政権に拠出され、ODA事業では日本の企業が受注して道路や橋の建設などのインフラ整備が行われた。独裁政権には、クローニーと呼ばれる取り巻き政治家が登用され、ODA事業のリベートにより、彼らは私腹を肥やしていった(リベラ2004)。

一方、戦争犠牲者や庶民はその恩恵にあずかることがない。それどころか、貧富の格差が広がっていく。インフラ整備によって東南アジアの一次産品は日本を中心とした海外に輸出され、代わりに東南アジアには、TOSHIBA、SONY、TOYOTAなどの日本製品があふれた。

フィリピン・ミンダナオ島産バナナの日本輸出は、このような時代背景のなかで始まり、拡大していく。日本がIMF（国際通貨基金）の要請を受けてバナナの輸入を自由化したのが1963年であった。その前後から、ドール、デルモンテ、ユナイテッド・ブランズ（当時はユナイテッド・フルーツ。70年にユナイテッド・ブランズに再編。90年にチキータ・ブランズ・インターナショナルに改称）というアメリカ系多国籍企業がフィリピンでのバナナ栽培と日本への輸出に参入する。

この三つのアメリカ系多国籍企業からやや遅れて進出したのが住友商事であった。出遅れた住友商事出資のダバオ・フルーツ社は自社の農地を確保できず、土地をリースしてバナナ栽培を開始。このうちの一つの農園が、ダバオ市の山間部のカリナン地区に位置していた。そして1980年代末に、第2章2でみるように、高地にあるカリナン地区の農地から、高地栽培バナナが「発見」されることになる。

こうして、鶴見が『バナナと日本人』を執筆する1980年ごろまでには、ミンダナオ島の約2〜2・5万haの土地が日本輸出用のバナナ園になっていた。多国籍企業はフィリピン系資本や権力と結びつき、戒厳令のもとで国軍や警察軍を動員して労働運動を抑えた。そのため、農業労働者は声をあげられないでいた。このような、甘いバナナの苦い現実を鶴見は描いた。

じつは、一次産品の輸出を通じた東南アジアとのいびつな関係はバナナに限らない。木材、天然ガス、エビ、マグロ、コーヒー、ココナツ、そして近年ではアブラヤシなど、巨大資本が現地の安い労働力を搾取し、環境破壊を引き起こすかたちで日本に輸出されるモノは他にもある。

しかし、原材料として加工され、日常生活に見えにくい形で利用されるものとは違い、安くなったフィリピン産バナナは庶民的で、誰もが直接生で食べる果物である。だからこそ、バナナは、誰もが自分事として考えることができる思索の糧となる。鶴見は戦後、1980年代までに築きあげられてきた東南アジアと日本のいびつな関係をバナナという鏡を通じて映し出した。そして「私たちの食生活が安全であればよいのか」と問うたのである。

五　21世紀にバナナが投げかける問い

あれから約40年、いったいこの間、何が変化し、何が変化しなかったのだろうか。そして、いま、バナナが私たちに投げかける問いは、何であろうか。

日本が初めて商品としてのバナナを輸入したのは旧植民地の台湾からで1903(明治36)年であった。戦後もバナナの輸入が63年に自由化されるまで、台湾産、そしてアメリカ系多国籍企業が栽培と輸出に関わるエクアドル産が大半であった。

しかし、1969年にフィリピンからの輸入が本格化すると、フィリピンからの輸入量は75年に一度ピークを迎え、その後は漸減するが、84年から再び増加する。74年にフィリピン産のシェアは7割を超え、過去40年以上、日本人が食べるバナナの7~9割はフィリピン産でありつづけている（図序―2）。2009年には120万トンを超え、ピークを迎えた。一方で、値段はこの40年間、あまり変わらない（図序―3）。

ただし、40年間にさまざまな変化も起こっている。

近くのスーパーのバナナ売り場に行ってみてほしい。どのような種類のバナナが売られているだろうか。それらはどこで生産され、どんな会社によって輸入されているだろうか。どんな商品化・ブランド化のもとに売られているだろうか。こうしたことを観察するだけでも、その変化がみて取れる。

同じ一袋3~5本のバナナに、さまざまな値段がつけられて、ブランド化されている。そのなかに、比較的高い値段で売られている「高地栽培バナナ」がある。寒暖の差が大きい標高が高い土地で栽培されると、ゆっくり成長するため糖分となるでんぷん質が実に多く蓄えられ、より甘くなる。第2章2でみるように、1980年代末以降、より高い利潤を生み出す高地栽培のバナナ園が、ミンダナオ島の先住民が暮らす山間部に広がっている。

健康志向やエシカル志向の消費者にあわせて、有機栽培や無農薬栽培バナナも売られてい

推移（1950〜2019 年、上位 5 カ国）

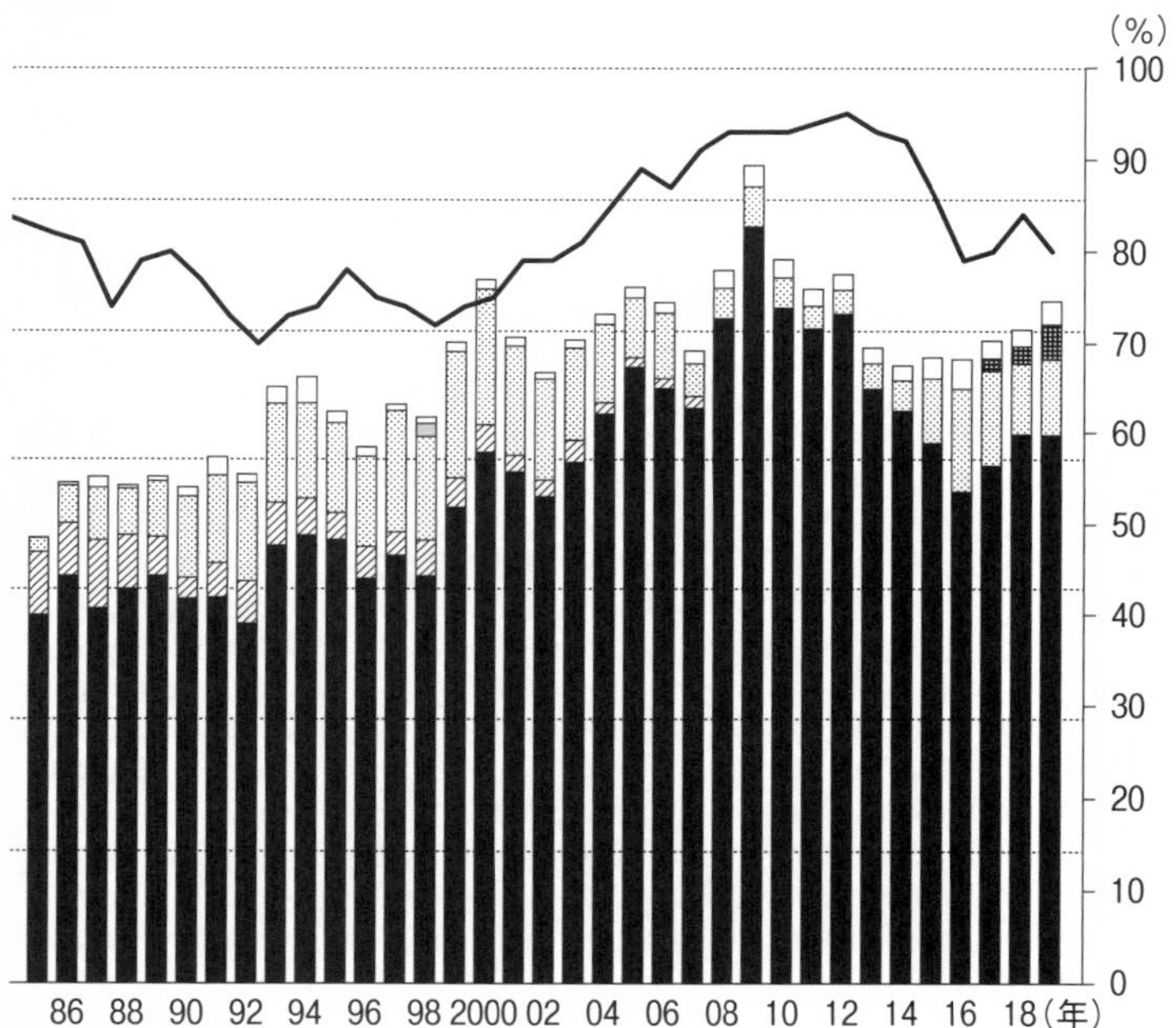

ナ大学。https://www.banana.co.jp/database/statistics/
統計の総合窓口（e-Stat）、農林水産省、2020 年、https://www.e-stat.go.jp/stat-stat_infid=000031926086（2020 年 5 月 31 日アクセス）

る。[3] 鶴見の本に触発されて消費者運動が起こり、第7章でみるように1989年に設立されたオルター・トレード・ジャパン社が無農薬栽培バナナの輸入を開始した。無農薬のバナナは同社を通じて生協などに卸された。しかしいまでは、普通のスーパーでも有機栽培バナナが購入できる。有機栽培バナナの流通にはタナカバナナ社やヒロインターナショナル社などの独立系輸入業者が力を入れている。また、有機栽培バナナの市場には、フィリピン産

図序－2　日本のバナナ輸入量の

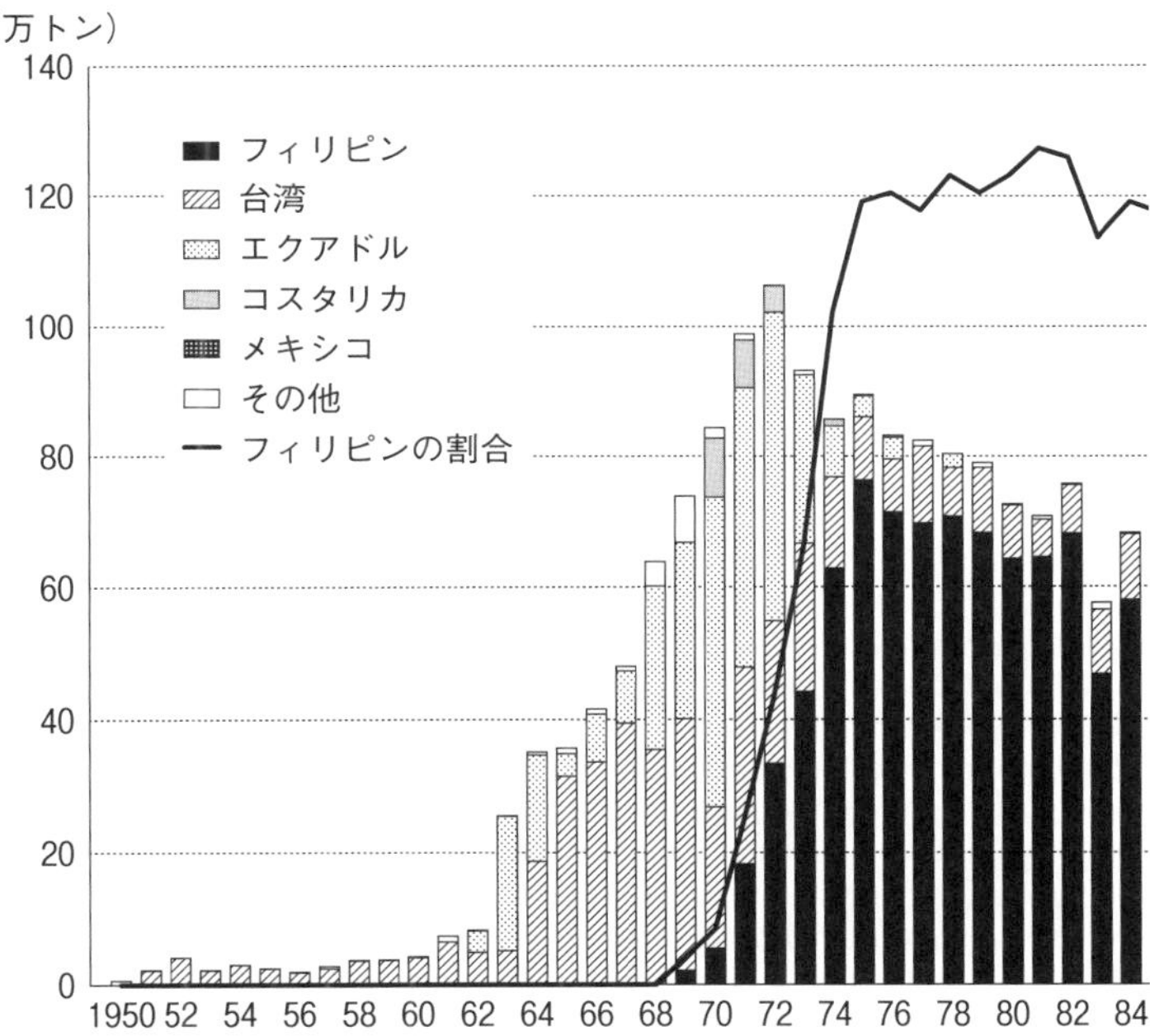

(1949～2018年までの出典)「国別バナナの輸入量(財務省貿易統計より)」バナ
(2019年の出典)「バナナ(生鮮)農林水産物輸出入統計／貿易統計(輸入)」政府
search/files? page=1&query=%E3%83%90%E3%83%8A%E3%83%8A&layout=dataset&

はタナカバナナだけではあるが、第6章でみるように消費者の志向に敏感な多国籍企業も参入している。

そして、バナナを日本人の食生活からみると、興味深い変化がみて取れる。日本人の生の果物の消費量は減っている。しかし、そのなかで**図序－1**でみたように、2004年以降、みかん、リンゴを抜いてバナナがトップとなった。生の消費が減っている一方、スムージー、ジュース、エナジーバー(携帯型の栄養補助食品)などの加工品で果物を

図序－3　バナナ・リンゴ・みかんの価格推移（東京）

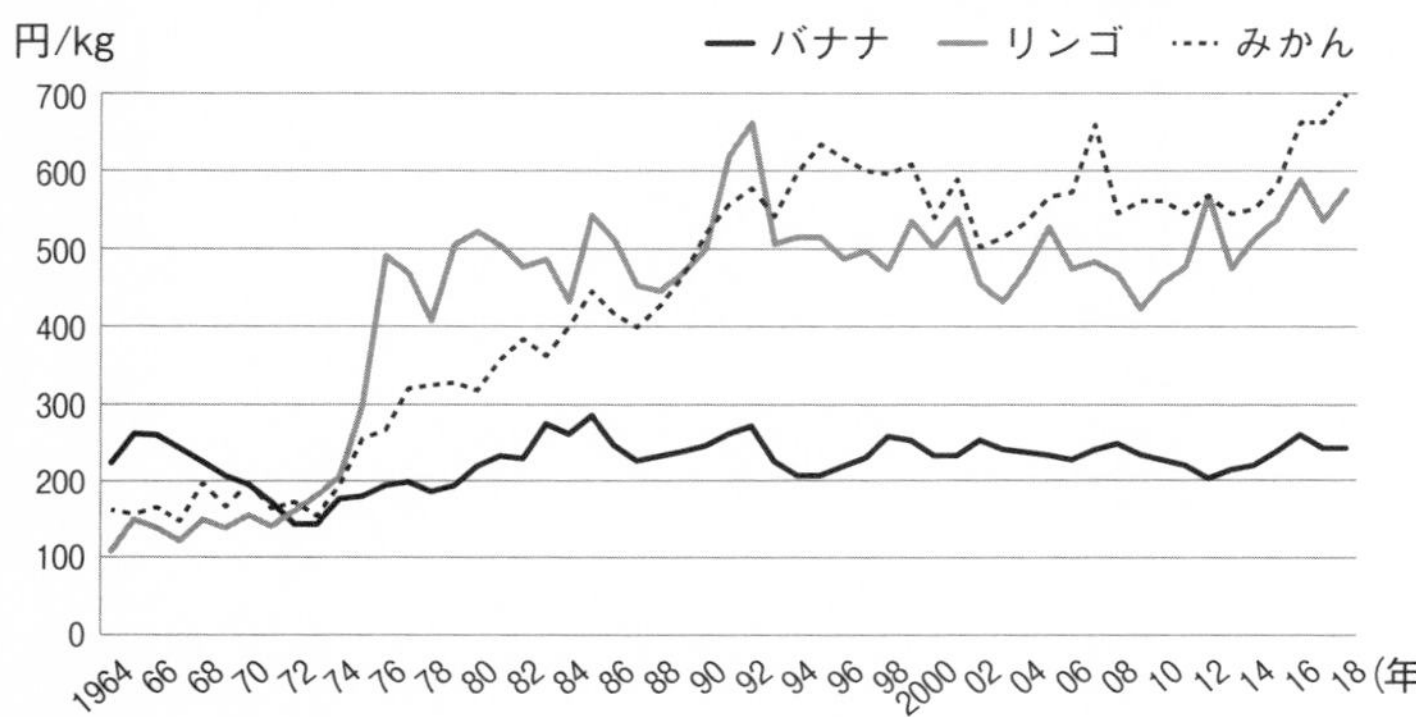

（出典）小売物価統計調査、総務省統計局（旧総理府統計局）

摂る人は増えている。それは、とりわけ若い世代に著しい（**図序－4**）。バナナや加工品に共通するのは、手を汚さず、食べることが面倒くさくないということだ。この変化は何を意味しているのであろうか。

面倒くさくなく、虫が付いておらず、形が整ってて、傷が付いていない。安全なバナナをいつでも手に入れたい。食べ物に対する便利さの追求を否定するわけではない。だが、知らず知らずのうちに、私たちはそれに代償を払ってはいないだろうか。

第6章にみるように、バナナの流通には、生産から消費に至るまでの流れ、つまりサプライチェーンにおける問題も残る。他方で、バナナの消費量も大幅には増えていないなか、バナナのブランド化とパッケージ化の開発の進展、つまりヴァリューチェーンにおける企業間競争が起きている。たとえば、「高地栽培バナナ」に対して、低価格であった低地栽培バナナが「低糖度バナナ」として、ダイエット向きに商品化された。

図序－4　性別・世代別にみる生鮮果実と果実加工品の購入度合い

■ 生鮮が主体　■ 同程度　▨ 加工品が主体　□ どちらもほとんど食べない

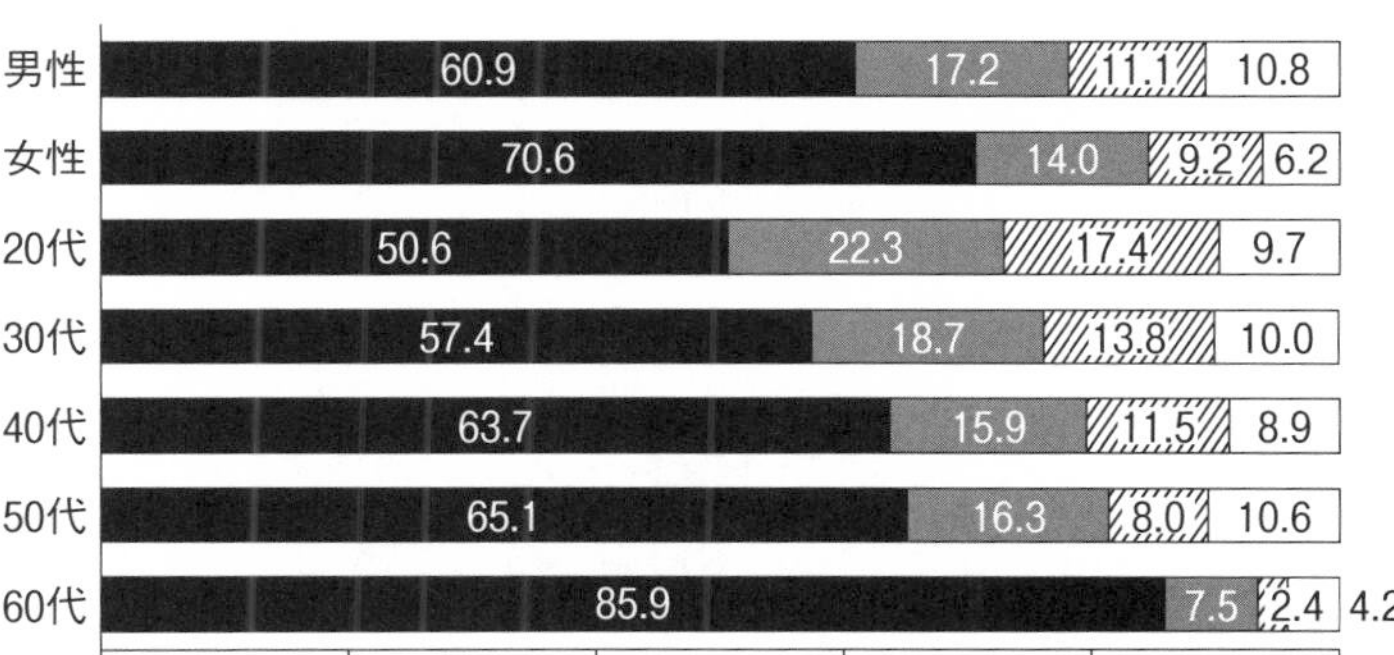

(資料)(公財)中央果実協会「果実の消費に関するアンケート調査」(平成30年度)。
(出典)農林水産省「果樹をめぐる動向」(令和2年6月)。

血圧を下げる効果を謳ったバナナも登場している。ブランド化で価値を生み出す典型例と言えよう。

私たちの選択が、企業の商品化・パッケージ化が生み出す価値に左右されつつある。私たちは、いつのまにか、食べ物を生み出す自然環境との関連性で価値を評価することを忘れてしまい、食べ物のブランド化とパッケージ化にお金を支払うようになっているのかもしれない。私たちの食を選ぶ権利は大企業に支配され、狭められている傾向にあるのではないだろうか。

食べ物の良し悪しを見極める目利き力を失い、ステキにパッケージ化された食品を選び、いつの日かスーパーにも足を運ばなくなり、オンラインでバナナを購入する時代がやってくるかもしれない。そして、手軽なバナナの消費量を増やし、地産できるみかんやリンゴの消費をますます減らしていく可能性もある。生の食べ物と、それを生み出す自然環境とどのようなつきあい方をするライフスタイルを私たちは選択したいのか。ここに、いまバナナが投げかけている問いの一つがあると思われる。

一方、生産地フィリピンでの変化はどうだろうか。日本だけではなく、中東諸国、韓国、中国への市場が拓けたことにより、ミンダナオ島の輸出用バナナ園の面積は拡大している。２０１６年に就任したドゥテルテ大統領は、ロシアへのバナナの売り込みにも抜け目がない。フィリピンの輸出バナナ市場はグローバル化している。

第6章でみるように、日本輸出用バナナのサプライチェーンもダイナミックに変化している。中東や中国などの市場が拓けたことで、フィリピン系資本も栽培だけではなく輸出業にも参入している。このように、多国籍企業以外の資本が流通に参入する傾向もみて取れるものの、相変わらずフィリピンの生産者と日本の消費者をつなぐ流通を支配するのは多国籍企業のグループ会社・出資会社である。

その多国籍企業のグループ会社・出資会社も複雑に変化してきている。２０１３年にはドールのアジアの青果物事業とグローバルに展開する加工食品事業が伊藤忠商事に売却された。住友商事は出資していたダバオ・フルーツ社から撤退し、03年にモーリシャスに本社をおくソントン・ベンチャー社と合弁でスミフル・シンガポール社を設立した。スミフル・シンガポール社の子会社がフィリピン現地で栽培管理と輸出業を担うスミフル・フィリピン社である。しかし、住友商事は19年に持ち株をすべて合弁相手の会社に売った（第3章2参照）。ただし、ブランド名「スミフル」は残されたままだ。こうなると、普通の人はなかなかついていけない。

輸出用バナナ園の拡大にともなって、農民や農業労働者の生活は豊かになっているのだろうか。フィリピンでは、1990年代後半から商業農園の農地改革が本格化し、バナナ園などの土地が農業労働者などに分配された。手に入れた土地を活かして自立の道を歩んだ農民もいる。輸出用バナナ産業が現地に雇用を生み出していることを否定するわけではない。

だが、実質的に農地改革前と変わらず、貧困から抜け出せないでいる農民もいる。貧困から抜け出せないばかりではなく、不当な労働条件に抗議している労働者（第3章2）や有毒な農薬の散布により健康被害を訴える農民もみられる（第4章）。しかしながら、多国籍企業のウェブサイトを訪ねれば、「環境にやさしいバナナ栽培」が強調されている。皮肉にも、こうした現地の問題は、インターネットの普及にともなって見えにくくなった。

自分たちの生活の豊かさや安全を確保するためにリスクを他者に押し付けるあり方は、バナナだけではなく、原子力発電所や米軍・自衛隊基地にも通じる問題である。変化しつつも40年以上も解消していないバナナ生産地の問題にいま一度向き合うことを通じて、他者にリスクを押し付けないライフスタイルとは何かという問いの答えをさがしていきたい。

（1）日本人とは、国籍のうえでの日本人ではなく、日本に生活する人びとを指す。

（2）オルター・トレード・ジャパン社は「バランゴンバナナ」と呼ぶ。*Balangon*とは主にネグロス地方の言葉であり、発音はバラゴンの表記に近い。フィリピン語では*bungulan*（ブグラン）である。キャベンディッシュの一種であり、フィリピン各地に自生する。以下、本書では「バランゴン」と表記する。

（3）本書では、政府機関や国際機関から有機認定を受けたバナナを「有機栽培バナナ」といい、認定はされていないが農薬不使用で栽培されたバナナを「無農薬栽培バナナ」と称する。

〈参考文献〉

コッペル、ダン著、黒川由美訳『バナナの世界史――歴史を変えた果物の数奇な運命』太田出版、２０１２年。

津田守・横山正樹編著『開発援助の実像――フィリピンから見た賠償とＯＤＡ』亜紀書房、１９９９年。

鶴見良行『バナナと日本人――フィリピン農園と食卓のあいだ』岩波書店、１９８２年。

リベラ、テマリオ Ｃ著、伊賀司訳「援助の政治経済学――フィリピンにおける日本のＯＤＡ 一九七一～一九九九年」池端雪浦／リディア・Ｎ・ユー・ホセ編『近現代日本・フィリピン関係史』岩波書店、２００４年、５４１～５８２ページ。

第1章

ミンダナオ島で輸出用バナナが作られるようになるまで

石井正子

一　なぜミンダナオ島で広がったのか

台風が来なかったミンダナオ島

日本が輸入するフィリピン産バナナの98％は、ミンダナオ島で生産されていると序章で述べた。ミンダナオ島は島々が7000以上集まるフィリピンの南部に位置し、ルソン島に次ぐ大きな島だ（**図1―1**）。面積は約975万haで、フィリピン全土の約3割を占める。北海道（約835万ha）と岩手県（約153万ha）を足した面積よりやや小さいくらいであろうか。人口は約2400万人で、全人口約1億800万人の約22％が生活している（2019年現在）。

フィリピンは台風の発生域にある。だが、緯度約5・3～10・0度に位置するミンダナオ島はその域外にあり、台風の襲撃はない。いやなかった、と言ったほうがいいのかもしれない。最近の異常気象により、2011年に台風ワシ（フィリピン名センドン）が、12年には台風ボーファ（フィリピン名パブロ）が襲来した。とくにボーファは、バナナ園が広がる第Ⅺ（ダバオ）地域①を直撃し、大きな被害を出した。「巨大な草」であるバナナの偽茎は柔らかく、台風に弱い。ミンダナオ島がバナナの大量生産に適している理由の一つは、台風の襲撃がないことであった。しかし、近年は台風による被害を免れない。新たな災害リスクがどのように生産者に影響を及ぼしているのか。これについては、次章で触れる。

図1－1　フィリピン

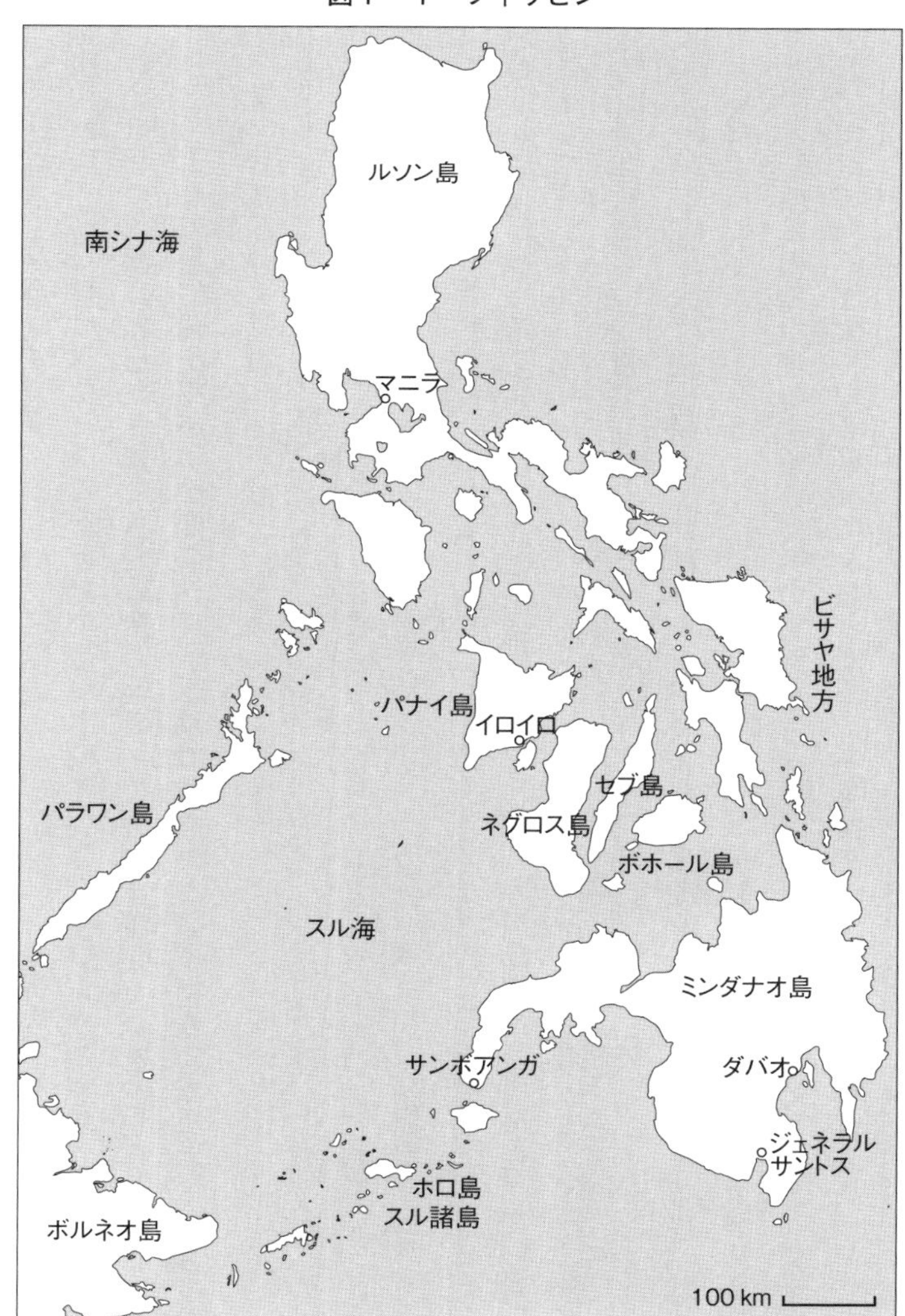

(注)本書に登場する主要地名を記す。

ミンダナオ島の社会史とバナナ

輸出用バナナがほぼすべてミンダナオ島で栽培されている理由は、自然環境が適しているからだけではない。同島に形成されてきた政治・経済・社会の土壌がそれをもたらしてきたのである。どのようにして輸出用バナナがミンダナオ島で作られるようになったのか。本章では土地所有制度の変遷に注目して振り返ってみたい。

鶴見良行の『バナナと日本人』は、日本人が当たり前のように食べるようになったバナナが、巨大資本の多国籍企業とグループ会社・出資会社に搾取される生産者のうえに成り立っていることを明らかにした。その事実が日本の消費者に与えた衝撃は大きく、功績が評価されている。ただし、じつは鶴見は、その第4章以降で輸出用バナナ産業の生産と流通を詳述する前に、二つの章(第2章、第3章)を割いて、その背景となるミンダナオ島の社会史を述べている。とくに注目しているのが、日本人によって20世紀前半にダバオに拓かれたアバカ(マニラ麻)農園の経営が同世紀後半に展開する輸出用バナナ園に与えた影響だ。

どのようにして広大な輸出用バナナ園がミンダナオ島に出現したのか。それを可能にした社会史を理解することは、1960年代以降にバナナによって結ばれるフィリピンと日本の関係を善悪論の枠組みのみで理解することへの警鐘にもつながる。起こっている不正義に対する異議申し立ては、いうまでもなく必要である。だが、善悪論のみで問題を理解すると、その解決策も一時的・表面的なものにとどまってしまう。不正義がどのようにして生み出されてきたか、その仕組みを歴史的に振り返って知ることが大切であろう。

二　スペインの植民地化に抵抗した南部、植民地化された中北部

フィリピン南部の先住民

フィリピンの植民地化は、いやミンダナオ島の植民地化は、いつ始まったのだろうか。1521年3月、スペイン王の支援を受けたポルトガル出身の男が命からがら3隻の帆船を率いて世界で初めて太平洋を横断し、現在のフィリピン中部ビサヤ地方にやってきた。フェルディナンド・マゼランである。彼はセブ島のフマボン王とは友だちになれたが、マクタン島のラプラプ王と対立し、同島で殺されてしまう。その後、マゼランが拓いた航路によりフィリピン諸島に渡来し、メキシコとの往復航路開拓に成功したミゲル・ロペス・デ・レガスピが1571年にマニラにスペイン植民地政府の拠点を築いた。スペインによる約300年にわたるフィリピン諸島の植民地化の幕開けである。

スペインに植民地化される前、ミンダナオ島、スル諸島、パラワン島、ボルネオ島の東側にかけては、主に二つのイスラム王国が成立していた。7世紀に現在のサウジアラビアで発祥したイスラム教は、アラビア半島からインド洋を渡り、東南アジア島嶼部に連なる海の交易路に

のって、13～14世紀ごろにフィリピン南部に伝えられた（当時はフィリピンという概念はなかったが）。その影響により、ホロ島を中心としてスル王国（15世紀成立）が、ミンダナオ島の南西部を中心としてマギンダナオ王国（16世紀成立）が成立した。

一方、イスラム教への改宗を選択しなかった住民は、居住地を山間部に移した。後述するように、フィリピン南部でイスラム教を受け容れた住民は、一般的には「モロ」と呼ばれるようになる。モロと、イスラム教に改宗しなかった住民が、20世紀前半よりミンダナオ島に入植するキリスト教徒に対して、フィリピン南部の「先住民」と位置づけられるのは、こうした事情による。そして、次章で述べるように、ミンダナオ島の高地栽培バナナの生産地が、山間部の非イスラム教徒先住民の先祖伝来の領域と重なるのも、こうした歴史的背景による。

南部——スペインによる植民地化への抵抗

マニラに植民地政庁をおいたスペインは、二つのイスラム王国が成立していた南部を征服するために遠征隊を派遣した。富の確保に加えて、中北部の住民をキリスト教徒に改宗したように、南部の住民に対してもキリストの福音をもたらすことが、彼らのミッションであった。遠征隊には神父が同行することがあった。

これに対しイスラム教徒は、スペインによる征服とキリスト教への改宗に抵抗した。スペインは、なかなか服従しない南部のイスラム教徒を、敵意と侮蔑をこめて「モロ」と呼んだ(2)。十字軍の遠征で対峙した北アフリカのムーア人を「モロ」と呼んでいたことにちなんだ呼び名である。

ここでふまえておきたいのは、植民地化前、二つの王国を形成したイスラム教徒の「モロ」も、イスラム教に改宗しなかった住民も、明確な土地の領有概念を持っていなかったということだ。とりわけ二つのイスラム王国にとっては、土地よりも人の確保のほうが重要であった。それゆえに王国の中心も固定的ではなく、その領域境界は、はっきりしていなかったのである。

しかし、19世紀後半になって蒸気船が登場すると、二つの王国の植民地勢力に対する抵抗力はしだいに弱められていった。その後1898年、アメリカとスペインの間で米西戦争が起こり、勝利したアメリカがスペインに代わりフィリピン諸島の統治者となる。ただし、スペインがマニラに植民地政庁をおいた16世紀後半から約300年間、スペインの実質的な植民地支配は、ミンダナオ島を含むフィリピン南部にはほとんど及ばなかったのである。

中北部——大土地所有制と商業農業の発展

一方、マニラを中心としてスペインの植民地下に組み込まれたフィリピン中北部では、19世紀になると大土地所有制と商業農業が急速に発展した。

16世紀後半、スペインはフィリピン諸島を征服すると、住民が共同または私的に利用していた土地を除き、すべてを国王の領地とした。国王は、スペイン植民地政府の役人、軍人、カトリック修道会に王領地を下賜し、下賜した土地の所有権限を厳しく制限した。実際、どの程度国王によって王領地が下賜されたかについては明らかではない。18世紀半ばまでは、マニラ周辺諸州に限られていたという(永野1986)。

ところが、18世紀末になるとタバコなどの商品作物の輸出が発展し、土地の集積が進んだ。そして、1834年にマニラが開港すると、フィリピン諸島の経済はイギリスを中心とする世界資本主義経済に組み込まれるようになった。フィリピンはアバカ、砂糖、タバコなどの一次産品を輸出し、繊維製品や米などを輸入するようになった。

マニラに続いて1855年にパナイ島のイロイロなどの諸港が開港すると、マニラ周辺とイロイロの対岸にあるネグロス島では砂糖産業が発展した。最大のサトウキビ産地となったネグロス島ではフィリピン人地主が所有する広大な農場(アシエンダ)における賃労働雇用、ネグロス島に次ぐ産地のルソン島中部では(小作農の取り分が生産物の三分の一から二分の一のみに限定された)分益小作制による苛斂誅求の生産関係が主に形成されていく(永野2001)。

なお、サトウキビのプランテーション産業に依存するようになったネグロス島では、1980年後半に砂糖価格が暴落し、飢餓が起こった。これをきっかけに、日本では第7章にみるように、オルター・トレード・ジャパン社による無農薬栽培バナナの輸入が開始される。

こうして輸出用商品作物が利潤を生み出すようになると、1870年代後半には王領地の不法占拠・横領が多発した。これに対し、植民地政府がようやく重い腰をあげて土地所有制度を整備し始めたところ、1896年にスペインからの独立を目指すフィリピン革命が勃発した。だが、その2年後に米西戦争が起こり、フィリピンを占領したアメリカにフィリピン革命は鎮圧されてしまう。土地所有権の確定は、アメリカ植民地期に引き継がれることになったのである（永野1986）。

三　独立を前提としたアメリカ植民地統治——地主エリートによる支配の始まり

「反乱」の平定と地主エリートによる支配

米西戦争に勝利したアメリカは1898年12月のパリ条約により、フィリピンを統治することになった。

じつはパリ条約締結のおよそ半年前の6月12日（現在のフィリピンの独立記念日）、フィリピン革命軍を率いるアギナルド将軍は、アメリカの支援と保護に期待してフィリピン共和国の独立を宣言していた。しかし、そのような状況にもかかわらず8月、アメリカは革命軍を排除してマニラを占領した。

フィリピン革命軍は、アメリカの占領に抵抗した。米比戦争の勃発である。アメリカは米軍直属の現地人部隊フィリピン・スカウツ（Philippine Scouts）を組織し、1901年8月にはフィリピン警察軍（Philippine Constabulary）を発足。02年7月、セオドア・ローズベルト大統領は「フィリピン反乱平定」宣言をした。だが、その後も抵抗は続く。革命勢力には多くの貧しい小作農が加わっていた。完全に革命勢力を制圧するまでには、10年ほどが費やされた。

つまり、フィリピン警察軍は創設当初から地主エリート側に立って農村部の社会不安を鎮圧するために動員された側面があったのだ。独立後もフィリピン国軍とともに、地主エリートやアグリビジネスに対する反体制勢力を抑え込む国内治安対策において中心的役割を担っていく。

とりわけ、輸出用バナナ園が急速に拡大していったマルコス政権下の戒厳令の時代には、自警団などと連携し、学生運動、共産党勢力、モロの分離運動を強権的に抑え込み、独裁政権の維持に貢献した。バナナ園などでの労働運動の弾圧にも動員された。１９８６年の民主化後は、文民警察の創設が叫ばれ、91年にフィリピン国家警察に発展的に解消した。しかし、２０１６年６月に大統領に就任したドゥテルテは、テロ対策や麻薬撲滅戦争のためにフィリピン警察軍を復活させると発言し、物議を醸している。

一方、自由を建国の理念としていたアメリカがフィリピンの独立を奪うことには矛盾があった。そこで、フィリピンでは他のヨーロッパ諸国の植民地とは異なる統治方針が採られた。独立を前提とした支配である。

反乱平定宣言からわずか5年後の１９０７年には、フィリピン議会が開設され、アメリカの庇護のもとで選出・任命されたフィリピン人による国政が開始された。16年にはフィリピンの自治を認めるジョーンズ法が成立し、上院・下院の二院制議会が開設され、行政部門のフィリピン人化も進められる。34年にフィリピン独立法(タイディング・マグダフィ法)が成立し、約10年後の独立を前提とした独立準備政府(コモンウェルス政府)が翌年発足した。一方、早期の立法府のフィリピン人化が、土地の分配を拒む地主エリートによる寡頭政治支配の礎を築くことになった。

それではアメリカは、スペインの実質的な支配が及ばなかったフィリピン南部をどのように支配下においていったのだろうか。

南部における植民地支配の確立

フィリピンを平定して間もない1902年7月、植民地政府はフィリピン組織法を制定した。フィリピン統治に関わる規定全般を定めた法律である。アメリカは、南部のモロ(主にイスラム教徒)や非キリスト教徒の山間部の住民は中北部のキリスト教徒と比べて「文明化」していないとの理解に立った。そこで03年6月にモロ州を設立し、彼らをキリスト教徒とは異なる行政機構におき、13年末まで軍政を敷く。

アメリカは、フィリピン南部を「野蛮な人びと(wild people)」が生活する未開のフロンティアと認識した(Gowing 1983)。米比戦争を戦った米軍幹部の多くは南北戦争で経験を積み、「インディアン」と戦ってきたベテランだった（中野２００７）。そこで参考にされたのが本国の「インディアン」攻略だった。アメリカが「インディアン」を討伐しながら自作農（ホームステッダー＝土地を開墾し、農業を営む者）を送り出して西部を開拓していったように、土地所有制度を確立し、ミンダナオ島に中北部のキリスト教徒を入植民として送り出す政策が実施されていった。

アメリカ植民地政府は１９０３年10月に公有地法を公布。公有地を開墾した自作農の所有上限を16 haとした。個人への払い下げは16 haまで、リース（賃借）は１０２４ haが上限とされた。法人または団体に対しては１０２４ haを上限として払い下げまたはリースする権利を認めた[3]。一方、同法公布の約半年前、モロや非キリスト教徒の土地に対する権利を実質的に無効とする法律を制定する[4]。公有地法も05年まではモロ州には適用しなかった（Charbonneau 2019）。

公有地法は１９１９年と36年に改正され、自作農の所有上限は24 haにまで拡大された。個人への払い下げの上限は１４４ haに拡大されたが、リースの上限は１０２４ haと変更されなかった。一方、新たに非キリスト教徒の使用許可が設けられたが、条件付きで指定地にわずか４ haにすぎない[5]。

そして、改正された公有地法によっても、１９３５年憲法によっても[6]、法人または団体が払い下げまたはリースできる面積は１０２４ haと変わらなかった。また、後述するようにダバオで日本人の系列ダミー会社設立によるリースが頻発したため、改正法によって外国人の公有地購入またはリースが禁止となる。法人の土地取得は、フィリピン人の出資が60％以上であった場合にかぎり、[7]許されることになった。

モロや山間部住民の多くは土地所有制度に対応できず、次節に述べるように中北部のキリスト教徒の移民の入植にともなって土地を失い、経済的に貧困化していく。一部のモロの有力支配層のなかには、被支配層の土地を自分の名義で登録し、大地主になった者もいた（Beckett 1977; George 1980）。しかし、一般的にモロの間には、土地所有制度の導入や移民入植にともなって先祖伝来の領域への権利を失ったという歴史観が残った（Rodil 1987; Ahmed 1987-88）。

こうして、先祖伝来の領域喪失に対する歴史的不正義を正すことが、１９７０年代前後に自決権を求めて武力闘争を展開するモロの解放戦線の目的となった。[8]一部の輸出用バナナ園は、もともとモロを含めた先住民の先祖伝来の領域内にあり、入植者が開墾した土地に築かれている。日本人のフィリピン産バナナ消費は南部の武力紛争とも無関係とは言えないのである。

四　ミンダナオ島への移民入植

移民入植政策とプランテーション開園の兆し

土地所有制度を整備したにもかかわらず、中北部からの自作農の入植は期待したほどは促されなかった。そこでアメリカ植民地政府は、ルソン島やビサヤ地方から住民をミンダナオ島に送り出す政策を打ち出す。植民地政府は、1913～17年にミンダナオ島に7つの農業入植地を設置し、入植者に旅費提供や資金援助を行った。18年には制度的に入植民を送り出す機関として、労働局島嶼間移民部を設立した。それでも、目論見通りに入植は促されなかった。(9)

そこで、独立準備政府の初代大統領ケソンは、1939年に労働局島嶼間移民部に代わって国家土地入植庁(National Land Settlement Administration)を設立。サントス元参謀長を長官に任命した。前年の38年11月、サントス参謀長は、農業、林業、畜産、土壌、灌漑などの専門家などを連れてサランガニ湾奥のダジャンガス港に降り立ち、開拓地の視察を行った。ダジャンガスはサントス参謀長の名にちなんで、54年にジェネラルサントス町と名付けられ、68年にジェネラルサントス市になった。同市は現在ではパイナップル、バナナに加えてマグロの輸出港として、またボクシング界のレジェンドのマニー・パッキャオ(2016年から上院議員)のホームタウンとして知られている。

1932年、後述する日本人のアバカ農園の北東に面積2万9000haの広大なダバオ流刑地が設立され、その初代長官にのちに参謀長となるサントス大佐が任命された(鶴見1982)。後述するように60年代末、マルコス大統領の盟友アントニオ・フロイレンド・シニアのタデコ社がこの流刑地の3000haを含む土地で受刑者を使った日本輸出用バナナ栽培を始める。15年にルソン島(現在のラ・ウニオン州)で生まれたアントニオはこのころ17歳だった(Balana 2012)。

視察の翌年2月、サントス参謀長は国家土地入植庁の植民計画のもとにキリスト教徒の移民を率いて再びダジャンガスに入港し、自らコロナダル平原（Koronadal Valley）およびアッラー平原（Allah Valley）の開拓を指揮した。現在のジェネラルサントス市と南コタバト州にあたる地域である。国家土地入植庁はこれらの移民に換金作物の栽培を推奨し、自給自足的な生産にとどまることのないように働きかけた（Pelzer 1983）。

ところが１９６０年代、入植者が開拓して手に入れた南コタバト州の土地に、ドール系企業の５６００haの広大なパイナップル園が拓かれた。このからくりを説明するためには、ドールではなく、まずデルモンテの話をしなければならない。

１０２４haの壁のすり抜け方——デルモンテからドールへ続く国立開発公社というトンネル

アメリカ植民地政府が法人の土地所有制限を１０２４haに定めたことは、先に述べたとおりである。しかし、この制限は、大規模プランテーション開園の障壁になる。そこで、１０２４haの壁のすり抜け方が編み出されることになる。

まず手本を見せたのは、デルモンテであった。[10]同社は１９２６年にフィリピンで子会社のフィリピン・パッキング社を設立すると、当時の農業天然資源省に働きかけ、数名の個人が持っていた土地のリース権をデルモンテ関係者に譲渡させ、４３２４haの土地の集積に成功する。こうして、同社は28年にパイナップルの商業栽培を開始した。

その後、1929年の大恐慌のあおりを受けて一度操業を縮小するが、独立準備政府が立ち上がるとケソン初代大統領の後押しを受けて再開する。36年に独立準備政府は国家開発公社(National Development Company)を再編し(設立は19年)、この公社にかぎり土地所有制限の法令にしばられないことにした。

社史によるとデルモンテは、1938年に国立開発公社からブキドノン州の約1万haの土地を25年の長期計画で借りる契約を結んだ(Colayco 1987)。契約は満期になる前の56年に更新された(鶴見1982)。そして、コラソン・アキノ大統領政権下の88年の農地改革後には、土地を分配された元従業員(農業労働者には分配されなかった)が急ごしらえで設立した協同組合とリースバック契約を結び、今日まで栽培と経営を継続している(Krinks 2002)。

1963年、デルモンテの例にならい、ドール系のフィリピン・プレミアム・プロダクト社(11)(のちのドール・フィリピン社)が南コタバト州で5600haの土地を国家開発公社からリースした。この土地は、先述のとおり、国家土地入植庁により政策的に入植した自作農の所有地である。国家開発公社は自作農の土地を借り上げ、それをドールにまた貸ししたのであった。土地はパイナップル栽培用であったが、ここがのちのバナナ栽培の拠点にもなる(鶴見1982)。

1024haの壁のすり抜け方——日本人によるアバカ農園

アメリカ植民地期に1024haの壁を超える方法を積極的に編み出していったのは、デルモンテのパイナップル園や同じブキドノン州に拓かれた牧場を除けば、じつは日本人であった。ダバオに拓かれたアバカ農園の歴史を紐解いてみよう。

20世紀初頭のダバオは、複数の川の河口付近にイスラム教徒が居住し、アポ山周辺の非イスラム教徒の「バゴボ人」と物々交換を行っていた(12)。そのダバオの開拓は「ダバオの父」と呼ばれたレオナード・ウッド初代モロ州知事が後押しした。アメリカ人の退役軍人がダバオの肥沃な土地を開墾し、軍需産業用のロープの材料として需要が高まり始めたアバカの栽培に着手する(早瀬1986)。

1903年以降には、アバカ栽培に日本人もやってくるようになった。とりわけ、01年から05年までのルソン島のベンゲット道路工事建設中および終了後に行き場を失った日本人が流入。07年に太田興業株式会社、15年に伊藤忠合名会社から出資を受けた古川拓殖株式会社が設立された。とりわけ第一次世界大戦前までアバカ需要は好調であり、本格的なアバカ栽培が展開された。好景気に乗じて、中北部からキリスト教徒の移民も入植した。

ここで課題となったのは、アバカの生産を増やすために、いかに公有地法の所有制限を超えて土地を確保するかである。先に述べたように、1919年に改正された公有地法では、法人の土地取得はフィリピン人の出資が61%以上の場合にかぎり許された。外国人に宗主国のアメリカ人は含まれないので、改正法はアメリカ人に有利で、日本人には不利であった。だが日本人は、フィリピン人とさまざまな関係を築きながら土地を集積していく。

なかでも悪名が高かったのが「パキャオ（*pakyaw*）」と呼ばれる制度であった。パキャオとは、「まとめて卸売をする」という意味で、転じて、「一括して請け負う」「貸し切る」という意味で使われる。アバカ農園では、フィリピン人が所有またはリースした土地で日本人が開墾や栽培を請け負い、請負側が収穫の85〜90％を得るなど（Abinales 2000）、事実上日本人が農園主となるようなものであった。[13] 現在でもパキャオ制度は、低賃金で一定の労働を請け負う搾取的な制度として存続している（第3章1参照）。この過程で、非イスラム教徒の先住民の「バゴボ人」は、先祖伝来の領域に対する権利を失っていった（早瀬１９８６）。

栽培契約バナナ農民の先輩のアバカ「自営者」

日本人のアバカ農園は、アメリカ人の農園と比べれば労働力の供給に悩まされなかった。20世紀前半、日本は国をあげて移民労働者を送り出した。ダバオ入植の先駆者である太田興業の設立者・太田恭三郎も道路、灌漑、電話網、そして病院の設立と、民間会社でありながら公共事業を推進した（早瀬１９８６）。ダバオには領事館が開かれ、日本人会が結成され、「ダバオ国（クオ）」と呼ばれる自治社会をつくり、人口も一時は1万人を超えたという。

それでも、アバカ農園での労働はきつく、働き手の確保には苦労をしていた。そこで、太田が編み出したのが、会社直営農園での栽培に加えて、「自営者」に栽培を任せる方法である。自営者による栽培は、生産者と会社が生産とマーケティングを分けるという点で戦後ドールと栽培契約を結んだ農民、および農地改革により土地を所有したのちにアグリビジネスと栽培契約を結んだ農民の先輩にあたるので、記しておこう。

自営者は、会社の土地を自己裁量で経営する。会社は地代や小作料を取らない。代わりに、自営者から購入したアバカについて、5～10％の手数料を取った。とくに1919年の公有地法改正以降は、自営者はパキャオにより、フィリピン人が所有する土地でも開墾と栽培を行った（鶴見1982）。自営者の生産性は会社直営の農園より三倍も高かったという。その成功の理由の一つは、24年に購入手数料を15％に引き上げる代わりに、公開入札にしたことにある。自営者は、世界の市況を反映してより有利な価格で買う仲買人に売ることができたのだ。あわせて、手挽きハゴタン（麻挽き機）の数倍もの生産力がある動力ハゴタンが発明され、きつい仕事から労働者を解放した。

アメリカ植民地期の1920年ごろまで、アバカは輸出額では第一位の主要商品作物であり、ミンダナオ島の輸出経済の原型を形成したと言われている（Abinales 2000）。20年代半ば以降、アバカの価格が安くなったのに生産量が伸びたのは、働けば収入を増やせるというやる気を与えられた自営者と動力ハゴタンが生産性をあげていったからであった。

しかし、先輩のアバカ農園の自営者が、買取先を選択でき、買取価格も市況を反映していたのに対し、自己裁量でバナナを栽培する後輩の栽培契約農民は、買取先が固定されており、買取価格には市況が反映されにくい。自己裁量すら限定される場合もある。この問題は第2章1

で触れる。なお、古川拓殖株式会社の設立に出資し、マニラ支店を通じてアバカを購入した伊藤忠合名会社は、伊藤忠商事の前身である。

五　日本軍政期の影響

アメリカは、植民地フィリピンと相互に関税を免除する自由貿易体制を確立した。[14] すると、アバカ、砂糖に加えて、コプラとヤシ油、タバコの輸出の対米依存度が高まっていく。モノカルチャーの輸出用商品作物の生産が進み、農村部の食糧自給体制は崩壊した。農村部の人口が貧困の度合いを強めるなか、１９２０年代後半には小作農と労働者の組織的運動が激化していく（堀２００５）。30年には親ソ連派のフィリピン共産党（Partido Komunista ng Pilipinas：ＰＫＰ）が結成され、大土地所有制による稲作地帯が広がるルソン島中部や、サトウキビ農園が拓かれたイロイロ市周辺とネグロス島で農民の反乱が頻繁に起こった。

このような矢先の１９４１年、太平洋戦争が勃発する。真珠湾攻撃を行った12月8日に、日本軍はルソン島の米軍拠点を攻撃した。フィリピンでは日本との開戦に備えてフィリピン陸軍を米軍に統合した米極東陸軍（USAFFE）が編成され、ダグラス・マッカーサーが司令官に就任していた。翌42年1月マニラが陥落すると、マッカーサーはフィリピンの防衛を断念し、ケソン大統領とマニラ湾の入り口にあるコレヒドール島に逃げた。同島も占領されると魚雷艇（PT-

Boat)でミンダナオ島に潜入し、アメリカ植民地政府とケソン大統領が設立を後押ししたデルモンテのパイナップル園近くに降り立った(Colayco 1987)。

マッカーサーはここに4日間滞在したのち、オーストラリアに脱出。そこで「アイ・シャル・リターン」、すなわち「私は戻ってくる」、そして「フィリピンを奪回する」というかの有名な宣言をしたと語り継がれている。

１９４２年1月から日本軍による占領が始まった。43年10月、日本軍政下で対日協力政府によるフィリピン共和国が発足する。しかし、大統領や議員の顔ぶれはアメリカ体制下の支配層と変わらず、日本軍政期は、フィリピンの地主エリート支配体制に大きな影響を与えることはなかった。

一方、米極東陸軍が武器を提供したこともあり、フィリピン全土で抗日ゲリラ運動が広がる。共産党勢力が農民を組織化していたルソン島中部の稲作地帯では、フクバラハップ(Hukbong Bayan Laban sa Hapon 抗日人民軍。以下、フク団と記す)が結成され、農民を中心とした抗日運動が展開された。フク団は戦後は共産ゲリラとして抵抗を続けたが、彼らが一貫して求めたのが土地の分配であった。

フィリピンを舞台とした日米戦闘によるフィリピン人の死傷者数は１００万人以上に及ぶ。とくに、１９４５年2月3日から約1カ月にわたって戦われたマニラ戦は凄惨を極め、市民10万人が命を落とした。日本軍政下で、砂糖、コプラ、ヤシ油、アバカなどの輸出は大打撃を受け、戦後を迎えた。一方、日本という共通の敵に向かったことは、中央政治家と地方政治家のネットワークを強化し、抗日の軍歴は戦後、政治家の政治資本として活用されていく。

輸出用バナナ園が拡大していった1970年代に開発独裁政権を打ち立てたフェルディナンド・マルコスもその一人である。日本軍が残していった武器や、米極東陸軍が配った武器は村々に拡散し、暴力の文化が全国に広がる大きなきっかけをつくった。

六　独立からマルコス政権期——輸出用商品作物の生産拡大

不十分な小作解放令

太平洋戦争で日本とアメリカの激戦地となったフィリピンは1946年、アメリカの独立記念日である7月4日に合わせて独立した。しかし、アメリカに有利な通商法や砂糖法の制定の結果、30年代に成立した砂糖産業の一部のエリートによる寡占と対米依存は、独立後も続いた。対米依存は、両国の内国民待遇の双務化などを謳った通商協定（ラウレル・ラングレー協定）が74年に失効するまで、ほぼ同一の形態で維持・拡大された⑮。

またアメリカは、日本で実施した農地改革をフィリピンでは実施できず、地主エリートによる支配体制が温存された。そのため農村部の社会不安は解消せず、常に政権を脅かす問題となる。戦後はマグサイサイ政権下の１９５５年農地改革法、マカパガル政権下の１９６３年農地改革法などの試みがあった。しかし、いずれも議会の審議過程で地主エリートの抵抗にあい、限られた実績しか残せなかった。

こうした農村部の社会不満を吸収し、１９６８年に毛沢東主義路線を採るフィリピン共産党（Communist Party of the Philippines：ＣＰＰ）が、翌年にはその軍事部門である新人民軍（New People's Army：ＮＰＡ）が結成された。両者は今日まで農村部に影響力を持っている。多国籍企業が操業するバナナ園でも様子をうかがっては企業に「革命税」と称する金銭を要求し、それが支払われなかったり、農民や労働者に対する不当な扱いが続く場合には、襲撃をすることもある。

こうしたなか、フィリピンの地主エリート支配体制に変革をもたらすことを期待されて１９６５年に大統領に就任したのがマルコスである。72年９月に戒厳令を布告して議会を停止し、翌73年には憲法を改定して独裁体制を確立した。

マルコスは開発を推進し、「新社会」に改革するためとして、戒厳令布告を正当化した。そして、改革の柱として戒厳令布告の翌月には、小作解放令という名の土地改革法（大統領令第27号）を発令する。小作解放令では、地主の土地保有を７ha未満とした。さらに、すべての分益小作農（収穫物の一定の割合を地主に支払う小作農）と定額借地農（一定の地代を地主に支払う小作農）に非灌漑地５ha、灌漑地３haを分配するという画期的な内容であった。

ところが、農地獲得のために農民は過去三年間の農地平均収量の2・5倍相当の金額を15年間金利6％で支払わなければならい。また、米とトウモロコシの農地しか対象としなかったため、小作を追い出し、急いでバナナ園などに転換し、多国籍企業にリースする地主もみられた。その結果、1988年末までに小作解放令は目標受益者のわずか3％を達成したにすぎない（堀2005）。

ミンダナオ島の開発

マルコスは、世界銀行、IMFの後押しを受けて自由経済と輸出志向型産業の成長を促進した。開発を推進する地域としてターゲットとされたのがミンダナオ島である（Abinales 2000）。ミンダナオ島では、戦後も入植政策が引き継がれ、大量の中北部のキリスト教徒が流入し、1940~60年代にかけてモロなどの先住民がマイノリティになった。キリノ政権下の50年に国家土地入植庁は土地入植開発公社（Land Settlement and Development Corporation：LASEDECO）に発展解消し、同年に経済開発隊（Economic Development Corps：EDCOR）が組織された。続くマグサイサイ政権下の1954年に土地入植開発公社は国家再入植復興庁（National Resettlement and Rehabilitation Administration：NARRA）になり、経済開発隊はそのまま引き継がれ、共産ゲリラとなったフク団の投降者をミンダナオ島に入植させる政策が試みられた。この政策の裏に関わっていたのは、有名なアメリカ中央情報局（CIA）工作員のエドワード・ランスデールである。

フィリピンでは、ミンダナオ島への入植と「緑の革命」に象徴される農産物の生産性拡大が、農地改革に代わる貧しい農民への富の再配分の政策として採用されていく。しかし、ミンダナオ島に入植したフク団の投降者はわずかであった。独立後の入植民の多くは、入植政策にともなってインフラや衛生環境が整備されたことにより自発的に移住した者たちであった。

一方、人口流入は豊かな票田を形成した。マルコスはミンダナオ島の地方政治家との連携に開発プロジェクトの配分を利用する。権力の集中を社会改革のためではなく、自分の取り巻きの政治家を優遇するために濫用していった。その一人が「バナナ王」アントニオ・フロイレンド・シニア(60ページ参照)である。

1960年代後半のミンダナオ島は、新人民軍が展開するなど社会不安が増大していた。キリスト教徒の入植民によって土地を奪われ、マイノリティになった先住民モロも自決権を求める武力闘争を開始した。これに対し、マルコス大統領は戒厳令を敷き、国軍と警察軍を増強し、強権的に反体制勢力を抑え込んだ。

輸出用バナナ園の拡大

ミンダナオ島産バナナの日本輸出は、こうした時代背景のなかで始まり、拡大していく。日本がバナナの輸入を自由化した1963年前後から、ドール、デルモンテ、ユナイティッド・

ブランズ(当時はユナイティッド・フルーツ)というアメリカ系多国籍企業と住友商事がフィリピンのバナナ栽培と輸出に参入した。最初に動いたのはドールとユナイティッド・ブランズだ。ここからは、『バナナと日本人』に詳しい。『バナナと日本人』は発行以来、50刷を超える名著である。未読の方は、ぜひ読んでほしい。ここでは、次章につなげるために、その一部をかいつまんで紹介する。

①ドール

ドールの親会社のキャッスル&クック社は1968年にフィリピン産バナナの輸出ライセンスを取得していたスタンフィルコ社を子会社化した。ドール系は、キャッスル&クック社直営のサランガニ農園、スタンフィルコ社直営のダプコ農園と、同社が栽培契約を結んだ農家、そして三つの地場農園(チェッカード、ダイアモンド、ゴールデン)が栽培するバナナの輸出を開始した。これら三農園にはフィリピン最大の華人財団のユーチェンコ一族が出資しており、フィリピンにおけるドール系のバナナ経営は国際資本とフィリピン系資本が分かちがたく結びついていた。

1980年にスタンフィルコ社はキャッスル&クック社の子会社のドール・フィリピン社の一部となった(以下、ドール・スタンフィルコ社と記す)。そのドールのアジアの青果物事業とグローバルに展開する加工食品事業を2013年に伊藤忠商事が買収したことは、30ページに述べたとおりである。

②「チキータ」のユナイティッド・ブランズ

ユナイティッド・ブランズは、ブランド名では「チキータ」として知られる。前身は中南米で一国を揺るがすほどの巨大な力を持ち、「バナナ・リパブリック」を打ち立てたと揶揄されたユナイティッド・フルーツである。同社は１９７０年にユナイティッド・ブランズに再編。しかし、経営がうまくいかず、84年にはアメリカン・フィナンシャル・グループに買収され、90年にチキータ・ブランズ・インターナショナルに改称された。

ユナイティッド・ブランズ(当時はユナイティッド・フルーツ)は、１９６４年に子会社ミンダナオ・フルーツ社(通称ミンフルコ、Mindanao Fruit Corporation)を設立し、ダバオ流刑地の８００0 haの土地 をリースしてバナナ園にしようと、フィリピン政府に話をもちかけた。８００0 haの土地をミンダナオ開発庁(Mindanao Development Authority)に移管し、それをミンダナオ・フルーツ社に貸すという方法で、デルモンテやドールが国立開発公社を通じて取った抜け道と同じような手口である。肥沃な土地の見返りは、地代以外にまったく含まれていないため、濡れ手に粟のような協定の進行をロレンソ・タニャダ上院議員が暴露し、同年に交渉は破綻した(David et. al. 1981)。

しかしこの話は、マルコス政権期になって、ユナイティッド・ブランズがマルコスの盟友のアントニオ・フロイレンド・シニアが率いるタデコ社（Tagum Agricultural Development Company：TADECO）と組むことで、息を吹き返す。彼はキリノ大統領時代の移民入植促進に乗じてミンダナオ島に移住し、ダバオでフォード自動車の販売を始めた。1931年に設立された約2万9000haのダバオ流刑地は、36年の公有地法改正により大統領宣言によって処分できるとの解釈がなされ、70年までには約1万5500haに縮小していた。

キリノ大統領の宣言247号によって1951年に処分されていた約1024haのダバオ流刑地の土地を手に入れていたフロイレンド・シニアは、マルコス政権期に北ダバオ州からの国政議員と環境天然資源省長官を務めることになるロドルフォ・デル・ロサリオの姉と結婚していた。その後、フロイレンド家とデル・ロサリオ家は、北ダバオ州で政治王朝を築いていく。1969年、タデコ社は司法省更生局とダバオ流刑地の3000haの土地でバナナを生産するジョイント・ベンチャー契約を結んだ[16]。受刑者をバナナ園の労働者として雇うことで更生と流刑地の開発に寄与し、賃金の一部が積み立てられることで、出所時の生活再建に役立てるという内容である。

流刑地の土地のリース代は、当時の相場が1haあたり1000ペソであったのに対して250ペソと4分の1で（De Leon and Escobido 2004）、受刑者は最も重労働の収穫作業に従事させられた。「タデコ農園は、受刑者を労働者に使って営利事業を行ない、しかも外国の多国籍企業とも組んだ、世にもまれな事業だった」と鶴見は述べている（鶴見1982）[17]。

こうしてタデコ社は、１９８０年までには自社保有の土地とあわせて地続きで５０００ha以上もの広大な面積で、「チキータ」ブランドのバナナを栽培することとなった(Krniks 1983)。他の多国籍企業系列のバナナ園の土地は分散されていたため、タデコ社は生産コストを最も低く抑えることができ、１９７０年代には、フィリピンのバナナの総輸出量の26～27%を産出していた(De Leon and Escobido 2004)。

③デルモンテ

バナナの商機に乗じて、パイナップルで知られるデルモンテも子会社のフィリピン・パッキング社が１９６９～71年に９つのフィリピン系資本の地場農園と契約した。バナナは富士フルーツと豊田通商が日本に輸入していた。デルモンテはユナイティッド・ブランズと同じく、栽培は地場農園、技術提供と輸出は外資系企業と、分権的経営方法をとっていた。

④住友商事

この三つのアメリカ系多国籍企業からやや遅れて進出したのが住友商事だ。住友商事は、ダバオの資本家として通っていたＪ・Ｖ・アヤラ・グループのダバオ・フルーツ社に出資し、36%の株主となった[18](１９７８年現在)。加えてＪ・Ｖ・アヤラ保有のイホ農園、トゥウィンリバーズ農園からもバナナを納入していた。住友商事はその後もフィリピンでバナナの栽培管理と輸出を行うスミフル・フィリピン社の親会社に出資してきたが、２０１９年に突然持ち株を処分した。

守られなかった栽培面積の上限

輸出用バナナ園は、１９７０年代前半に主要外貨稼ぎ産業として急速に拡大したため、マルコス政権は、企業に有利になるように土地制度を整備していった。戒厳令下で成立した73年憲法では、公有地の分類に商業地を含め、75年に大統領令第７６３号を発令して、払い下げられた公有地の商業利用に便宜を図る(David et. al. 1981)。同憲法は、法人または団体の公有地のリース上限は１０００haとし、個人がリースする場合は上限５００ha、購入または自作農による保有上限は24haとした[19]。

一方、１９７３年にはバナナの過剰生産を防止するために指令書(Letter of Instruction)第58号を発令し、栽培面積の上限を2万１０００haに設定し、農園ごとに割り当てた。79年には、イラン市場での需要を見込んで指令書第７９０号を発令し、栽培面積の上限を25％拡大した[20]。だが、その後も企業による割り当ての無視が続き、２００９年6月に栽培面積の上限は撤廃された(行政命令第８０７号)。

マルコス政権は政敵を倒すために権力の集中を乱用し、取り巻き政治家を優遇するなど独裁化の道を突き進んだ。鳴り物入りで提唱された社会改革は実現されず、社会運動や労働運動は弾圧された。そのため1986年2月、抗議の市民がマニラの街頭に結集して展開した民主化革命によって政権の座から追放される。民主化革命によって誕生したのがコラソン・アキノ政権であった。そして、同政権が民主化革命の金字塔にすると約束したのが農地改革の実現であった。

（1）フィリピンは全国を17の行政地域に分けており、2020年現在、第XI（ダバオ）地域にはコンポステラヴァレー州（2020年4月にダバオ・デ・オロ州に改名）、北ダバオ州、東ダバオ州、南ダバオ州、西ダバオ州とダバオ市を含めた6つの市がある。

（2）このように「モロ」はもともとスペインによるフィリピン南部のイスラム教徒に対する蔑称であった。しかし、1970年前後より、「モロ」を植民地勢力に屈しなかったイスラム教徒の誇称に読み替え、フィリピン中央政府から自決権を獲得する分離運動が展開する。このような経緯から、フィリピン南部には「モロ」と呼ばれることを好まない人びとや、「モロ」に非イスラム教徒を含める定義も存在する。だが、一般的には「モロ」はフィリピンのイスラム教徒の総称として用いられている。

（3）もともと土地を利用していた住民（ネイティブ）には、16haを上限として特許（フリーパテント）を認めた。

（4）政府当局の承認なしにモロのスルタン（君主）やダトゥ（貴族層の指導者）、ないし非キリスト教徒部族の首長から譲渡を受けた土地を無効とする法（An Act making void land grants from Moro sultans or dattos or from chiefs of non-Christian Tribes when made without governmental authority or consent　第718号法）。政府当局とはスペイン植民地政府やアメリカ政府を指す。

（5）1964年に36年公有地法の第44条、第48条、第120条が改訂され、文化的少数派やその先祖が30年以上利用してきた土地の使用許可が認められる手続きが示された。
(6) 1935年憲法によって、個人、法人または団体にリースする放牧地の上限が2000haに設定された。
(7) 1919年公有地法は61%以上、36年公有地法は60%以上としていた。
(8) 1970年前後、主にイスラム教徒のモロを中心としてモロ民族解放戦線(Moro National Liberation Front：MNLF)が結成された。84年(実質的には77年)にMNLFからモロイスラム解放戦線(Moro Islamic Liberation Front：MILF)が分派した。2020年現在、両者はフィリピン政府と別々に和平交渉に臨んでいる。フィリピン政府とMILFとの和平交渉は進展し、両者は22年にムスリム・ミンダナオ自治地域(Autonomous Region in Muslim Mindanao：ARMM)に代わる新しい自治政府、バンサモロ・ムスリム・ミンダナオ自治地域(Bangsamoro Autonomous Region in Muslim Mindanao：BARMM)を設立することに合意した。
(9) 1928年までに旧コタバト州の6つの農業入植地に8000人しか定着せず、うち半分は政策的に入植を促されたモロであった(Pelzer 1983)。66年より以前のコタバト州は、2019年現在の北コタバト州、スルタンクダラト州、マギンダナオ州、南コタバト州、サランガニ州で構成される広大な州であった。
(10) 厳密にいうと、カリフォルニア・パッキング社(1967年にデルモンテ社に改称)の子会社のフィリピン・パッキング社であった。
(11) フィリピン・プレミアム・プロダクト社の99%以上の株の持ち主が当時のドール社の代表であった(鶴見1982)。
(12) アメリカ当局は、ダバオ周辺の非イスラム教徒の住民を総称で「バゴボ」と呼んでいた。ダバオ周辺には、バゴボ人、タガカオロ人、マンダヤ人、アタ人、ギアガス人などさまざまな住民が生活していた(Abinales 2000)。

（13）一方鶴見は、パキャオ制度について、次のように述べている。フィリピン人がリースした公有地の開拓を日本人が請け負い、２年が経過してアバカが成熟したとき、その本数に応じて名義人が日本人に開拓料金を支払ってアバカ農園を引き取る約束である。料金が支払えない場合は、開拓者がそのまま歩合制で25年間、農園を経営することになる。「実際には名義人は、どうしたわけか、きまって開拓料金を支払えなくなり、日本人が事実上の農園主となるのだった」（鶴見１９８２）。そのほかにも、①農園経営契約（farm management contracts）、②合弁事業協定（joint venture agreement）などの土地の集積方法があったことが指摘されている（Abinales 2000）。

（14）具体的には１９０９年のペイン・オルドリッチ関税法と13年のアンダーウッド・シモンズ関税法により自由貿易体制を確立した。34年にフィリピン独立法（タイディング・マグダフィ法）が成立するまで、こうした両国の経済関係が続いた。

（15）１９４６年のベル通商法により54年まで両国の貿易を無関税とし、逓増関税ののち74年に特恵を全廃することとした。55年にラウレル・ラングレー協定が締結され、関税逓増をフィリピン側に有利にしたり、内国民待遇を双務化するなど、ベル通商法を修正した。

（16）この契約は、１ha分のリース代２５０ペソに加えて、タデコ社が司法省に税金支払い前の利益の10％を支払うことを取り決めたものであった。しかし、１９７３年に10％の支払いの条項は削除され、翌年に収穫物１kgに対し、０・００３〜０・０１８ペソを支払うこととなった。73年と翌年にタデコ社には追加でそれぞれ１０００ha分の土地のリースが認められ、タデコ社がリースするダバオ流刑地の土地はのべ５０００haとなる（うち５００haには米、トウモロコシ、ソルガムを栽培）。79年にリース代は２７５ペソに引き上げられた（The Manila Times 2017）。

（17）タデコ社は１９７８年「コロノ」と呼ばれる受刑者を１５００人雇っていた。これは、タデコ農園の全労働力の4分の1にあたる。収穫作業の「規定」の日当は7ペソ。ここから3ペソが食事代として引かれ、さらに1・35ペソが「信託基金」に振り込まれていた(鶴見1982)。

(18) ただし、1980年当時、日系企業の出資はダバオ・フルーツ社以外にも7つあった。最大の栽培面積を占めていたのはダバオ・フルーツ社である(1万2692haであったうち約28%)(David et. al. 1981)。

(19) 1987年憲法(現行憲法)においては、譲渡可能な公有地は農業用地に限られ、法人または団体のリースの上限は1000ha、期間は25年間(最長50年間)とされた。個人の場合はリースの上限が500ha、払い下げ、自作農、供与による保有上限は12haである。

(20) しかし、イラン革命の影響により同国市場におけるフィリピン産バナナの需要は落ち込んだ。その結果、指令書第790号は四大多国籍企業によるバナナ生産の独占状態を許すことになり(Krinks 2002)、1973年の割り当てを無視して企業が行った不法栽培を追認し、企業が消耗した農地を新しい農地に交換することを可能にした(David et. al. 1981)。

〈参考文献〉


鶴見良行『バナナと日本人――フィリピン農園と食卓のあいだ』岩波新書、1982年。

中野聡『歴史経験としてのアメリカ帝国――米比関係史の群像』岩波書店、2007年。

永野善子『フィリピン経済史研究――糖業資本と地主制』勁草書房　1986年。

永野善子「フィリピン――マニラ麻と砂糖」『岩波講座　東南アジア史〈6〉植民地経済の繁栄と凋落』2001年、89~113ページ。

早瀬晋三「ダバオ・フロンティアにおけるバゴボ族の社会変容」『アジア・アフリカ言語文化研究』第31号、1986年、96~119ページ。

堀芳枝『内発的民主主義への一考察――フィリピンの農地改革における政府、ＮＧＯ、住民組織』国際書院、２００５年。

Abinales, Patricio N.（2000）*Making Mindanao: Cotabato and Davao in the Formation of the Philippine Nation-State.* Quezon City: Ateneo de Manila University Press.

Ahmed, Aijaz（1987-88）Class and Colony in Mindanao: Political Economy of the New Question. *Moro Kurier* 3（1-2）: 29-36.

Balana, Cynthia D.（2012）Banana King Leaves Legacy of Hard Work. *Inquirer.net.* July 20. https://newsinfo.inquirer.net/231899/banana-king-leaves-legacy-of-hard-work（２０２０年5月31日アクセス）

Beckett, Jeremy（1977）The Datu of Rio Grande de Cotabato Under Colonial Rule. *Asian Studies* 15(2): 46-64.

Charbonneau, Oliver.（2019）"A New West in Mindanao": Settler Fantasies on the U.S. Imperial Fringe. *The Journal of the Gilded Age and Progressive Era* 18: 304-323.

Colayco Maria Teresa.（1987）*Crowning the Land: The History of Philippine Packing Corporation.* Philippine Packing Corporation.

David, Randolf, Temario Rivera, Patricio Abinales, Oliver Teves, and Procopio Resabal Jr.（1981）*Transnational Corporations and the Philippine Banana Export Industry*. Research and Working Papers, Third World Studies, University of the Philippines.

De Leon, Teresita O, and Gema Maria O. Escobido（2004）*The Banana Export Industry and Agrarian Reform.* Davao City: Alternate Forum for Research in Mindanao（AFRIM）, Inc.

George. T.J.S.（1980）*Revolt in Mindanao: The Rise of Islam in Philippine Politics*. Kuala Lumpur: Oxford University Press.

Gowing, Peter G.（1983） *Mandate in Moroland: The American Government of Muslim Filipinos, 1899-1920*. Cellar Book Shop; Reprint edition.

Krinks, Peter（1983） Rural Transformation Under Peripheral Capitalism: The Philippine Banana Export Industry. *Philippine Sociological Review* 31: 101–114.

Krinks, Peter（2002） *The Economy of the Philippines: Elites, Inequalities and Economic Restructuring*. New York: Routledge.

Pelzer, K.J.（1945; Reprint 1983） *Pioneer Settlement in the Asiatic Tropics: Studies in Land Utilization and Agricultural Colonization in Southeast Asia*. Reprint. Connecticut: Greenwood Press.

Rodil B., Rudy（1987） Whose Ancestral Domain is Mindanao, Sulu and Palawan?" *Moro Kurier*（April-June）: 23–28.

The Manila Times（2017） BuCor-Tadeco deal illegal-COA. *The Manila Times*. May 3. https://www.manilatimes.net/2017/05/03/news/latest-stories/bucor-tadeco-deal-illegal-coa/325328/（２０２０年５月31日アクセス）

第2章

フィリピンでバナナはどう作られているのか

石井正子
アリッサ・パレデス

1 バナナ栽培に関わる企業と人びと——農地改革後の変化

石井正子

一 包括的農地改革法の制定

紆余曲折があった成立・実施過程

１９８６年2月25日、民主化革命によってマルコス独裁政権は倒れ、コラソン・アキノが大統領に就任した。アキノは革命直前の大統領選挙キャンペーンで農地改革の実現を公約。彼女を大統領に擁立した民衆も農地改革の即時実施を期待していた。だが、実現は遅れる。88年6月10日、アキノ政権はようやく包括的農地改革法(Comprehensive Agrarian Reform Law：ＣＡＲＬ共和国法第６６５７号)を制定した。そして、５日後に包括的農地改革計画(Comprehensive Agrarian Reform Program：ＣＡＲＰ)を策定する。

以下にも述べるように、この法律はその成立過程にも実施過程にも紆余曲折があった。しかし、多国籍企業やフィリピン系資本の大規模バナナ園では農地改革が進み、かつての農業労働者などが受益者として土地を手に入れたのは事実である(Thiers 2018)。

鶴見良行は１９８０年代前半までのフィリピンのバナナ輸出産業には、四つの生産単位があったと記した。それらは、①外資農園、②地場農園、③契約農家、④労働者である。①は四大多国籍企業やその出資会社の農園である。これらの会社は、農園を直営する場合もあれば、生産を地場農園に任せ、自分たちは技術指導、輸出業務、金融面に専念している場合もあった。②はフィリピン系資本の農園である。農地改革により労働者などに分配されたのは、主に外資農園と地場農園の土地であった。以下、これら二つの農園の経営主体を「アグリビジネス」と記すこととしよう。

農地改革により、かつて鶴見が『バナナと日本人』で描いたバナナの生産現場はどう変化したのだろうか。

輸出用バナナ園への影響

コラソン・アキノ政権が打ち出した包括的農地改革法は、輸出用バナナ園への影響に焦点を当てれば、マルコス政権期の土地改革法とは異なり、次の点で画期的である(中村２００８)。第一に、小作農だけでなく農業労働者も受益者に含まれた(第Ⅶ条第22項)。第二に、米、トウモロコシだけではなく、バナナを含むすべての農地が対象とされた(第Ⅱ条第４項)。第三に、多国籍企業が経営する農園も接収・分配の対象となった（第Ⅱ条第8項）。なお、地主の保有地はマルコス期の7ha未満に対し（ただし、自作農とその直系相続人は24ha）、5haに削減された（ただし、受益者の15歳以上の子どもが土地耕作者または農地経営者であることを条件に一人あたり3ha追加）（第Ⅱ条第6項）。他方、農地改革受益者に分配される農地面積は3haが上限とされた（第Ⅶ条第23項、マルコス期の土地改革法では、非灌漑地は5ha、灌漑地は3haが上限）。

一方、次の点は、地主やアグリビジネスに有利であるとして、批判が寄せられた。第一に、農地の分配は有償であった（第Ⅶ条第26項）[1]。第二に、商業農園（畜産、養殖、塩田や、野菜、切り花、ゴム、果樹栽培などが行われている土地）は包括的農地改革法施行日から10年間、実施の延期を申請できた（第Ⅱ条第11項、および農地改革省行政命令1988年第16号）[2]。第三に、公園や自然資源保全、防衛などの公的用途、教育、研究、宗教施設、墓地、流刑地などに使用されている土地は適用除外となった（第Ⅱ条第10項）。第四に、土地分配の代替案として地主には株式配当を行うことが許された（第Ⅷ条第31項）。

この包括的農地改革法に盛り込まれた条項により、ほとんどの商業農園が農地改革の実施延期を申請した。同法制定から10年後の1998年2月5日付の『ビジネス・ワールド』紙によれば、実施予定も含めて農地の分配を決めたバナナ園は4000haに満たなかったという（中村2008）。当時のバナナの栽培面積の上限は2万6250haであったので（ただし、上限を超えて違法にバナナ園を拡大する動きもあった）、これはその約15％に当たる。また、10年間の延期期間に第Ⅺ（ダバオ）地域[3]だけでもバナナ園労働者の5分の2が解雇された（Borras and Franco 2005）。アグリビジネスは問題を起こしそうな労働者を排除しようとしたのである。

延期条項が盛り込まれた背景には、アグリビジネスの業界団体であるフィリピン人バナナ栽培者・輸出業者協会（Pilipino Banana Growers and Exporters Association：ＰＢＧＥＡ、１９７４年設立）の抵抗とロビーイングがあった。

では、延期された商業農園における農地改革はどのように実施されたのだろうか。

アグリビジネス・ベンチャー協定（ＡＶＡ）

ラモス政権下の１９９８年12月、同年６月に延期申請期限が切れたことを受けて、農地改革省は、「延期された商業農園の接収、評価、補償、分配に関する規則と規制」（農地改革省行政命令98年第９号）を発令した[4]。その第Ⅴ条第29項に「アグリビジネス・ベンチャー協定（Agribusiness Venture Arrangements：ＡＶＡ）」という概念が登場する。翌年には同省が「農地改革区域における合弁経済企業に関する規則と規制」（農地改革省行政命令99年第２号）を発令した。

これらで示された考え方が２００６年「農地改革区域におけるアグリビジネス・ベンチャー協定に関する規則と規制」（農地改革省行政命令06年第９号）として改訂され、発令された。この行政命令06年第９号は、受益者とアグリビジネスとの契約形態として次の６つの選択肢を用意した。①合弁企業（ジョイント・ベンチャー）契約、②生産／栽培契約／マーケティング契約、③リース契約（土地賃貸契約）、④マネージメント契約、⑤サービス契約、⑥ＢＯＴ（建設・移転・運営）方式である。(5)

この協定は、農業生産の経営規模の最適化、土地保有の保障、受益者の所得保障を前提とするものであった。だが、実際には農民が分配された土地を元のアグリビジネスとの結びつきにおいて利用することを奨励するものであった。では、具体的には、どのような方法でアグリビジネス・ベンチャー協定によるバナナ栽培が継続されたのだろうか。

農地改革により小作農や労働者は、個人で土地所有権利証書（Individual Certificate of Land Ownership Award: Individual CLOA）を得るか、受益者協同組合や生産者団体を結成して共同土地所有権利証書（Collective Certificate of Land Ownership Award: Collective CLOA）を得ることとなる。まずアグリビジネスは、農地改革後にも栽培を継続するために、アグリビジネス・ベンチャー協定を結ぶことができる農地改革受益者個人（以下、受益者と記す）、または農地改革受益者協同組合（以下、受益者協同組合と記す）を探し、交渉を行う。交渉により契約内容の詳細がまとまると、両者は署名する。その後、農地改革省が当該契約の内容を検証したうえで承認し、モニタリングを行う。

二　栽培契約とリース契約

アグリビジネス・ベンチャー協定の6つの選択肢のうち、輸出用バナナ園で最も多く採用されたのは栽培契約とリース契約である（野沢2012）[6]。以下、栽培契約とリース契約のそれぞれの特徴をみてみよう。

裁量権もリスクもある栽培契約

栽培契約とは、生産者がアグリビジネスと事前に条件を設定し、その条件に合う作物を生産する契約である。この契約では、生産者とアグリビジネスが生産とマーケティングの経営を分ける。それゆえ、サプライチェーン（商品が生産・運搬・販売されて消費者に届くまでの一連のプロセス）のどの段階でアグリビジネスに生産物を売るかによって、つまり梱包作業所渡し、埠頭渡し、本船渡し（FOB）のいかんによって、一箱あたりの買取価格が変わる。土地代金の年賦は売上げから天引きされる。

栽培契約のアグリビジネス側のメリットは、一定の水準を満たす生産物を安定して確保できることにある。受益者のメリットとしては、無償ではないが、農薬や肥料などの農業資材の投入や技術供与、梱包作業所、灌漑施設、運搬用ケーブルなどのインフラ設備使用の便宜が図られることなどがある。契約の範囲内ではあるものの、自分たちの土地で何をどう栽培するか、誰が農園で働くかを自立的に決定する裁量権も担保されるし、買取先も安定的に確保できる。
一方、病害や台風被害などによるリスクは農民側が負わなければならない。また、第4章2で具体例が紹介されるように、農薬散布の内容や方法などには生産者側に一切の裁量を与えない条項が契約に盛り込まれる場合もある。つまり実態としては、生産者に自己裁量権の余地が残されていない場合がある。

安いリース代と賃金が問題のリース契約

これに対しリース契約では、地権者がリース代（賃借代）と引き換えに借主（アグリビジネス）に土地を一定期間貸す。つまり、アグリビジネスはリース代さえ支払えば、生産、流通、マーケティングのすべてを管理し、農地改革前と変わらない集権的経営を継続できる。なお、受益者がもとのアグリビジネスとリース契約を結ぶことを「リースバック契約」という。ただし、リースバックは最後の手段とするべきとされ（共和国法第7905号、農地改革省行政命令2006年第9号）、奨励されていなかったことも付け加えておこう。

では、リース契約における受益者側のメリットは、どのように想定されていたのだろうか。リース契約では、農地改革省行政命令2006年第9号により、地権者を優先的にバナナ園で労働者として雇用することを借主に求めている。地権者は雇用されることにより、土地のリース代に加えて、賃金を定期的に得られる。リース代は、土地代金の年賦が差し引かれて土地所有者に支払われる。加えて、農地改革省は行政命令08年第2号で、リース契約終了に備えて、契約開始1年以内に受益者に対する技術移転と経営プログラムの実施を借主に義務づけた。これは、地権者がリース期間中に栽培技術を学び、経営能力を身につけ、リース契約後に自立することを目論んだものであった。

受益者は農地の配分を受けても、輸出用バナナ園を運営するための梱包作業所、灌漑施設、運搬用ケーブルなどを有していない。栽培から梱包して出荷するまでの技術、流通のノウハウや資本も十分に持ち合わせていない。こうした状況に対し、アグリビジネスとリース契約を結べば、受益者は新たな設備投資に費用をかけずにバナナ栽培を継続できる。病害や台風被害などのリスクを負う必要もない。しかし、実際にはリース代や賃金は安く、配分された土地への自立的裁量権も失うため、農地改革前の労働者と変わらない結果に陥ることが少なくない。

1haのリース代は、農地改革省行政命令2008年第2号により、「1家族5人分の年間貧困線÷3＋年間不動産税（1ha分）＋地価に応じて算出された土地代金の年賦（1ha分）」とする基準が定められている。フィリピンの貧困線は、衣食住、通信、保健、教育などの必需品を満たすことに必要な最低限の収入を基準とする。たとえば、2013年ごろの第Ⅺ（ダバオ）地域の年間貧困線は9万ペソ、年間不動産税（1ha分）は5000ペソ、土地代金の年賦（1ha分）は1万ペソであったので、90,000÷3＋5,000＋10,000＝45,000という計算式になる。つまり、1ha分のリース代の基準は4万5000ペソ（約9万9000円）であった（AVATAR n.d.）。

ところが、２０１３年ごろに農地改革省が第XI（ダバオ）地域で行ったアグリビジネス・ベンチャー協定についての調査では、同地域でその基準を満たしていたのは、後述のタデコ社だけであった(AVATAR n.d.)。

三　多国籍企業の変化

農地改革の結果、輸出用バナナの生産単位は、外資系農園、地場農園、受益者、受益者協同組合、農地改革にかかわらず土地を保有している地権者や農家、地権者や農家の協同組合や団体（以下、生産者団体と記す）、労働者となった。アグリビジネスは、直営農園を持つ場合もあるが、いずれも受益者、受益者協同組合、地権者、農家、生産者団体とアグリビジネス・ベンチャー協定ないし類似の契約を結んでバナナを確保し、輸出している。こうした農地改革の影響を、まずは多国籍企業の側からみてみよう。

ドール――さまざまな契約方式

農地改革以前、ドール系の生産単位は、二つの直営農園（親会社キャッスル＆クック社直営のサランガニ農園、子会社ドール・スタンフィルコ社直営のダプコ農園）、三つの地場農園（チェッカード、ダイアモンド、ゴールデン）、ドール・スタンフィルコ社と栽培契約を結んだ農家３７７戸であった（鶴見1982）。

ドール系農園は10年間の農地改革の実施延期を申請したが、1990年代半ばに自主的売却申請（Voluntary Offer to Sell：VOS）による土地の分配を決定した。自主的売却申請は土地代金の5％が地主への支払いに追加される制度で、これを動機としてアグリビジネスに農地改革に応じることを促すものである。

土地を得た一部の元労働者などは受益者協同組合を結成し、当初はドールと栽培契約を結んで輸出用バナナの生産を続けていた。これらのなかには、買取価格などでドールと折り合いがつかなかったため、契約を更新せず、他の多国籍企業との契約に切り替えた協同組合もある（後述のチェッカード農園）。ドール系は、直営農園のほか(7)、主に受益者、受益者協同組合、地権者、農家、生産者団体と栽培契約またはリース契約を結んで、バナナ園の生産を継続、拡大している(8)。

ドール・スタンフィルコ社は、バナナ、パパイヤ、マンゴー栽培において初めてグローバルGAP（適正農業規範）(9)の認証を得た会社である(10)。

デルモンテ――大規模な地場農園と契約

デルモンテは、子会社のフィルパック社が1969〜71年にイホ農園、マースマン農園、AMS農園、ディゾン農園、ラパンダイ農園、ファーミングタウン農園、エバーグリーン農園、デルタ農園、ノバビスタ農園の九つの地場農園と契約をしてバナナを購入していた。うち三つの農園(ファーミングタウン、エバーグリーン、デルタ)は生産性が低く、81年までに実質的にデルモンテ社のものになった(鶴見1982)。その後、その三つの農園は89年にラパンダイに、ノバビスタはマースマンに吸収された(De Leon and Escobido 2004)。

財閥系のイホ農園(かつてはJ・V・アヤラ財閥とトアソン家、農地改革後はロレンソ財閥とトアソン家)、マースマン農園、AMS農園(ソリアノ財閥)、ディゾン農園、ラパンダイ農園(かつてはアボイティス財閥とアヤラ財閥、1982年にロレンソ財閥が買収)はバナナ栽培を続けている。しかし、2020年現在、デルモンテのみとの契約を継続しているのはディゾンとラパンダイだけである。デルモンテはタデコ社などの大規模なフィリピン系資本の地場農園とも契約を結んでバナナを購入している。

ちなみに、かつてのデルモンテ社は1989年に再編され、それを一つのきっかけとしてデルモンテ・フィリピン社とデルモンテ・フレッシュ・プロデュース(フィリピン)社が誕生した。前者の親会社はデルモンテ・パシフィック社であり、2006年以降その大株主は、フィリピンではおなじみのUFCブランドのバナナケチャップやダトゥ・プティブランドの酢を生産するヌトリアジア・パシフィック社となった(Tomacruz 2017)。ブキドノンでパイナップル栽培を始めたフィリピン・パッキング社のレガシーはこの会社が引き継いだ。一方、フィリピン産バナナの輸出を手掛けるのは、デルモンテ・フレッシュ・プロデュース(フィリピン)社である。

スミフル――批判を受ける安いリース代・労働者の待遇

住友商事は、出資していたダバオ・フルーツ社から撤退し、2003年にスミフル・シンガポール社に出資したが、19年に持ち株を売却した。スミフル・シンガポール社の子会社がフィリピンでバナナの生産を担うスミフル・フィリピン社（以下、スミフルと記す）である。同社は主に農地改革後に受益者、受益者協同組合、地権者、農家、生産者団体とリース契約または栽培契約を結んでバナナを確保している。

スミフルのリース契約は、そのリース代の安さ、契約期間の長さがとりわけ農業労働者連合（Unyon ng mga Manggagawa sa Agrikultura：UMA）の報告書で批判されている。報告書によると、調査の対象となった受益者1名、地権者4名のリース契約はリース代が年間1万～1万5000ペソ（約2万～3万円、5年後に500ペソ追加、その後は2年ごとに500ペソ追加）である。[11] 契約期間は25年間であった。梱包作業所の労働者の待遇の悪さも指摘されており、その具体例は第3章2に述べるとおりだ。

ユニフルーティー――ユニークな経営方針

多国籍企業のなかでも、興味深い経営方針を取っているのがユニフルーティー社である。ユニフルーティー・フィリピン社（以下、ユニフルーティーと記す）の前身は、1992年に設立されたオリバネクス社であったが、2005年以降、実質的にはデ・ナダイ・グループが所有す

ビジネスのバナナ園分布

(2020) *Philippine Banana Industry Roadmap 2019-2022*, p17 より筆者作成。

図２－１　ミンダナオ島の主なアグリ

（出典）Department of Agriculture, High Value Crops Development Program

る会社となっている(Leonard et. al. 2015)。

ユニフルーティーはチキータ・ブランズ・インターナショナル社と合弁事業などの提携関係を結び、チキータ・ブランドのバナナも輸出してきた。日本の輸入会社は1962年設立の極東フルーツ社の後継会社のユニフルーティー・ジャパン社(2009年にチキータ・ユニフルーティー・ジャパンから改称)である。19年2月に就任した新社長は、これからはチキータ・ブランドをユニフルーティー・ブランドに統一すると語っている(阿部2019)。

デ・ナダイ・グループの創業者はエリトリアで事業を始めたイタリア人である。しかし、創業者が築いた事業は1970年代半ばの隣国エチオピアとの武力紛争を契機に国有化され、すべてが失われた。事業を再建したのは第二世代であり、2008年から会社の拠点をドバイ(アラブ首長国連邦)において、第三世代とともに世界展開をしている(Arabian Business 2011)。

ユニフルーティーの出資会社の幹部を務めた人物へのインタビューによると、第二世代の社長の通称カルロ・デ・ナダイ(Giancarlo de Nadai)氏は開拓精神にあふれる人物だという[12]。ユニフルーティーの出資会社はミンダナオ島の紛争影響地域にも進出し、反政府勢力の兵士を積極的に事業に巻き込むなど、和平プロセスに貢献する姿勢をみせる。

後述のMKAVI社の例のように、レインフォレスト・アライアンス認証獲得の環境に配慮した栽培や、低農薬、有機栽培にも積極的である。バナナは、子会社の直営農園、地場農園、受益者協同組合、生産者団体との契約により確保している。

四　地場農園の変化

フィリピン系資本の地場農園は、どのように変化してきたのだろうか。115ページの**図2—3**で示すように、フィリピン産バナナの輸出先は日本だけではなく、中東や中国、韓国などにも拓けてきており、フィリピン系資本も栽培と輸出に参入している。ここではそのなかから、タデコ社とラパンダイ社（ラパンダイ・グループのなかで生産に携わるのは主にラパンダイ・フード社とラパンダイ農業開発社〈Lapanday Agricultural Development Corporation：LADC〉、フィリピンではこの会社はLADECOと呼ばれることもある。ここではまとめてラパンダイ社と記す）を取り上げてみよう。

タデコ社——流刑地におけるバナナ栽培

タデコ社が借用していた流刑地について、農地改革省は即時分配を望んだ。しかし、管轄の司法省がこれに反対し、主張が対立。結局後者の主張が通り、アロヨ政権期の2003年に、タデコ社は司法省と25年間の合弁企業契約を結び、バナナ栽培を継続した。リースした土地の面積は、1969年に開始したときには約3000haであったが、03年までには約5308haに拡大する。当時のタデコ社はユナイティッド・ブランズ社と契約を結び、チキータ・ブランドのバナナを生産していた（第1章参照）。

一方その間、1989年にタデコ社に解雇された労働者がチキータ・ブランドのフィリピン産バナナのボイコット運動を展開した[13]。このボイコットの後、タデコ社はチキータ・ブランドではなく、デルモンテ・ブランドでバナナを出荷するようになる（中村2008）。

私は2019年9月にタデコ社を訪れた。同年3月に同社の広大な農園を車で通過した際には、道路沿いにNGOがゲリラ的に設置したとみられる農地改革を要求する垂れ幕があった（**写真2−1**）。しかし、9月の訪問の際には、垂れ幕は取り除かれたのか、見当たらなかった。代わりに目についたのは、農園道路沿いや事務所入り口に掲げられていた創業者のアントニオ・フロイレンド・シニア（A・O・F、2012年死去）を慕う看板である（**写真2−2**）。

2019年現在、タデコ社はダバオ流刑地のうち約5308haと地続きの土地（農地改革後に設立された受益者協同組合が同社にリースバック契約をした土地）あわせて約6640haでバナナを栽培している。農園内は6地区16ゾーンに分かれ、16の梱包作業所がある。生産性は1haあたり年間4849箱（18年現在）と輸出用バナナの平均3500箱をはるかに上回る。デルモンテ（栽培面積の約73%）だけではなく、ドール（栽培面積の約19%）、やユニフルーティー（栽培面積の約8%）にもバナナを納入している。タデコ社は国際標準化機構（ISO）やグローバルGAPの認証を受け、受刑者の出所後の生活再建にも役に立っていると、担当者が丁寧にご説明くださった。

また、タデコ社とリースバック契約をしている協同組合は最も財政が健全であると担当者は

写真２－１　農地改革省にタデコ社の農園の土地を土地なし農民に分配することを求める看板（2019 年３月）

写真２－２　アントニオ・O・フロイレンド・シニアを慕う看板。上の看板には「ようこそ。会社の安全と警備の方針を守ってください」と書かれている（2019 年９月）

語った。同社グループとは4つの協同組合がリースバック契約をしている。リース代は1haあたり年間5万ペソ(約11万円)であり、第XI(ダバオ)地域のなかでは最高額で、唯一農地改革省が示した基準を上回っている(AVATAR n.d.)。契約期間は30年で、更新可能だ。そのほか、団体交渉に応じて会社は組合員の家庭の水代と電気代、交通費を負担し、12haの土地を居住地として提供し、協同組合の事務所建設も支援したという。

一方、タデコ社が司法省に支払っているのは、1haあたりわずか5000ペソである。2017年には、アルバレス・パンタレオン下院議員が03年の合弁企業契約更新は汚職にあたるとしてタデコ社を訴えた[14]。訴えを受けた会計監査委員会は17年に、同契約が公有農地利用の上限を1000ha、25年間(25年を超えない範囲で一度更新可)に限るとする1987年憲法に抵触するとの見解を発表した(The Manila Times 2017)。司法省が実施した調査結果でも、違憲であると指摘されている(Reformina 2017)。

タデコ社のオーナーはその後、アントニオ・フロイレンド・シニアから息子のアントニオ・〝トニーボーイ〟・フロイレンド・ジュニアに交代した。フロイレンド・ジュニアは、1998年から2019年まで北ダバオ州第二選挙区選出の下院議員をラグダメオ家の甥と交代で務め、デル・ロサリオ家、ラグダメオ家とともに北ダバオ州で政治王朝を築いてきた人物である。16年の大統領選挙では、ドゥテルテの選挙キャンペーンのトップドナーであった(Bueza 2016)[15]。

しかし、2019年の中間選挙では、下院議員選挙ではアルバレス・パンタレオン本人と同じ政党からの立候補者がアントニー・デル・ロサリオ（アントニオ・フロイレンド・シニアの義理の弟の息子）とフロイレンド・ジュニアに、知事選挙でもパンタレオン派の候補者がロドフロ・デル・ロサリオ・ジュニア（同じくアントニオ・フロイレンド・シニアの義理の弟の息子）に勝利した。これにより、北ダバオ州の40年間のフロイレンド―デル・ロサリオ政治王朝は、いったんは中断を余儀なくされている（Delizo 2019）。

大きな政治力を持つラパンダイ社

ラパンダイ農園は1971年に設立され、デルモンテと契約してバナナを納入していた。つまり、もともとはデルモンテ系列の農園であった。当初ラパンダイ農園の経営は順調であった。しかし、79年ごろから業績が悪化。81年にはバナナの廃棄をめぐってデルモンテと対立し、契約を破棄した（De Leon and Escobido 2004）。

翌1982年までに、ラパンダイ農園は他の二つの農園とともにルイス・ロレンソ・シニアの財閥に買収される。これを機に、ラパンダイ農業開発社が設立された。その後、さらに農園を買収・新設し、輸出会社（Lead Export Agro-Development Corporation：LEAD）も設立する。80年代に拡張した農園からのバナナは主にデルモンテに納入していたが、90年代以降は南ダバオ州をはじめ、南アグサン州、北コタバト州、南コタバト州、サランガニ州、ブキドノン州にも農園を拡張。チキータ・ブランド（ユニフルーティーの前身のオリバネクス社）にも納入した。

2019年にサランガニ州のキアンバ町を訪れた際には、ラパンダイ社とリース契約をした先住民ティボリ人の土地でヘリコプターによる空中農薬散布が行われており、住民はバナナ園外への農薬飛散に困惑していた。後述するように1999年には、イホ農園から生まれた三つの協同組合が同社と栽培契約を結んだが、いずれも負債をかかえる顛末に陥っている。

一方、2006年にユニフルーティーとの契約が、11年にデルモンテとの契約が切れたことをきっかけに、ラパンダイ社は多国籍企業へのバナナの納入をやめ、自社ブランドバナナの独自輸出を開始した。輸出先は、中国、韓国、日本、中東などである。

ロレンソ・シニアの祖父はスペイン人で、父親はアメリカ植民地期の1916〜25年に下院議員に任命され、35年憲法の憲法制定議会議員でもあった。独立準備期にはミンダナオ島西部のサンボアンガ市長、独立後はキリノ大統領政権で教育省長官、マカパガル政権で公共事業運輸通信省長官を務めている。姉のマリア・クララ・ロブレガド(2004年死去)は、マルコスのクローニー(取り巻き)政治家であり、政商エドアルド・〝ダンディン〟・コファンコ・ジュニアとともにココナツ課徴金の不正利用に関わった人物である。ロブレガド家はサンボアンガ市政に大きな影響力を持ち、国政にも代表を送る(Gutierrez and Saturnino 2004)。

ロレンソ・シニアは1959年にデルモンテ(当時はフィリピン・パッキング社)に入社し、88年まで副代表を務めた経験を持つ(De Leon and Escobido 2004)。父親の後を継いだのは息子のルイス・〝チト〟・ロレンソ・ジュニアで、彼は2002年10月にアロヨ政権下で農業省長官に任命されている。[16] ロレンソ家はドゥテルテ大統領一家とも近しい関係にある。ドゥテルテ大統領の娘でダバオ市長のサラ・ドゥテルテ（2010年6月～13年6月：16年6月～）の夫は、ラパンダイ社の顧問弁護士を務めている。

2016年7月のドゥテルテ政権発足時に農地改革省の長官に任命されたのは、フィリピン共産党推薦のラファエル・マリアノであった。しかし、17年4月に発生した共産党の軍事部門の新人民軍（NPA）によるラパンダイ社襲撃への関与が疑われた。サラ・ドゥテルテは、彼が関与したことを連名で主張。同年5月、マリアノ長官はラパンダイ社に対して個人土地所有権利証書を求めていた協同組合の主張を後押しした（Colina 2018）。そして、同年9月に農業省長官を解任された（Alvarez 2017）。

ラパンダイ農園は1990年代に、毒性学が専門のフィリピン大学のロメオ・キハノ教授が行った農薬禍の調査により注目されたことがある。中村（2008）によると、キハノ氏が南ダバオ州ハゴノイ町アプラヤ村カムクハーン（Sitio Kamukhaan）のラパンダイ農園を調査したところ、約150世帯の700人に農薬による健康被害の症状が認められた。農薬散布者には十分な防具が支給されていなかった。だが、こうした告発にもかかわらず、状況は改善されないばかりか、キハノ氏は脅迫を受け、調査に関わった者数名が2003年に名誉毀損の罪で逮捕された。当時、ルイス・〝チト〟・ロレンソ・ジュニアは農業省長官であった。

変化が激しいアグリビジネスの状況

以上、農地改革後のアグリビジネスの変化を概観した。これらの変化は、日本以外の輸出先が拡大してきたことや、多国籍企業の世界的規模での吸収合併など、必ずしも農地改革だけが直接的な原因ではない。

バナナが日本に入ってきたころに日本人がなじんでいたブランドは、ドール、チキータ、デルモンテ、バナンボ(住友商事)であった。それらのうち、ドールは伊藤忠が、チキータはデ・ナダイ・グループが合弁事業で提供するようになり、住友商事は資本を撤退させた。チキータ・ブランドはユニフルーティー・ブランドに統一され、日本市場から消えるかもしれない。そしてアグリビジネスの変化として注目すべきは、フィリピン系資本の参入拡大である。それらは、タデコ社やラパンダイ社のように、財閥であり、一族が地方政治や国政に大きな影響力を持つ。司法手続きや行政手続きを有利に運ぶことができ、反対勢力に対しては警察や暴力集団を動員できる。

五　アグリビジネスと契約する生産者の変化

つぎに、こうしたアグリビジネスと契約した生産者に焦点を当ててみよう。

農地改革によりアグリビジネスが保有していた農園や公有地は、さまざまな受益者と受益者協同組合に分配された。また、輸出用バナナ産業の拡大にともない、バナナ栽培を始める地権者や農家、生産者団体の数も増えている。そのため、これらすべてについて包括的に調査をすることは、かなわなかった。一方、輸出用バナナ園において栽培契約やリース契約を結んだ協同組合については、多くの事例研究が行われてきた(De Leon and Escobido 2004; Carandang 2009; 野沢２０１２：FAO 2016; Oxfam 2016; 2018; Thiers 2018)。以下では、これらを参考にしながら、その変化を述べていく。

まず、栽培契約の具体的事例からみてみよう。一つ目は、ＮＧＯによる専門の法的支援を受け、バトルの末に自立の道を歩みつつある受益者協同組合である。二つ目は、不当契約により借金を負った受益者協同組合である。

自立の道を歩むチェッカード農園協同組合

北ダバオ州パナボ市にあるチェッカード農園は、農地改革前はドール系列の農園であった。先述のように、ドール系農園は１９９０年代半ばに自主売却申請による土地の分配を決定した。この決定を受けて96年に、チェッカード農園の農業労働者はチェッカード農園農地改革受益者多目的協同組合(Checkered Farm Agrarian Reform Beneficiaries Multi-Purpose Cooperative: CFARBEMPCO、以下、チェッカード農園協同組合と記す)を設立。２８２haの土地に対する共同土地所有権利証書(Collective CLOA)を得た。

この協同組合は、1996年にドール・スタンフィルコ社との栽培契約(Banana Production and Purchase Agreement)を結び、輸出用バナナの栽培を継続した。じつはドールは土地分配時に、自分たちに都合のいい御用組合をつくろうとした[17]。これに対し、ファームコープ(The Foundation for Agrarian Reform Cooperatives in Mindanao, Inc. ミンダナオ農地改革協同組合ファンデーション)が受益者自身による協同組合の立ちあげを支援した。その結果として結成されたのがチェッカード農園協同組合である。

ファームコープは、1995年に農地改革の受益者を支援するために設立されたNGOである。代表のコロナド・アプゼン弁護士は、革新系の全国労働者連合(National Federation of Labor)の弁護士としてマルコス政権期にも闘ってきた百戦錬磨の人物だ。1980年には来日し、各地を回って消費者に生産地の窮状を訴えた。

しかし、チェッカード農園協同組合は、ドール・スタンフィルコ社との栽培契約では自立の道を歩むことはできなかった。彼らのドール・スタンフィルコ社との闘いは中村洋子『フィリピンバナナのその後——多国籍企業の操業現場と多国籍企業の規制』に詳しい。それを要約すると、つぎのとおりである。

まず彼らは土地を手に入れたとはいえ、農園の設備は会社のものであり、使用料を払わなければならなかった。会社に対して弱い立場におかれていた彼らは、1996年当時、バナナ一箱(当時は13kg)25・6ペソ(約128円)と安く買いたたかれる。そのため、チェッカード農園協

写真2－3　チェッカード農園協同組合の事務所入り口(2019年3月)

同組合は借金を負い、受益者の生活水準は悪化した。そこで、他のドール系農園から生まれた協同組合と共闘し、大々的なストライキを行った。こうした闘争の末、98年までには一箱2・4米ドル(約314円)という買取価格の大幅な上昇を勝ち取り、のちに2・6米ドルまで引き上げた。

だが、チェッカード農園協同組合はドール・スタンフィルコ社との契約内容に完全には納得せず、より好条件の契約に応じる会社を探し始めた。そして、2008年に一箱4・10米ドル(約480円)という買取価格に応じたユニフルーティーとの栽培契約(Banana Production and Purchase Agreement)に切り替えたのだ。交渉にあたっては、ファームコープの法的支援を受けた。交渉で一番重要なポイントは、買取価格、契約期間、品質基準、技術支援、リスク管理などであった。

私たちは2019年3月にチェッカード農園協同

組合を訪問し、メンバーから話を聞いた(**写真2―3**)。メンバーは結成当初87名(男性70名、女性17名)であったが、8名が亡くなったという。協同組合所有の敷地には、共同所有の126haのバナナ園、45haのバナナ拡張農園に加えて、個人所有の家屋の区画がある。30年間で支払う土地代金の年賦は16年間で支払い終えた。協同組合は徐々に資本を増やし、雑貨店からの収入、貸金業からの利益、養豚や養鶏業からの利益もある。

メンバーは、農地改革後の状況とユニフルーティーとの契約に満足をしていると語った。とくにメンバーが評価したのが、買取価格である。ユニフルーティーは生産性や生産コスト、市況に応じて、買取価格の交渉に応じた。たとえば、2019年のA級バナナの買取価格は一箱(13・5kg)5・24米ドル(約588円)である。納入量全体の6~7%のB級バナナの買取価格は1箱1~2・50米ドルであった。A級・B級ともに、目標達成度以上の箱を納入した場合、1箱につき0・1米ドル買取価格を上げる奨励制度が設けられている。A級バナナは日本と韓国、A級とB級バナナは中東と中国に輸出される。

契約書には生産費が5%上昇した場合は買取価格を見直すことが記されている。さらに近年になって、ユニフルーティーは資材と人件費をモニターし、それらが上昇した場合は自動的に買取価格を引き上げる制度の導入を提案した。ファームコープも日本の港に到着したときの陸揚げ価格や出荷価格などバナナ市場の動向を追い、不当に買いたたかれないようチェックする。

契約期間に関しては、ユニフルーティーは長期を望んだが、チェッカード農園協同組合は5年間を要求した。最終的に5年間で合意し、その代わりとして、契約期限の18カ月前に更新交渉を開始することとした。ユニフルーティーからは、金融（ローン）支援や技術支援がある。資材はユニフルーティーが一括で安く購入し、バナナの売上げから差し引いている。２０１９年ごろの生産性はhaあたり４５００箱で、平均の年間３５００箱を大きく上回っていた。

なお、チェッカード農園では、農薬の空中散布が行われている。会社は早朝に散布を済ませ、散布中は農園を立ち入り禁止にしている。河川や家屋からはバッファーゾーン（緩衝地帯）を設け、農薬が飛散しないように徹底を期しているため、環境汚染も健康被害も起きていないという。

チェッカード農園協同組合は、もとの農業労働者が受益者協同組合をつくり、共同土地所有権利証書を得て、多国籍企業と栽培契約を結び、交渉を経て好条件を獲得した例である。しかし、多国籍企業と栽培契約を結んだ受益者協同組合すべてがこのように自立の道を歩んだわけではない。チェッカード農園協同組合が自立できたのは、どのような要因によるのだろうか。

まず、契約のいかんにかかわらず、協同組合メンバーの合意形成ができるかが鍵となる。アグリビジネスはこの過程で御用組合をつくり、メンバーの分断を図ることがあった。協同組合メンバーの対立と分裂は、アグリビジネスに対する受益者の交渉力を弱める大きな原因となった（De Leon and Escobido 2004; 中村２００８：UMA 2019）。

契約を結ぶ際、ＮＧＯや弁護士、「パラリーガル」（弁護士の資格はなくても法律の知識を持つ専門家）のアドバイスを受けられる否かも、大きく影響する。チェッカード農園協同組合は、ファームコープの支援を受けることができた。バナナ園の農地改革の受益者の多くは、元農業労働者であるため、アグリビジネスと契約を結ぶうえでの法律の知識や融資の受け方、農園経営の知識が足りない。ファームコープは受益者がそうしたノウハウを得るための支援を行っている（中村２００８：Leonard et. al. 2015）。

不当契約により借金をかかえたイホ農園協同組合

つぎに、不当契約により借金をかかえることになった受益者協同組合の例をみてみよう。北ダバオ州タグム市にあるイホ農園は、１９６８年の設立時にはＪ・Ｖ・アヤラ財閥とトアソン家が出資し、80年代まではデルモンテにバナナを納入していた。イホ農園も10年間の農地改革の実施延期を申請したが、延期期間が終わる直前の97年に自主売却申請を行った。

農地改革後、イホ農園から三つの協同組合が誕生する。それらは、１９９８〜99年にイホ・プランテーション社と栽培契約（Banana Sales and Marketing Agreement）を結んで、バナナ栽培を継続した。だが、協同組合に対する契約内容の十分な説明はなかった。その後、イホ・プランテーション社は契約の権利をラパンダイ社（ラパンダイ・フード社）に売却。しかし、結果的に三つの協同組合はいずれも借金をかかえるに至る。

何が起こったのだろうか。一つの協同組合の例を国際NGOオックスファムとフィリピンのNGOの「オルタナティヴな法律サービスを通じた対話とエンパワメントのための取組み」(Initiatives for Dialogue and Empowerment Through Alternative Legal Services：IDEALS)の調査レポートからみてみよう(Oxfam 2016)。

イホ農地改革受益者協同組合(Hijo Agrarian Reform Beneficiaries Cooperative：HARBCO、以下、イホ農園協同組合と記す)のメンバーは724人で、農地改革により579haの土地を得て、(18)栽培契約を結んだ。しかし、その契約の内容は、①生産コストや市況にかかわらず、ラパンダイ社が納入価格を設定できる条項、②協同組合の承認なしに資材や肥料などの生産コストを無制限に増やせる条項、③協同組合が他の収入を増やすことを阻害する財産権に関する条項を含むなど、財務に関するものだけでも一方的である。組合側にはバナナ生産に関する一切の裁量権が認められず、すべてラパンダイ社が管理した(Oxfam 2016)。

2007年には、イホ農園協同組合のラパンダイ社に対する借金は1億1500万ペソ(約2億7600万円)にもなる。ラパンダイ社は契約にもとづいて協同組合の操業を接収した。10～13年のバナナの買取価格は平均1箱(13kg)約2・7米ドルであった(AVATAR n.d.)。一方、生産コストは10年には一箱2・9米ドルであったが、13年には8・55米ドルと約3倍に上昇。協同組合のラパンダイ社に対する借金は、12年までには2億9080万ペソ(5億2344万円)にまで膨らんだ。

イホ農園協同組合は、ラパンダイ社と結んだ契約は不当であると訴えた。ベニグノ・アキノⅢ世政権期の２０１４年４月、国会の合同委員会がこの問題を取りあげ、調査を行う。合同委員会は契約の破棄と無効を勧告した。協同組合は、大統領府農地改革評議会(Presidential Agrarian Reform Council：ＰＡＲＣ)に契約の無効を訴えた。ベニグノ・アキノⅢ世政権下では動かなかった評議会は、ドゥテルテ政権になってから、州政府に設置された農地改革省事務所の仲裁役に解決策を探るよう指示をだす。だが、問題解決の管轄をめぐる議論などが起こり、解決に至っていない(Oxfam 2016)。

六　栽培契約とリース契約の問題点

栽培契約の問題点

以上、農地改革後に栽培契約を選択した二つの受益者協同組合の歩みをみてきた。チェッカード農園協同組合のように土地代金の年賦も完済して自立した例もあれば、イホ農園協同組合のように借金を負う結果に陥った例もある。それぞれが異なる経路をたどった理由はすでに述べてきた。どちらの経路をたどった農地改革受益者のほうが多いかについては、包括的な調査を行えていない。２０１３年ごろの農地改革省の第Ⅺ(ダバオ)地域での調査によると、栽培契約を結んだ38の受益者協同組合のうち純利益（その大小にかかわらず）をあげていたのが25団体、損失を出していたのが3団体、不明が10団体であった。リース契約を結んだのは14受益者協同組合であったが、純利益をあげていたのは4団体で、残りの10団体は不明であった（AVATAR n.d.）。

農業労働者組合や農民団体の連合組織である農民連合（Unyon ng mga Manggagawa sa Agrikultura：UMA）は、アグリビジネス・ベンチャー協定が実質的には多国籍企業の土地収奪になっていると反対を表明している。オックスファム（2016; 2018）や国連食糧農業機関（FAO 2016）の報告書は、栽培契約が農地改革受益者の自立に結びつかない場合の原因として、次の問題点を指摘している。

①低い買取価格と長い契約期間

バナナの買取価格は、生産費と生産性に鑑みて、生産費を下回らない価格が設定される。生産費を下回らない買取価格設定は、農民の赤字リスクを抑えているようにみえる。しかし、実態は農民に有利にはなっていない。

まず、アグリビジネスは優位な立場を利用し、買取価格を安く設定する。生産費が前年より5％以上あがった場合には買取価格を見直すことが契約書に記される場合もある。だが、実質的には、買取価格には市況が反映されにくく、一定期間安い水準に固定される傾向にある。

生産費に鑑みた価格設定では、市況が好況であっても農民に恩恵はない。たとえばバナナの場合、日本の国産みかんやリンゴが旬を終える3～5月は国産果物の供給が減るため、バナナへの需要が高まる。ところが、農民はこうした市況を収入増に結びつけることができない。また、アグリビジネスは、長い契約期間を要求する。そのため農民は、より高い買取価格を提示する他の輸出業者との契約に切り替えられない。つまり、競争のメカニズムが抑えられているのである。

安い買取価格の契約から生じる問題に、俗に「棒高跳び（pole vaulting）」と呼ばれる行為がある。契約企業の買取価格が一定期間変わらないのに対し、需要に応じて、それより買取価格が高いスポット・マーケット[19]が農園周辺に形成される。そのため、生産者は契約企業に秘密でバナナをスポット・マーケットに売るのだ。アグリビジネスはこの「棒高跳び」行為を取り締まるための監視を強めている。しかし、これも買取価格が市況を反映して見直されるメカニズムがないから発生する問題であると言える。一方、後述するように、好調なバナナ市場が、多国籍企業の流通には頼らない生産を可能にしている面もある。

②資材経費の自動引き落としや、つけ払い

栽培契約では、一定水準の農業技術を生産者に要求するため、農業資材の提供をアグリビジネスが一括して行うことが一般的だ。本来は、アグリビジネスが大量購入で安く仕入れた資材を生産者に売ることが契約栽培のメリットのはずである。にもかかわらず、高い値段で売り付けられるなど、生産者が損をする場合がある。農業資材の経費は、売上げから費用が自動的に差し引かれる。つけ払いの場合、利子が課される。

③規格振り分けの恣意性

バナナは梱包作業所に運ばれると、大きな水槽に放り込まれ、皮の外側の汚れが取り除かれる。同時に、極端に曲がっていたり、傷があるバナナは規格外として廃棄される（第３章１参照）。その後、A、B、Cと等級が分けられ、輸出先ごとに細かく定められた方法に従って梱包される（Carandang 2009）。A級は傷がなく、形がそろっていて、行き先は主に日本だ。B級とC級は中東、韓国、中国などに輸出される。等級ごとに買取価格が異なっており、A級とB・C級では、約２〜３倍の差がある。

しかも、市場価格が低価格である場合、アグリビジネスは損失を抑えるために規格を厳しくし、廃棄率を大きくする。それゆえ、市場が低価格のときに生じる収入の減少を農民側が負う結果になる。

④接収規定（take-over clause）

アグリビジネスと結ぶ栽培契約には、多くの場合、接収規定が含まれる。これは、農民が決められた農業資材の使用、品質、生産性を満たさない場合、アグリビジネスが経営を接収し、被った損失を生産者に請求できる権利である。ＦＡＯはこの規定が生産者をきわめて脆弱な立場におくと指摘する。損失の見積もりが恣意的に行われ、受益者主体の生産が損なわれる場合があるからだ。

⑤災害や病害のリスク負担

栽培契約のもとでは、病害や災害によるリスクを農民が負っている(FAO 2016)。オックスファムとＩＤＥＡＬＳは、２０１２年に第XI(ダバオ)地域を襲った台風ボーファァ(フィリピン名パブロ)の影響を受けた受益者協同組合を調査した。その報告書には、スミフルと結んだ不当な契約ゆえに借金が膨らんだ協同組合が、台風の影響により、さらに借金が膨らんだ例が報告されている。台風の影響で12年12月から生産がストップしているのにもかかわらず、13年4月時点で、受益者協同組合は農薬の空中散布などの生産費を請求され続けていた(Oxfam 2016)。

⑥政府によるアグリビジネス・ベンチャー協定の監視不足

アグリビジネス・ベンチャー協定の締結後には、農地改革省がモニタリングを実施することになっている。しかし、同省に契約の状況が届けられなかったり、同省の職員が足りなかったりと、実際には十分なモニタリングが行われていない。

リース契約の問題点

つぎに、リース契約の例をみてみよう。

リース契約では、地権者はリース代に加えて、家族の１～２名分の農業労働者としての雇用を確保できる。だが、ＦＡＯの報告書(FAO 2016)によれば、リース代の安さ、長期の契約期間のため、数少ない例外を除けば、リース契約は受益者や受益者協同組合に利益を生み出していない。リース代は、安い場合１haあたり年間５０００～１万５０００ペソであり、地価が反映されていない(農地改革省の２０１３年ごろの基準は、第Ⅺ〈ダバオ〉地域で４万５０００ペソ)。ひどい例では、受益者が支払うべき土地代金の年賦や不動産税よりも安い。契約期間は10～30年(更新あり)の長期であることが多い。

ここでは、リース契約の問題のある例として、農地改革の受益者ではないが、高地栽培バナナの生産に参入した先住民ティボリ人の例を紹介したい。なお、ここで紹介する問題点は、アグリビジネスと受益者や受益者協同組合とのリース契約で生じる問題点と共通している。

高地栽培は低地栽培バナナより糖度が高く、人気もあるため、いまでは各社ブランド化して売り出している(本章2参照)。一方、第1章でその歴史的経緯を説明したとおり、ミンダナオ島で高地栽培に適した山間部に生活しているのは、主に先住民である。ここではリース契約の問題とあわせて、ミンダナオ島の先住民の先祖伝来の領域で高地栽培バナナ園が広がっていることを確認しておきたい。

２００4年に南コタバト州ティボリ町ラコノン村のティボリ人の住民は、フィリピン系資本のソリアノ財閥のＡＭＳグループ会社（Upland Banana Company）と25年間のリース契約を結んだ。そのうち、約３haを貸した地権者の契約書によると、リース代は１haあたり1万ペソであり、6年目からは2年ごとに５００ペソあがることが記されていた。１・５haあたり１人の優先的雇用も契約書に盛り込まれている。医療補助や奨学金などの提供も口約束された。

契約書の内容は、栽培契約であれ、リース契約であれ、全般的にアグリビジネス側に有利に書かれているという批判がある（Oxfam 2016）。当該契約書の第22項には、地権者の事前の合意なしに借主はリース契約の内容を第三者に委任する合意を結べるとあった。それゆえか、２００9年に借主がＡＭＳのグループ会社からスミフルに変更になった。

ところが２０１７年11月、ティボリ人の地権者たちがピケを張り、スミフルに抗議をする事件が起こった。リース代が毎年分振り込まれていない、医療補助や奨学金が十分に提供されていない、バナナ一箱あたりの手当てが支払われていない、などが理由である[20]。

何よりも生産者や周囲の住民を悩ませているのは、２０１１年ごろから始まった農薬の空中散布である。契約当初は空中散布の話はなく、開始するにあたって企業からの説明は十分ではなかった。早朝に小型飛行機から散布される農薬は風にのり、バナナ園に隣接する民家や学校の通学路にふりそそぐ。空中散布が始まってから、家庭菜園の野菜が枯れたり、家畜が死んだり、目の疾患や皮膚のかゆみなどの被害が生じている（第4章参照）。

リース契約を結んだティボリ人の地権者数名が、こうした企業の不正行為に対して異議申し立てをしてきた。しかし、企業は農薬の空中散布に関してはバッファーゾーンを設けるなどの対策をしていると主張し、話し合いは平行線をたどっている。それどころか２０１６年ごろ、スミフルはティボリ町に空中散布用の新たな滑走路を建設した。リース契約の期限は29年であるが、地権者数名は期限前に契約を破棄したいと考えている。

リース契約においては、安いリース料、長い契約期間に加えて、地権者は自分の土地の裁量権を一切失う。企業の設備投資代が地権者負担とされ、リース代から差し引かれるなどの搾取の例も報告されている(AVATAR n.d.)。10〜30年の長い契約期間中、農薬を継続使用した単作が行われるため、契約期間後には、土壌がすっかりやせ細る。

ミンダナオ島では、先住民の生活水準や教育水準は低く、困難な状況におかれている。子どもの学校教育や医療費に現金収入が必要であるなか、リース契約は魅力的な選択肢にみえる。それゆえに、英語で書かれた契約書の内容を十分に検討できないまま、口約束を信じて、契約書にサインをすることがある。キハノ教授は、高地での農薬空中散布は対象となるバナナ園だけではなく、水系を汚染するため、深刻な問題に発展すると警告している(Templonuevo 2015)。

七　アグリビジネスによる低農薬栽培バナナ

１９７０〜80年代になかった傾向として、アグリビジネスによる低農薬栽培や有機栽培バナナの生産を取りあげたい。ここでは、ユニフルーティーの子会社である「キタングラド山アグリベンチャー社」(Mt. Kitanglad Agri-ventures Inc.：ＭＫＡＶＩ社)の例をみてみよう。２０１９年9月、ＭＫＡＶＩ社は私の訪問を受け入れてくれた。

ＭＫＡＶＩ社は名前のとおり、ブキドノン州のキタングラド山のふもとに位置するランタパン町アラニブ村にある。１９９８年に設立されると(設立当初はユニフルーティーの出資は9割)400人の地主と農場開発マーケティング協定(Farm Development and Marketing Agreement)を結び、先住民タラアンディグ人の先祖伝来の領域でバナナの高地栽培を始めた。

農場開発マーケティング協定とは合弁事業の一形態であり、地権者がデベロッパーであるＭＫＡＶＩ社に25年間、農地開発を委託する。代わりに、実質開始年から10年間は１haあたり１万2000ペソ、11〜15年目は１万6000ペソ、16〜20年目は2万ペソ、21年目以降は２万4000ペソの土地使用料が地権者に支払われる。

バナナ栽培開始前に栽培されていた作物に対しては、会社の見積もりにより、補償金が支払われた。加えて、栽培3年目からは、１haあたり3000箱を超えた分について、１箱あたり8ペソ(約16円)を地権者に支払うなど増産が奨励されている。２０１９年現在では540人の

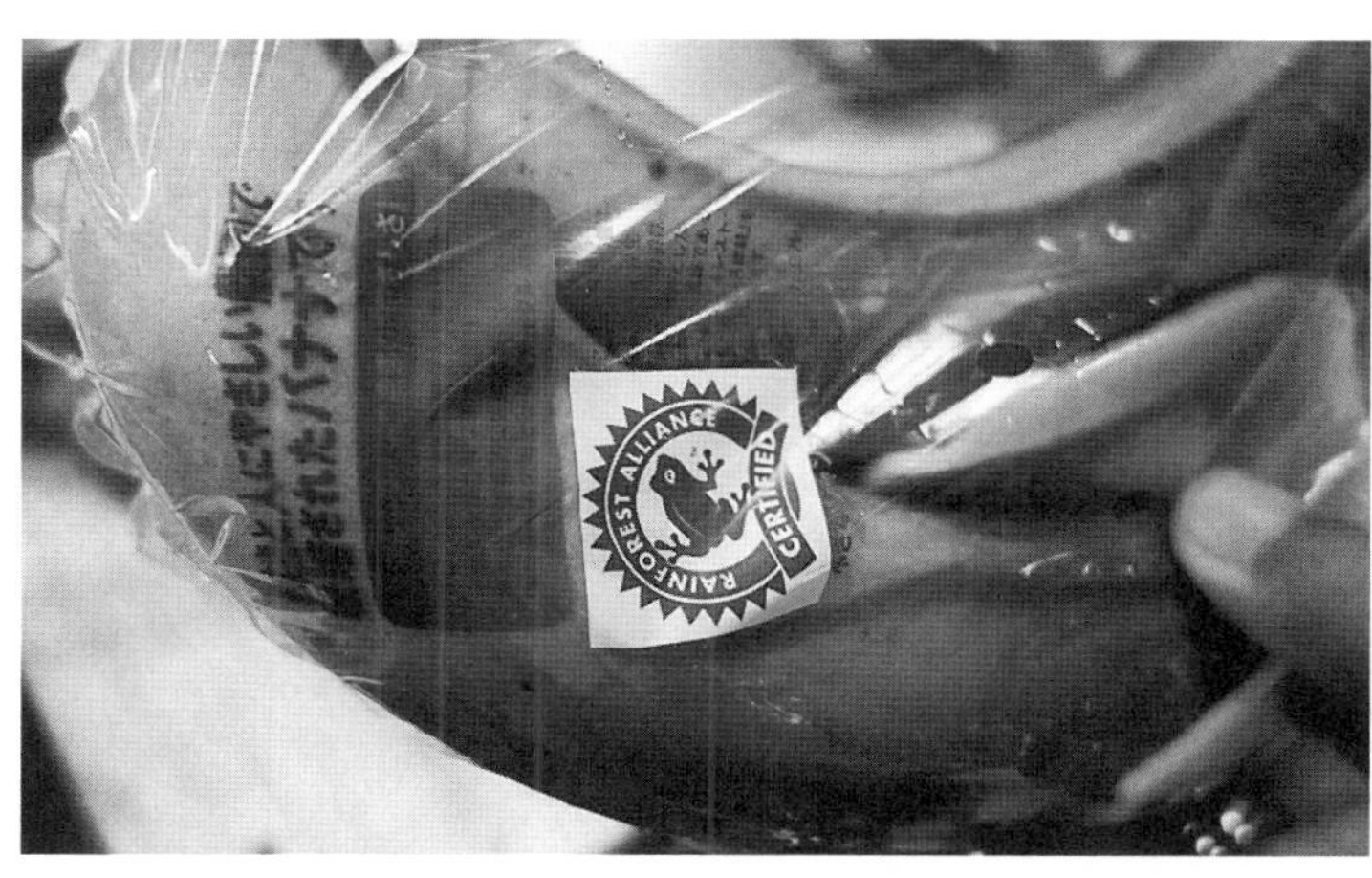

写真2－4　レインフォレスト・アライアンス認証バナナ（2019年9月）

地権者が契約を結び、うち4割がタラアンディグ人であるという。農園は三つに分かれ、それぞれに梱包作業所がある。ＭＫＡＶＩ社の生産性は１haあたり年間３７００箱である。うち、93%がＡ級、６%がＢ級であり、規格外のバナナは地権者に安い値段で売っている。

　ＭＫＡＶＩ社のバナナは、以下に述べる環境保全の取り組みと良好な労使関係が認められ、２００２年にアジアのバナナで初めてカエルマークでおなじみのレインフォレスト・アライアンス認証を取得した（**写真2―4**）。レインフォレスト・アライアンスは、主に農業、林業、観光業の分野で、生物多様性と生産者の暮らしを守る一定の基準を満たした商品を認証し、消費者に持続可能な製品の購入を促すことを目的として、１９８７年に設立された非営利団体である。ＭＫＡＶＩ社の農園ではバナナの偽茎に両面テープをほどこし、根の方からあがってくる虫

写真２－５　偽茎に巻かれた両面テープ(2019 年 9 月)

を接着して駆除するなど、低農薬栽培に努めていた(**写真２－５**)。

この農園から日本に輸出されるカエルマークがついたブランドには、「天晴れ農園金の房」「こだわりリッチバナナ」「ごほうびバナナ」がある。そのほか、「やさしさバナナ」なども日本市場向けに生産している。アジア(日本、韓国、中国)への輸出が73％であり、中東(湾岸アラブ諸国とイラン)への輸出は27％である(２０１９年現在)。チキータ・ブランズ・インターナショナル社との合弁事業により、チキータ・ブランドのバナナも生産している。

ＭＫＡＶＩ社の創業に関わったのはかつて社長を務めたリカルテ・アベフエラ氏であり、のちに息子のニール・アベフエラ氏も経営幹部として加わった。ニール氏は多

写真２－６　バナナ園の間に設けられている森林保全区画（右側の森林部分、2019 年 9 月）

国籍企業に勤めながら、ミンダナオ島の先住民を森の守り人として商品作物栽培を進めることを考えるリアリストである。そのためにユニフルーティー１００％出資のヒネレバン（Hineleban）という財団の設立にも関わり、熱帯雨林保全活動を推進している。ヒネレバン財団は有機栽培のコーヒーを商品化し、マニラやダバオなどの大都市にあるショッピングモール内の健康志向の店に卸す（２０１９年にニール氏はＭＫＡＶＩ社を退職）。

ＭＫＡＶＩ社のバナナ園の景観はユニークである。タラアンディグ人の先祖伝来の１１００haの領域のうち、バナナを植えているのは６８０haと62％だ。バナナ園の間には森林保全の区画が設けられている（**写真２－６**）。また、65haをネイティブの森（native forest）として保全し、２００haに在来種を植えるな

写真２－７　再生された「聖なる木」(2019年９月)

ど、農園の環境保全に尽力している。

だが、バナナ園開拓時には誤ってタラアンディグ人が儀礼に用いていた「聖なる木」を切り倒してしまった。経営幹部はタラアンディグ人と対話を行い、同じ種類の木を再生することにしたという(**写真２—７**)。

２０１９年の訪問時には、正規雇用労働者を１２００人雇っていた。そのほとんどが地権者の家族である。そのほか、約３００人の季節労働者も雇っていた。日給は正規労働者３７６ペソ(約７５２円)、季節労働者３３１ペソ(約６６２円)と、同地域の法定最低賃金３３１ペソは満たしている。労働時間は基本的に一日8時間で、残業は2時間と限定しているが、ピークシーズンは一日15時間になることもある。超過勤務手当は支払うようにしているという。

契約書の言語は、労働者が理解できるセブアノ語で書かれている。社会保険制度(Social Security

System)、持家促進相互基金(Pag-Ibig Fund)、健康保険(Phil Health)などの社会保障費は会社が一部負担する。そのほか有給休暇の制度も整っている。

ユニフルーティーは、他の三つの多国籍企業と比べて、環境保全や労働者の福利厚生にもより配慮する姿勢を取っている。それゆえ、他の三つの多国籍企業が新人民軍からの攻撃を受けているのに対し、ユニフルーティーは受けていないことは興味深い(UMA 2019)[21]。

このように、近年の新しい傾向として、日本における消費者の志向に応じて、アグリビジネスによるバナナの低農薬栽培や有機栽培が始まっている。これらのバナナ栽培は、病虫害対策に人手がかかるため生産性は低いが、高く売れるため採算をとることができる。

また、チェッカード農園協同組合のような受益者協同組合も、モデル農場で低農薬栽培を志向している。同協同組合を支援してきたファームコープも、ダバオ市トリル地区シブラン村に有機栽培を推進するモデル農場を開設した。ここで木酢液を製造するなど、有機農法技術の改良を行っている。収穫した野菜はファームコープの流通部門のＯＰＥＣ(Organic Producer and Exporter Corporation)を通じて都市のショッピングモールに卸される。２００８年12月にダバオ市は、シブラン村を同市初の有機農業ゾーンに指定する条例を採択した。

一方、第7章にみるように、フィリピン産無農薬バナナの先駆けは、１９８９年にオルター・トレード・ジャパン社が生産者との連帯を目指して始めた民衆交易であった。フィリピンの生産者と日本の生活協同組合(生協)の消費者を結ぶバナナ交易を実現し、バナナの脱商品化により市場取引を乗り越えるようとする取り組みである。

しかし、アグリビジネスがバナナの低農薬栽培や有機栽培を始めたことにより、わざわざ生協のメンバーにならずとも、スーパーでそれらを購入できるようになった。民衆交易バナナは、市場主義経済を否定しない企業の有機バナナ栽培との差別化がしにくくなっている(Sekine 2017)。この問題については、第7章で触れる。

八　輸出用バナナ産業の多角化と拡大

以上のように、農地改革後もフィリピンの輸出用バナナ産業は、輸出先を日本以外に中東、韓国、中国と多角化し、栽培面積を拡大してきた(**図2―2**)。1970年までは輸出先は100%日本であったが、2018年にはその比率は30%となり、中国が最大の輸出先となった(**図2―3**)。

1995年には高価値作物開発法が制定され、米、トウモロコシ、ココヤシ、サトウキビという伝統的作物に代わる商品作物栽培を促進する方針が取られた。2009年にバナナの栽培面積の上限が撤廃されたことは前章でみたとおりである。

輸出用のキャベンディッシュは、1haあたりの生産量に出荷価格を掛け合わせた価値が商品作物のなかでは群を抜いており、まさに高価値作物である[22](Dy 2018)。輸出用バナナ園(キャベ

図２－２　キャベンディッシュの栽培面積推移（行政地域別）

年	第XI地域	第X地域	第XII地域	ARMM	その他	合計
2003年	74%	3%	11%	10%	1%	46,142ha
2008年	61%	21%	12%	6%	1%	75,151ha
2013年	56%	21%	14%	6%	3%	82,903ha
2018年	56%	20%	15%	6%	4%	88,667ha

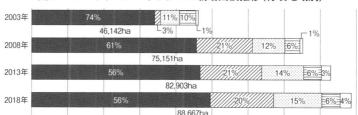

（注）第XI（ダバオ）地域■＝コンポステラヴァレー州、東ダバオ州、西ダバオ州、北ダバオ州、南ダバオ州、ダバオ市など、第X（北ミンダナオ）地域▨＝ブキドノン州、カミギン州、北ラナオ州、西ミサミス州、東ミサミス州など、第XII（ソクスサージェン）地域▒＝北コタバト州、南コタバト州、サランガニ州、スルタンクダラト州など、ARMM（ムスリム・ミンダナオ自治地域）☰＝南ラナオ州、マギンダナオ州、バシラン州、スル州、タウィタウィ州など、その他□。

（出典）Area Planted for Banana Cavendish by Region, 2014-2018. *Crops Statistics of the Philippines, 2014-2018.* Philippine Statistics Authority　などから作成。

図２－３　バナナの国別輸出量の割合推移

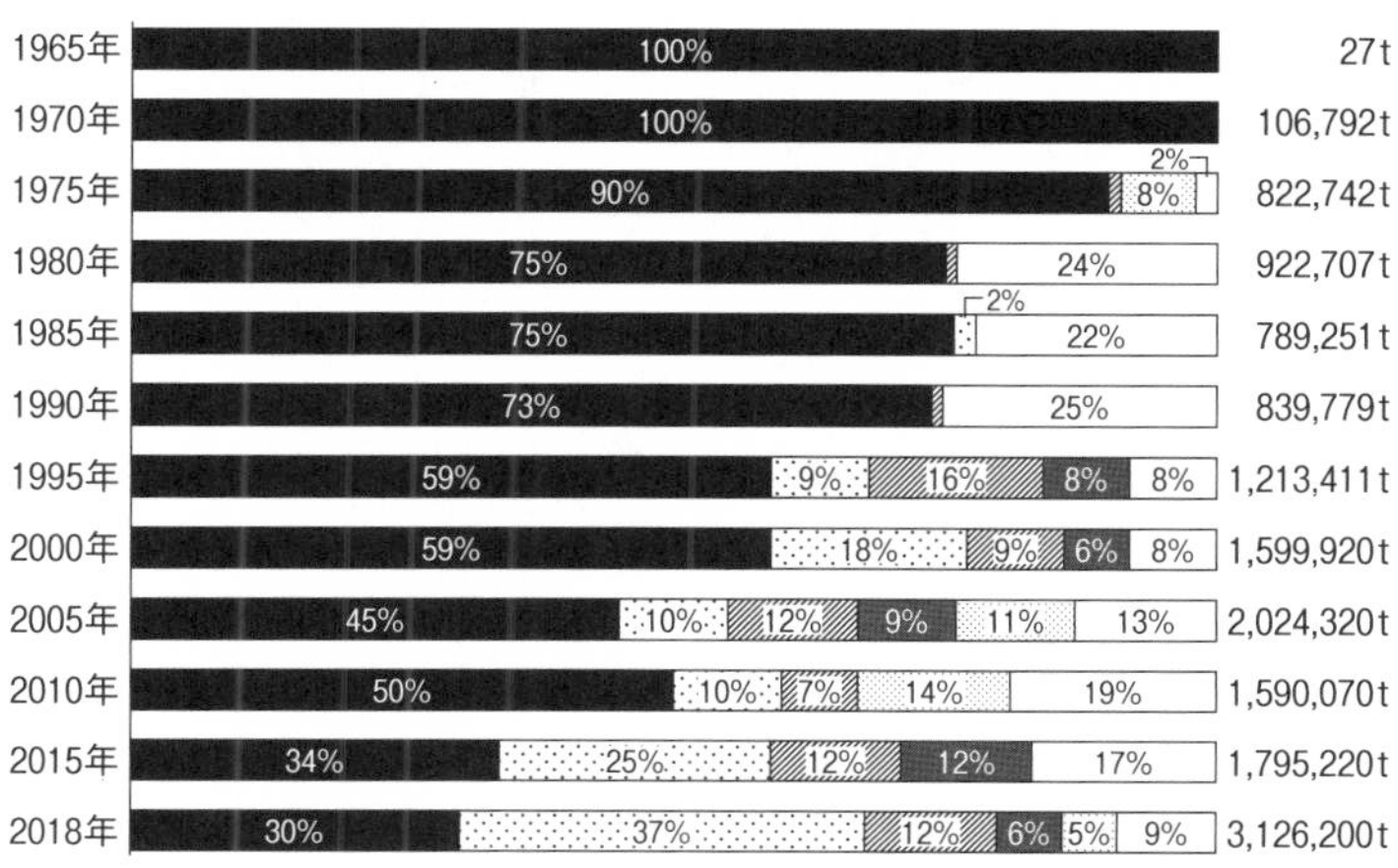

（注１）日本■、中国▒、韓国▨、アラブ首長国連邦■、イラン▒、その他□。
（注２）2000年以前の日本は沖縄を除く。
（出典）Quantity and Value of Philippine Exports Classified by Commodity and Country of Destination: (Domestic Exports). *Foreign Trade Statistics of the Philippines,* 各年版. National Census and Statistics Office　などから作成。

ンディッシュ）の栽培面積は、１９８０年代から２０１４年にかけて4倍に拡大した[23]。かつてはダバオ地域周辺や南コタバト州に集中していた栽培地域も、北コタバト州やブキドノン州（北ミンダナオ地域）やマギンダナオ州（ムスリム・ミンダナオ自治地域〈ＡＲＭＭ〉[24]）に、また低地から高地に広がっている。

輸出用バナナ産業が拡大するなかで、多国籍企業だけではなくラパンダイ社などのフィリピン系資本が栽培と輸出に参入し、フィリピン人バナナ栽培者・輸出業者協会のメンバーになったことは先に述べた。最後に、受益者協同組合や農民、小規模な事業主が大資本のアグリビジネスの栽培、輸出経路とは別の方法でバナナを輸出しだしている動きがあることにも触れておこう。

たとえば、１９９９年にダバオ地域の受益者協同組合が集まって設立されたミンダナオ協同組合連合（Federation of Cooperatives in Mindanao：ＦＥＤＣＯ）という団体がある。この団体は、小規模栽培者のエンパワメントを目標に掲げている。また、２００５年には、ミンダナオバナナ農家・輸出業者協会（Mindanao Banana Farmers and Exporters Association：ＭＢＦＥＡ）が設立された。この団体は、多国籍企業と契約を結んでいない小・中規模のバナナ栽培者・輸出業者がメンバーである。

農地改革後にアグリビジネス・ベンチャー協定を結んだが、生活を向上できなかったことから、多国籍企業のサプライチェーンから抜け出す動きがみられるのである（Manahan and Tadem

2017)。これらの団体については、新型コロナウィルスの影響で、今回は調査がかなわなかった。どのように大資本のアグリビジネスと異なる栽培、輸出方針を取っているのだろうか。次回ぜひ話を聞きたい。

以上、農地改革は、輸出用バナナ園に関しては、アグリビジネス保有の土地、アグリビジネス利用の公有地や、違法に集積した土地を分配した。目指されていたのは、土地の分配による富の再配分である。しかし、アグリビジネス・ベンチャー協定という制度の登場によって、受益者は元のアグリビジネスとの結びつきにおいて輸出用バナナ栽培を継続した。包括的農地改革法自体にも企業が土地の分配を逃れる抜け穴があったわけだ。

輸出用バナナ園における農地改革の影響を調べたこれまでの研究では、アグリビジネスとの栽培契約とリース契約では、前者のほうがより多く受益者の自立に結びつくことが指摘されている(野沢２０１２；FAO 2016)。リース契約では、安いリース料のうえに自分の土地に対する裁量権を失い、農地改革前に土地なしの賃労働者として多国籍企業に雇われていたころと何ら変わらない生活に終わるという例の報告が多い(De Leon and Escobido 2004; FAO 2016; Oxfam 2018; 野沢２０１２)。

たしかに栽培契約では、チェッカード農園協同組合のように、ＮＧＯの助けを得ながら、自分たちに不利にならない契約を勝ち取り、土地の分配を富の再配分に結びつけることができたケースもあった。しかし、市況が反映されない安い買取価格が設定された栽培契約により、アグリビジネスの儲けに比べるとわずかな収入しか得られなかったり、イホ農園協同組合のように不当契約によって負債を負うケースもみられたのである。イホ農園協同組合では、栽培契約であっても、生産者側に生産に関する裁量権がなく、農業労働者であったときとほとんど変わっていない。

輸出用バナナ園における農地改革は、富の再配分には限定的な効果しかもたらしていないと言っても過言ではないだろう。

(1) 土地代金の支払いは、30年年賦、金利は年間6%とされた。

(2) ただし、延期期間中、商業農園の経営主体は労働者または労働者団体に賃金を支払い、かつ総売上げが500万ペソ以上の場合はその3%を、また税金支払い後の純利益の10%を分配することなどが義務づけられた(第Ⅷ条第32項)。

(3) フィリピンは全国を17の行政地域に分けている。2020年現在、第Ⅺ(ダバオ)地域にはコンポステラヴァレー州(20年4月にダバオ・デ・オロ州に改名)、北ダバオ州、東ダバオ州、南ダバオ州、西ダバオ州と、ダバオ市を含めた6つの市がある(図2—1)。

(4) ちなみに、包括的農地改革法は10年の時限立法であったため1998年に包括的農地改革強化法(共和国法第8532号)が制定され、10年間の延長が決定された。その後、2009年に包括的農地改革計画強化法(共和国法第9700号)が制定され、14年6月30日まで実施を再延長した。しかしながら同法には、包括的農地改革法（共和国法第６６５７号）とその改正法の施行が未完了の場合には完了するまで期限を超えて実施できるとの条項（同法第30項）があり、その後も延長されている。

（５）投資家が設備投資を行い、一定期間経営をしたのち、受益者に移転する方式。

（６）たとえば、２０１３年ごろに農地改革省が第Ⅺ（ダバオ）地域で実施したアグリビジネス・ベンチャー協定の調査報告書によると、栽培契約を結んだ受益者は53人以上（面積のべ約１１６ha）、受益者協同組合は38団体（のべ５２１４人以上、面積のべ約５２５１ha）、リース契約を結んだ受益者は７７０人以上（面積のべ約８１５ha）、受益者協同組合は14団体（３３７７人、のべ約３４３０ha）であった（AVATAR n.d.）。

（７）少なくとも２０１３年ごろまでは、直営農園を保有していた（Center for Trade Union and Human Rights / Nonoy Librado Development Foundation 2013）。

（８）一方、２０１３年ごろの農地改革省の第Ⅺ（ダバオ）地域における受益者および受益者協同組合の調査によると、同地域でドール・フィリピン社およびドール・スタンフィルコ社と栽培契約を結んだ受益者協同組合は６つあり、13年現在の買取価格は１箱（13・５kg）あたり２・26米ドル（約２１８円）〜４・05米ドル（約３９１円）であった。リース契約を結んだ協同組合は１つで、リース代は１haあたり年間１万５０００ペソ（約３万２７００円）であった。栽培契約を結んだ受益者40人の買取価格は１箱（13・５kg）あたり２・45米ドル（２３７円）〜３・39米ドル（３２８円）であった。ただし、40人のうち、純利益をあげていたのは11人のみで、損失を出していたのが８人、損益なしが16人、不明が５人であった（AVATAR n.d.）。

（９）食の安全、環境への影響、労働者の健康や福祉に対するヨーロッパでの消費者の関心の高まりに対応すべく小売業界が立ち上げた「企業の社会的責任」（ＣＳＲ）推進団体で、Good Agricultural Practice（G.A.P.）という独自の第三者認証システムなどを構築するなどの活動をしている。

（10）グローバルＧＡＰウェブサイト　https://www.globalgap.org/uk_en/Profiles/Division-of-Dole-Philippines-

Inc./(2020年5月31日アクセス)。

(11) 農地改革省の第XI(ダバオ)地域における受益者および受益者協同組合の調査によると、同地域でスミフル・フィリピン社と栽培契約を結んだ受益者協同組合は13あり、2013年現在の買取価格は1箱(13・5kg)あたり2・59米ドル(約250円)~4・10米ドル(約396円)であった。リース契約を結んだ協同組合は1つで、リース代は1haあたり年間2万4000ペソ(約5万2800円)であった。栽培契約を結んだ受益者は1人で、契約書には買取価格が記載されておらず、市況に応じた買取価格で売買しているという(AVATAR n.d.)。

(12) 2020年3月14日、ダバオ市内での筆者によるインタビュー。

(13) このことは中村洋子の本に詳しく書かれている。要約すると次のとおりである(中村2008)。タデコ社のオーナーのアントニオ・フロイレンド・シニアは、マルコスのクローニー(取り巻き)であった。それゆえ、マルコス政権が崩壊すると国外逃亡を余儀なくされる。その財産は不正蓄財として、コラソン・アキノ政権に差し押さえられた。オーナー不在の間に、タデコ社のバナナ園では、労働条件改善と農地改革の実施を求める労働運動が起こった。労働者は最低賃金に満たない賃金で働かされ、安全用防具を支給されず、厳しく監視されていたからである。事態を危惧したフロイレンド・シニアは差し押さえ財産のなかから2億1000万ペソを支払うことで帰国を許され、帰国と同時に労働運動を組織した者を解雇した。労働運動は鎮圧され、解雇された労働者は職場復帰を果たせなかった。

(14) ただし、パンタレオン氏の訴訟は公益を大義としているが、実際には同氏とアントニオ・〝トニーボーイ〟・フロイレンド・ジュニア両者のガールフレンドの喧嘩が引き金であったとして世間の失笑を買っている(Cepeda 2017)。

(15) フロイレンド・ジュニアはドゥテルテ陣営に7500万ペソ(1億6500万円)を寄付した(Bueza

2016)。

(16) 農業省長官であった２００３年に当時のフィリピン国家食糧庁の長官(19年現在ボホール州知事)と肥料会社と共謀し、同庁に違法に肥料を収めた収賄の罪に問われており、19年現在、保釈金を支払って保釈されている。

(17) ドール系が御用組合をつくろうとしたことは、チェッカード農園だけではなく、直営のダプコ農園と二つの地場農園でも報告されている。御用組合をつくって受益者を分断する多国籍企業の動きはＮＧＯ調査でも指摘されている(De Leon and Escobido 2004; UMA 2019)。

(18) ただし、農地改革省の調べでは５７０ha(AVATAR n.d.)。

(19) 契約にもとづく売買ではなく、需給によって変動する市場価格での直接売買によって形成されるマーケット。

(20) アジア太平洋資料センター制作・発売ＤＶＤ『甘いバナナの苦い現実』(２０１８年)参照。

(21) 農業労働者連合の報告書は、２０１１~17年に新人民軍がアグリビジネスを襲撃した事件を13件あげている。内訳は、ドール・スタンフィルコ5件(バナナ園4件、パイナップル園1件)、デルモンテ3件(バナナ園とパイナップル園1件、パイナップル園2件)、スミフル4件(すべてバナナ園)、ラパンダイ1件(バナナ園)である(UMA 2019)。

(22) Dy(2018)は、フィリピン統計局の資料にもとづき、キャベンディッシュの1haあたりの生産量(55トン=４０７４箱)に出荷価格1キロ19ペソを掛け合わせた価値は年間１０４・５万ペソ(約２１９万円、２０１７年現在)であるという。一方、1haの平均生産高を３５００箱とすると、1haあたりの価値は年間約89・8万ペソ(約１８８・６万円、17年現在)となる。それでも、1haあたりの年間価値はココナツが約３・４万ペソ、米(灌漑地)が約8万ペソ、パイナップルが約38・7万ペソ、マンゴーが約56万ペソであることに比べれば、キャベンディッシュは高価値作物であるといえる（Dy 2018）。

（23）フィリピン統計局によると、２０１４年現在、輸出用バナナの栽培面積は８万４３１２・76 haであり、そのうち、農地改革受益者のアグリビジネス・ベンチャー協定による栽培面積は1万４５０１ haである（Pantoja et. al. 2018）。農地改革当初のバナナの栽培面積所上限は2万６２５０ haであったので、約55％が農地改革により土地を分配されたうえに、同協定によりバナナ栽培を継続していると見ることができる。

（24）２０１９年3月、ムスリム・ミンダナオ自治地域（ＡＲＭＭ）は廃止され、バンサモロ・ムスリム・ミンダナオ自治地域（ＢＡＲＭＭ）という暫定自治政府が設立された。

〈参考文献〉

阿部幸治「ユニフルーティジャパン代表取締役社長　ケナード・ウォング『ボリュームよりバリュー』ハートフルの精神でおいしさを届ける」*Diamond Chain Store Online.* ２０１９年2月15日。https://diamond-rm.net/management/31938/（２０２０年5月31日アクセス）。

中村洋子『フィリピンバナナのその後——多国籍企業の操業現場と多国籍企業の規制』（第2刷）七つ森書館、２００８年。

野沢勝美「フィリピンのバナナ生産と協同組合：農地改革による生産農家自立の構造」『アジア研究所紀要』39巻、２０１２年、75~１６５ページ。

鶴見良行『バナナと日本人——フィリピン農園と食卓のあいだ』岩波新書、１９８２年。

Agribusiness Venture Arrangement Task Force Appraisal and Review (AVATAR) n.d. *A Report on the Status of Agribusiness Venture Arrangements (AVAs) in Region XI.* Agribusiness Venture Arrangement Task Force Appraisal and Review (AVATAR), Department of Agrarian Reform Region XI.

Alvarez, Kathrina Charmaine. 2017. CA Rejects Mariano as DAR Secretary. *GMA News*. September 6. https://www.gmanetwork.com/news/news/nation/624756/ca-rejects-mariano-as-dar-secretary/story/（２０２０年５月31日アクセス）

Arabian Business. 2011. Fruits of Success. *Arabian Business*. May 1. https://www.arabianbusiness.com/fruits-of-success-396760.html *Arabian Business*.（２０２０年５月31日アクセス）

Borras, Saturnino M. and Jennifer C. Franco. 2005. Struggle for Land and Livelihood: Redistributive Reform in Agribusiness Plantations in the Philippines. *Critical Asian Studies* 37(3): 331–361.

Bueza, Michael. 2016. Who's Who in Duterte's Poll Contributors list. *Rappler*. December 11. https://www.rappler.com/newsbreak/iq/155060-duterte-contributors-list-2016-presidential-elections（２０２０年１月５日アクセス）

Carandang, Ninebeth S. 2009. The Changing Structure of the Banana Industry in the Philippines and Its Implication on Local Workers. *Forum of International Development Studies* 38: 71–93.

Center for Trade Union and Human Rights/ Nonoy Librado Development Foundation. 2013. *The Labour and Environmental Situation in Philippine Banana Plantations Exporting to New Zealand*. Center for Trade Union and Human Rights/ Nonoy Librado Development Foundation.

Cepeda, Mara. 2017. 'Stop Dragging us into Your Personal Issues,' Paola Alvarez Tells Floirendo's GF. *Rappler*. March 30. https://www.rappler.com/newsbreak/inside-track/165622-paola-alvarez-tonyboy-floirendo-girlfriend（２０２０年１月５日アクセス）

Colina, Antonino L. 2018. Farmers to Get Titles on Land Reclaimed from Lapanday in Tagum. *MindaNews*. January 29. https://www.mindanews.com/top-stories/2018/01/farmers-to-get-titles-on-land-reclaimed-from-lap anday-in-tagum/（２０２０年５月31日アクセス）

De Leon, Teresita O, and Gema Maria O. Escobido. 2004. *The Banana Export Industry and Agrarian Reform.* Davao City: Alternate Forum for Research in Mindanao（AFRIM）, Inc.

Delizo, Michael Joe. 2019. Davao del Norte's Floirendo-del Rosario 40-Year Dynasty Falls. *ABS-CBN News.* May 14. https://news.abs-cbn.com/news/05/14/19/davao-del-nortes-floirendo-del-rosario-40-year-dynasty-falls（２０２０年５月31日アクセス）

Dy, Rolando T. 2018. The Hard Truth about High-Value Crops. *The Business World.* November 26. https://www.bworldonline.com/the-hard-truth-about-high-value-crops/（２０１９年12月29日アクセス）

Food and Agriculture Organization of the United Nations（FAO）. 2016. *Multi-Sectoral Study on the Agribusiness Venture Arrangement (AVA) Policy and Implementation Under the Comprehensive Agrarian Reform Program.* Food and Agriculture Organization of the United Nations（FAO）. http://www.fao.org/3/a-i6239e.pdf（２０２０年５月31日アクセス）

Gutierrez, Eric, and Saturnino Borras. 2004. *The Moro Conflict: Landlessness and Misdirected State Policies.* Washington: East-West Center Washington.

Leonard, Rebeca, Martha Osorio and Mary Luz Menguita-Feranil. 2015. Gender Opportunities and Constraints in Inclusive Business Models: The Case Study of Unifruitti in Mindanao, Philippines. Food and Agriculture Organization of the United Nations. http://www.fao.org/3/a-i4444e.pdf（２０２０年５月31日アクセス）

Manahan, Mary Ann and Eduardo C. Tadem. 2017. Going Bananas. *Rappler.* May 17. https://www.rappler.com/thought-leaders/169926-going-bananas-agribusiness-mindanao（２０２０年５月31日アクセス）

Oxfam. 2016. A Destiny of Debts: Unmasking the Prejudicial Contracts in the Philippine Banana Industry.

Oxfam in the Philippines.

Oxfam. 2018. Land But No Freedom: Debt, Poverty and Human Suffering in the Philippine Banana Trade. Oxfam. https://oxfamilibrary.openrepository.com/bitstream/handle/10546/620492/cs-land-but-no-freedom-philippine-bananas-210618-en.pdf（２０２０年５月31日アクセス）

Pantoja, Balanquita R, Joanne V. Alvarez, and Flordeliza A. Sanchez. 2018. Ensuring the Success of Agribusiness Ventures in the Philippines. Policy Notes No. 2018-3, 1-8. https://think-asia.org/bitstream/handle/11540/8411/pidspn1803.pdf?sequence=1（２０２０年５月31日アクセス）

Reformina, Ina. 2017. BuCor-Tadeco Deal Illegal, DOJ Says. *ABS-CBN News.* May 4. https://news.abs-cbn.com/news/05/03/17/bucor-tadeco-deal-illegal-doj-says（２０２０年５月31日アクセス）

Sekine, Kae. 2017. Resistance to and in the Neoliberal Agri-Food Regime: A Case of Natural Bananas Trade Between the Philippines and Japan. *Chiiki Bunseki* 55(3): 15-33. http://kiyou.lib.aichi-gakuin.ac.jp/pdf/kiyou_07F/07_55_3F/07_55_3_15.pdf Accessed on October 10, 2019.（２０２０年５月31日アクセス）

Templonuevo, Haydee S. 2015. UP Expert Warns Against Massive Chemical Contamination in South Cotabato Due to Aerial Spraying. *Balita.* January 16. http://balita.ph/2015/01/16/up-expert-warns-against-massive-chemical-contamination-in-south-cotabato-due-to-aerial-spraying/（２０２０年６月２日アクセス）

The Manila Times. 2017. BuCor-Tadeco Deal Illegal-COA. *The Manila Times.* May 3. https://www.manilatimes.net/2017/05/03/news/latest-stories/bucor-tadeco-deal-illegal-coa/325328/（２０２０年５月31日アクセス）

Thiers, Robin. 2018. Banana Negotiations: Contracting in the Davao del Norte Export Banana Sector After CARP, in *Reformang Agraryo at Pagbabago? Narratives on Agrarian Conflicts, Transitions, and Transformation,* pp.128-140. Quezon City: Focus on the Global South.

Tomacruz, Sofia. 2017. When Filipino Firms Expand Abroad, It's Not Always Rosy. *Rappler*. March 26. https://rappler.com/business/del-monte-pacific-us-expansion-not-easy（２０２０年7月28日アクセス）

Unyon ng mga Manggagawa sa Agrikultura（UMA）2019. *Imperialist Plunder of Philippine Agriculture: A Research on the Expansion of Plantations Through Agribusiness Venture Arrangements in Mindanao*. Unyon ng mga Manggagawa sa Agrikultura（UMA）.

２「高地栽培バナナ」の発見と山間部の変化

アリッサ・パレデス

一　高地栽培バナナの出現

標高によって値段が変わる!?

日本のバナナの売り方は独特だ。アメリカやヨーロッパなどの先進国のスーパーでは、１ポンド（約４５０g、５〜６本）55セント（約60円）、または１本19セント（21円）というように、産地やブランドにかかわらず、ほぼ同じ値段で売られている。しかし、日本では３〜５本がビニール袋に入れられ、異なる値段で販売される。その値段は約１００円から４５０円まで大きな開きがある。

さらによく観察すれば、そこに日本独自のマーケティング戦略が見えてくる。日本で売られているバナナの価格は産地の標高によって異なっているのだ。標高２５０ｍくらいまでの低地栽培が最も安く、１パックあたり約１００円である。つぎに高いのは標高２５０ｍ以上の農園で栽培されたバナナで、約２００円だ。最も高いものは標高５００ｍ以上——なかには８００ｍ以上の場合もある——で栽培されたバナナで、４５０円もの値段がつくこともある（**表２—１**）。

表2—1　バナナのブランド、糖度と価格（2017年）

ブランド（輸出国）	糖度	価格（税込）
デルモンテ（フィリピン）	18度	158円（171円）
ドール・プレミアム・スウィート（エクアドル）	22度	238円（257円）
ドール極撰（フィリピン）	22度	298円（322円）
トウキュウ・ストア・プラス オーガニック（フィリピン）	22.5度	298円（322円）
トウキュウ・ストア・プラス もっちリッチ（フィリピン）	23度	198円（214円）
プレッチェプレミアム（フィリピン）	23度	238円（257円）
田辺農園（エクアドル）	23.5度	298円（322円）
スミフル甘熟王（フィリピン）	24度	258円（279円）
ユニフルーティー最高峰（フィリピン）	24度	398円（430円）
台湾バナナ（台湾）	24.5度	398円（430円）

（出典）筆者作成（2017年9月7日、東急ストア鎌倉店、神奈川県鎌倉市）

値段が高いバナナは、高地栽培バナナとして売られているはずである。商品名に注目してほしい。「スカイランド」「最高峰バナナ」「太陽に愛されたバナナ」「雲の上のバナナ」など、標高の高さを強調したブランド名がついており、「リッチでクリーミーな甘さ」「柔らかくもっちりした食感」などが特徴だと宣伝されている。

高地栽培バナナは、日本とフィリピンの間のバナナ産業に存在する独特の生産・販売の戦略の結果、生み出されたものである。歴史的かつ世界的に、輸出用バナナは低地で栽培されてきた。輸出用バナナは丁寧に扱い、新鮮さを担保して輸送しなければならない。効率良く輸送するには、栽培地は低地の海岸地域であることが必要条件である。事実、フィリピンにおけるキャベンディッシュのプランテーションも、１９８０年代までは、①平坦な地形、②地続きの広大な土地、③舗装された道路、④港への交通の利便性、という条件がそろう北ダバオ州と南コタバト州の低地に集中していた。

バナナ業界では、バナナの高地栽培は非常識だと考えられていた。キャベンディッシュの栽培を未開墾の山間部へ拡張させるという発想は、いかに需要が高かろうとも、正気の投資家が試みることではなかったのである。では、不可能だと考えられていた高地栽培バナナは、いかにして実現したのだろうか。

プランテーション・ワン(P1)の発見

高地栽培バナナは、ダバオ市郊外のカリナン地区のマヌエル・ギアンガ村にあるプランテーション・ワンという農場で「発見」された(図2－4)。「P1」と称されて親しまれていたプランテーション・ワンは、住友商事がミンダナオ島での操業わずか2年後の１９８８年に出資して開拓した農園である。港から約50km(車で約1時間)も離れた標高約４５０～８００ｍの地

図２－４　ダバオ市カリナン地区周辺のバナナ・プランテーション

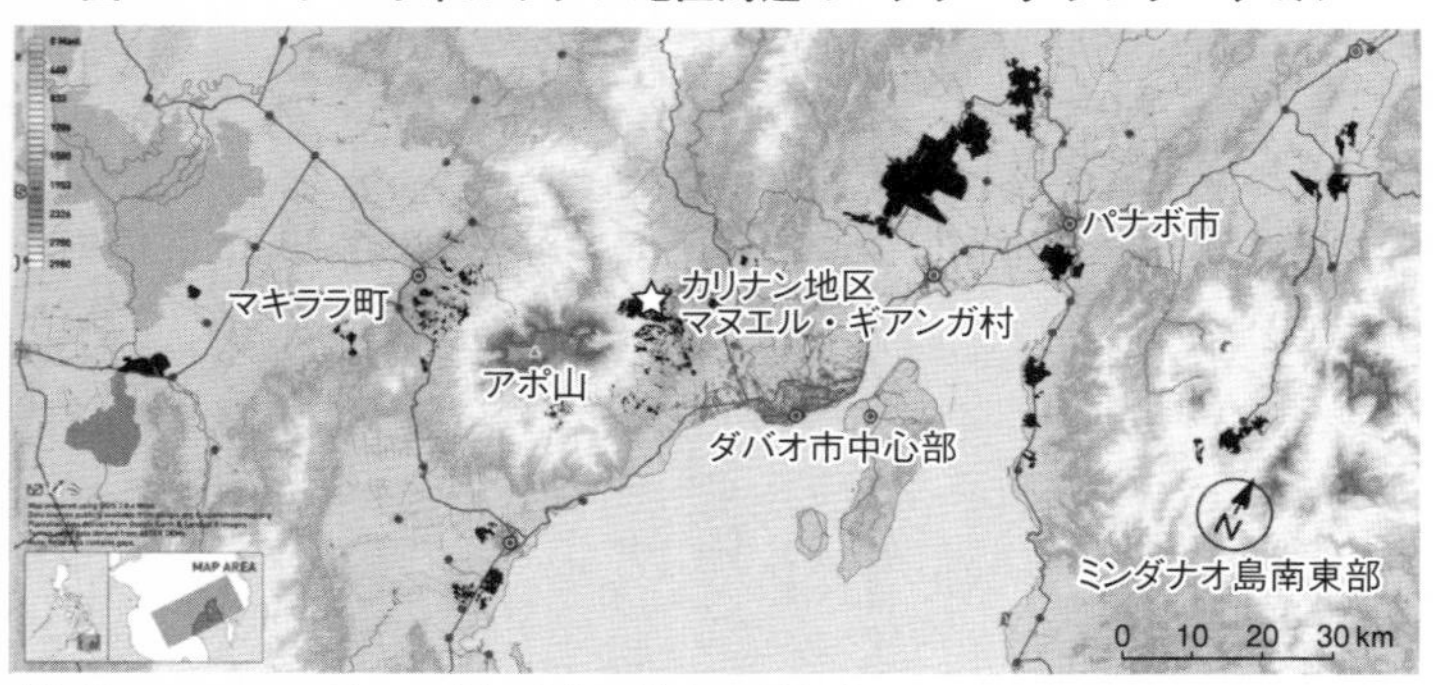

（注１）マヌエル・ギアンガ村は白い星印で示した。
（注２）■＝バナナのプランテーション。
（出典）Khalil Gamela 氏作成、2017 年。

帯に位置している。

１９６０年代に日本輸出用バナナ産業が始まると、農地獲得競争が起こった。まず適地の低地栽培地を確保したのは、アメリカ系巨大多国籍企業のドール、デルモンテ、そしてチキータのブランドで知られるユナイティッド・ブランズ。日系の住友商事は出遅れ、起伏の多いアポ山麓での栽培を余儀なくされたのである。

しかし、Ｐ１はどう考えてもバナナの有力な栽培地になるとは思えなかった。当時、カリナン地区は未開発で、大きな石だらけの未舗装道路はオートバイなどの軽車輌でしか通行できなかった。作物は山間部の農場から地方の市場まで、水牛車などで運ばれていた。周囲には反政府ゲリラの隠れ場がある。平均標高約６００ｍの山間部でのキャベンディッシュ栽培の試みはこれまでほとんどなく、カリナン地区の小農場で収穫される農産物と言えば、コーヒーやカカオ、ココナツ、ドリアンなどであった。

しかし、アメリカ系多国籍企業が支配的であったフィリピンの輸出用バナナ産業において、唯一の日系企業である住友商事が、最初のキャベンディッシュ栽培地の一つを日本とゆかりのあるカリナン地区に決めたことは、偶然とは言いがたい。

20世紀前半から第二次世界大戦終結まで、主に九州と沖縄からの労働者がアバカ（マニラ麻）の栽培や軍需産業用ロープの加工のためにダバオに移住した（第1章参照、Abinales 1997, 2000; Dacudao 2012; Furiya 1993; Hayase 1985a, 1985b, 1999; Ohno 1992; Yu-Jose 1992, 1996; Yu-Jose and Dacudao 2015）。まもなくカリナンは「リトル・トウキョウ」と呼ばれるようになり、ダバオは傀儡政権国家の満州国（マンチュウクオ）にちなんで「ダバオクオ」と名づけられた。

第二次世界大戦が終わり、軍需産業用ロープの需要がほぼなくなると、日本人移民は送還され、アバカ農園はフィリピン政府に差し押さえられる。スミフルがＰ１を開発した１９８０年代後半には、かつて活気に満ちていたカリナンの日本人社会の面影はほとんどなくなっていた。とはいえ、アバカ産業とカリナンに集結した日本人植民者たちは、歴史家パトリシア・アビナレスに言わせれば、フィリピン最南部に「入植者と企業が運営するプランテーション型」農園の起源を創出したのである（Abinales 2000）。

なつかしい台湾バナナの味

Ｐ１から箱詰めされたバナナが日本の追熟施設に到着した１９８０年代後半、このバナナは不評であった。当時は、Ｐ１バナナも低地栽培バナナと一緒に追熟施設に入れられていた。だが、Ｐ１バナナは低地栽培バナナと同じ速さでは熟さない。そのため「低品質」とされ、Ｂ級品扱いしか受けなかった。

この問題について最初に研究を始めたのは、ひとりの追熟技術者である[1]。箱を開けたとき、彼は奇妙にも、フィリピンのＰ１バナナの形状（やや短く先端が丸い）が、彼が幼少期に食べた台湾バナナとよく似ていることに気がついた。そこで彼は、台湾バナナと同じ追熟方法を試してみた。結果は衝撃的であった。Ｂ級品のＰ１バナナが、30年ほど前の記憶に残っていた台湾バナナと同じ甘さと食感であることを発見したのである。

フィリピン産バナナが日本市場を席捲する前、バナナは主に台湾から輸入されていた。台湾バナナの貿易は、日本による台湾統治開始8年後の１９０３（明治36）年に神戸港に送られた7箱（1箱70kg）を始まりとする。日本では「北蕉種（ほくしょうしゅ）」、台湾では「ベイジャオジョン」と呼ばれたこのバナナは、とくに糖度が高いと歓迎され、大成功を遂げた。

日本輸出用バナナを産出した山間部に位置する南投（ナントウ）県の集集（ジジ）村は、「台湾バナナの発祥地」と呼ばれるようになった。１９２０年代に入ると、台湾バナナは日本や植民地の朝鮮や満州でブームになる。商機に乗じてバナナの栽培地は南下し、高雄（たかお）の海岸地域まで広がった。集集村の山間部では昼夜の寒暖差が大きい。栽培期間は14カ月と低地の高雄より2カ月長かった（Koseki 2006）。この山間部で栽培されたバナナのほうが甘く、もっちりしている。台湾国内市場では、両者には異なる値段がついていた。

しかし、日本輸出用バナナは、台灣省青果運銷合作社（Taiwan Provincial Fruit Marketing Cooperative）により同一の売値に管理されていた。そのため、日本の港に到着するときには、高地・低地の区別なく、同じ「台湾バナナ」となっていたのだ（Koseki 2006）。

１９６０年代に至るまで、日本では上流階級以外の庶民は、入院中など病気のときに台湾バナナを口にするのがやっとであった。バナナは映画のポスターになるほどの高級な果物であった。バナナ輸入組合の創設に関わった清水信次氏は、サラリーマンの平均月収が1万～1万5０００円程度であった57年ごろのバナナは、5～6本で２５０円、２０２０年現在の価格計算で一本あたり１０００円、一房あたり５０００円にも相当する価格であったと回想している（清水出版年不詳）。また、年配の消費者たちは、「テレビのＣＭでチンパンジーがバナナをムシャムシャと食べているのを観て、チンパンジーがうらやましかった」と回顧する（赤嶺編２０１３）。

１９６３年に日本がバナナ市場を自由化したことにより、70年以降は台湾からのバナナの輸入は減っていく。しかし、過ぎ去った時代の味は人びとの記憶に刻み込まれ、その想い出がＰ１バナナを目覚めさせる。90年代に入ると、台湾バナナと同じ味であると複数の追熟施設が喧伝し、P1バナナはよく売れるようになった。

二　販売方法の変化と架空の栽培地

糖度をアピール

こうしてP1バナナは、フィリピン産バナナが日本市場で飽和状態に達し、庶民にも手が届くようになり、企業間競争や価格戦争が激しくなっていた1990年代に、タイミングよく脚光を浴びることとなった。

日本人消費者へのバナナの販売方法はスーパーの出現によって大きく変わる。八百屋で売られていた野菜や果物は、いったん段ボール箱から取り出されれば、銘柄や産地などの情報は、札でもつけないかぎり分からない。八百屋は農産物の品定めにたけている。自らの判断で価格を決定し、味の違いも顧客に説明できた。

スーパーは、それまでの八百屋を通じた商慣行を変化させた。味や品質に関して消費者に説明していた八百屋などの仲介者がいなくなった結果、たとえば一袋195円のものより一袋198円のものを客に勧めることが、ますます難しくなった。そこでスーパーは、八百屋独自の判断に代わり、ブランドなどを宣伝材料として売り方を確立していく。バナナを日本に輸出す

表2－2　低地栽培(ローランド)、中地栽培(ミッドランド)、高地栽培(ハイランド)バナナ・プランテーションの糖度や価格などの比較

	糖度	生産地標高	1ha あたり年間生産量	収穫までの期間	小売価格	小売店への卸売価格(25袋)
低地	15～19度	～250 m	約3500箱	9～10カ月	98～130円	1600～2000円
中地	19～22度	250～400 m	約3500箱	9～10カ月	198～228円	2300円
高地	20～26度	500～600 m	約2800箱	12～16カ月	258～268円	2800円
超高地	27～28度	800～1000 m	約2800箱	12～16カ月	368～540円	2800円

(出典)筆者作成、南ダバオ州、北ダバオ州、北コタバト州、ブキドノン州、東京都、2016～18年調査時。

る多国籍企業の一つによれば、商品の陳列の仕方だけでなく、値段のつけ方が重要になり、これが企業間の価格競争を激化させたという[2]。

一方、厳しい価格競争に直面し、P1バナナが売れるという情報を入手した多国籍企業は、試験農場をミンダナオ島各地に設立した。そこで分かったのは、高地栽培の甘さの秘密は標高自体ではなく、それと密接に関わっている要素――昼夜の寒暖差がバナナの開花期から収穫期までの期間を長くする――と関係していることだ。**表2－2**[3]のように高地では12～16カ月と、低地の1・3～1・8倍の栽培期間を必要とする。その期間に、より多くの澱粉が実にたまり、甘い果肉になる。その差は、低地(標高0～250m)で栽培されたバナナの糖度が15～19度であるのに対し、高地(標高500m以上)と超高地(標高800m以上)の糖度が20～28度であるというように、数値に顕著

写真２－８　スーパーで売られている多様なブランドのバナナ（福岡市、2017年4月）

に表れる。

一方、甘さの差異は糖度の数値をみるとグラデーション状であり、中地と高地の線引きは曖昧である。だが、これが販売戦略に取り入れられていく。以前はバナナの価格に違いがあることに説得力を持たせられなかった。しかし、栽培地の標高ごとにバナナをカテゴリー化した結果、バナナ業界は需要と供給の変動にかかわらず、価格を設定できるようになったのである。

フィリピン産高地栽培バナナが日本市場において「普通」の低地栽培バナナの2〜5・5倍の市場価値を確立したことは、バナナの国際貿易においては前代未聞の画期的な出来事であった。ドールの元執行役員（フィリピン人）は、こう回顧する。

「世界では、バナナは単なる農産物であり、その価格は需要と供給によって決まる。そうしたなかで、1994年に初めて栽培地の標高などによる商品のカテゴリー管理と市場の細分化を確立したのは、私たちであった[4]」

1980年代後半から2000年代前半にわたって、日本輸出用バナナ企業はつぎつぎと高地栽培バナナの商品化を始めた――ドールの「スウィーティオ」と「極撰」、スミフルの「甘熟王」、デルモンテの「ハイランドハニー」、ユニフルーティーの「チキータプレシャス」「最高峰バナナ」「金の房」(**写真2—8**)。

写真2—9 スーパーで売られている「甘熟王」と糖度表示(鎌倉市、2017年9月)

スーパーは、測定された糖度を表記して、見た目には同じバナナに味の違いがあることを宣伝しだした。たとえば、スミフルの「甘熟王」の陳列台には以下のように表示されている。「甘くない」18度未満、「ふつう」20度、「甘い」22度、「とても甘い」24度以上(**写真2—9**)。

パッケージには、「もっちり」とした食感、「こくのある豊かな甘み」「本来の香り」などが強調される。安全を重視する日本人消費者の価値観を反映して、「管理栽培」「自社農園」「指定農場」など、限定産地の信頼できる品質であることもアピールされている。生産に長い時間をかける「努力」と「真心」に重点をおいた、日本人好みの丁寧な農作業の美しいイメージが添えられる場合もある。

純化された架空の栽培地

高地栽培バナナの商品化は、標高500m以上が「高地バナナ地帯」であるという架空の概念を創り出すことにもなった。商品化の過程で採用された糖度や標高などの数値は、消費者に客観的なイメージを与えるのに役に立ったが、じつは恣意的に付されたものである。「高地栽培は標高500〜800m」という業界での常識は、スミフルのP1(プランテーション・ワン)の標高がそうであったからにすぎなかった。

しかし、「高地栽培は標高500〜800m」としたことが、いかに恣意的であり悪意がなかったとしても、それをイラスト化したものは、栽培地の景観を不自然なほどに単純化していた(**図2—5、6**)。起伏が多い丘陵地は平面化され、標高は一直線で示されている。人びとの営みや文化、家畜や他の作物などは、まったく描かれていない。あたかもバナナだけが栽培されているような架空のイメージがそこにある。

むろん、ラベルだけで農産物を包括的に表現できないのは当然である。だが、品質と価格の

図2－5　イオン・トップバリュの高地栽培バナナの説明図

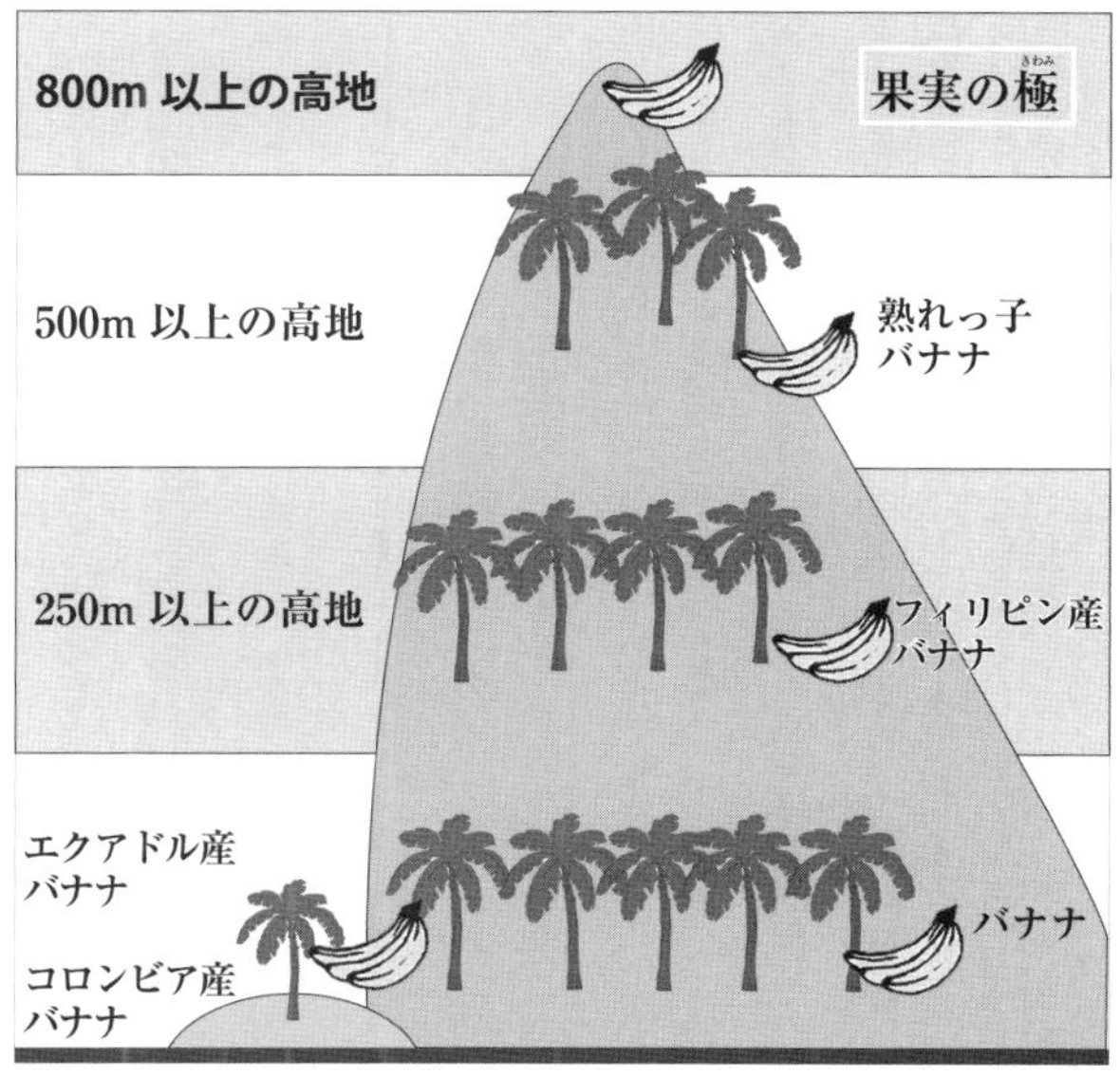

（出典）https://www.topvalu.net/topvalu_select/product_story/banana をもとに作成。

図2－6　セブンプレミアムの高地栽培バナナの説明図

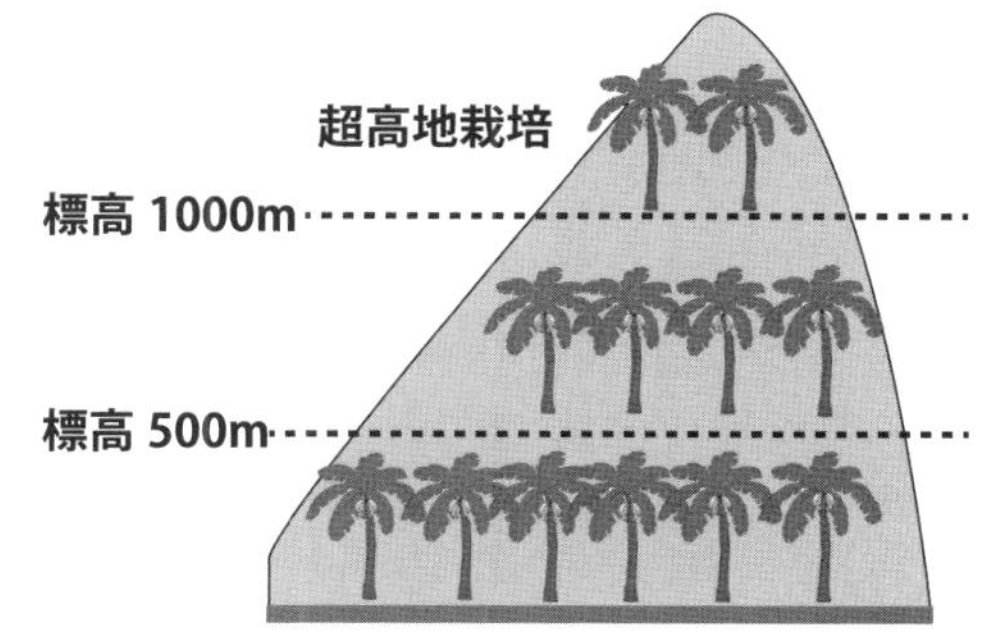

（出典）https://7premium.jp/product/pickup/detail?id=12 をもとに作成。

差に説得力を持たせようとする恣意的な数値とイメージは、消費者の品定め力を鈍らせるだけではなく、海の向こうのミンダナオ島でバナナがどのように、誰によって、どう生産されているのかという実態を知ることからも遠ざける効果があるのではないだろうか。

三　より高く甘いバナナのより苦い現実

1990年代から2000年代までの約10年間、バナナ輸出企業は市場が求める糖度に影響され、ミンダナオ島の高地へ進出し続けた。その拡大はきわめて野心的だ。この10年間の終盤には、北コタバト州のアポ山のふもとから南コタバト州ティボリ町の山間部、そしてブキドノン州とコンポステラヴァレー州(20年4月にダバオ・デ・オロ州に改称)の高地にもバナナの栽培地が広がった。10年前までは、それらの地域の山間部でバナナ企業が活動をすることなどは、考えられなかったにもかかわらず[5]。

そのうちの一つが、第4章でも触れる北コタバト州マキララ町のB村である。B村は、標高600~900mに位置する。山腹に潜むフィリピン共産党系の反政府ゲリラと国軍兵士との間で激しい衝突が多発する地域として知られていた。キリスト教徒の入植者やルマドと呼ばれるフィリピンの先住民、イスラム教徒のマラナオ人などが住み、ときには争いが起こる地域でもある。そうした不安定な治安状況ゆえに、バナナの栽培地としては魅力がなかった。

しかし2000年に、アメリカ系多国籍企業がマキララ町の周辺地域に栽培地を求めてやってきた。企業の勧誘員などが訪れ、当時ゴムの商業競争でマレーシアやインドネシアに負けていたマキララ町の小地主らを甘言で誘惑し、村長らと取引きをしたのだ。B村とその周囲の大半でリース契約によるバナナの栽培を始めたのは、高地栽培バナナ「スウィーティオ」の生産地を拡大させようとしていたドール・スタンフィルコ社である。

じつはドール・スタンフィルコ社がマキララ町で農園を開く4年前、低地で苦い経験をした人びとの教訓を活かしてもらおうと、何人かの活動家が同社の高地進出に警告を発していた。彼らは「スウィーティオ」栽培用地として土地をリースすることに反対するよう住民を説得した。

バナナ園の労働者権利擁護のために闘ってきたダバオ市のある弁護士は、マキララ町で演説を行い、個々の農家はキャベンディッシュではない在来品種を国内市場向けに栽培するほうが、大手企業が提案する賃貸料だけに頼るよりも長い目で見れば儲かると主張。同じく活動家であり毒性学が専門のフィリピン大学のロメオ・キハノ教授も、ラパンダイ社のバナナ栽培地がある南ダバオ州ハゴノイ町アプラヤ村カムクハアン(Sitio Kamukhaan)で彼自身が見た住民の健康被害や人権侵害について話し、次のように訴えた(Quijano 2002)。

「会社は『人生を変えるバナナの夢の国』を約束した」

だが、夢の国は実現せず、その代わりにレイチェル・カーソンが著した『沈黙の春』(196

2年)に描かれた毒物が浸透したような荒れ地になってしまった。

しかし、結局両者は、ドール・スタンフィルコ社のマキララ町進出を住民に阻止させることはできなかった。キハノ氏によると、「10年後にはカムクハアンと同じようになると住民に伝えたが、現金に魅了され、土地をリースし、前払いで借地代を受け取っていた」という。(6) 2004年にドール・スタンフィルコ社がマキララ町の住民と25年契約を始めたときのリース代は1haにつき年間1万2000ペソ(約2万7000円)で、5年分が一括で支払われた。これは極端に低いリース料である。だが、とりわけ少数派の貧しい先住民たちにとって、即金5年分一括払いは背に腹をかえられない選択肢であった。

バナナ・プランテーションは、アポ山自然公園のすぐそばまで広がっていった。アポ山自然公園は、環境天然資源省管轄の国立統合保護区域に指定されている(**写真2―10**)。フィリピンの生物多様性保全の最も重要な区域の一つである。ミンダナオ島固有の植物相と動物相を有するアポ山麓への大規模なプランテーションの広がりは、環境への影響が懸念されている。管見のかぎり、フィリピンのバナナ・プランテーション周辺でエコシステムの変化を調査した研究はない。しかし、コスタリカでは、プランテーション周辺の小川、河川、沼地において定期的に残留農薬が調べられ(Castillo et. al. 2000, 2006; Diepens et. al. 2014; Polidoro and Morra 2016)、そうした調査からは残留農薬が水生生物に与える悪影響が指摘されている(Castillo et. al. 2000; Mena et. al. 2014)。

写真2―10　バナナ栽培地の脇に立つ看板には「環境天然資源省管轄　国立統合保護区域制度　アポ山自然公園」と書かれている（2016年9月）

ドール・スタンフィルコ社がマキララ町に進出してから約20年経った現在、住民たちはプランテーションによりままならなくなった生活について、感情を剥きだしにして語ることが少なくない――農薬による大気汚染への不満、その化学物質が子どもたちへ与える影響に対する不安、政府当局と企業の結託への嫌悪、バナナ企業に対する借金の増大に対する不満、そしてその不満を誰かにふと耳にされたり、企業に告げ口をされたりすることに対する心配――。それでも、「バナナ園がある人生とない人生だったら、どちらを選ぶか」と住民に聞くと、はっきりとした答えを返す人はほとんどいなかった。その代わりに、こう答えるのだ。

「サギガン（バナナ園）がなかったら、仕事がないことになる。それでは大変だ」

「もしこの会社が来なければ、別の会社が来ていただろう」

スマトラ島のゴム、タバコ、アブラヤシのプランテーションを調査した人類学者アン・ローラ・ストーラーは、プランテーションの進出とは「機会をもたらす侵略である」という(Stoler 2011 [1985])。ミンダナオ島のバナナ・プランテーションでも、それは抵抗と必要性が入り混じった複雑な気持ちを生んでいるようであった。

四　高くて甘いバナナが忘却するもの

バナナの業界人は、アジアの高地栽培バナナの「成功」を上品な味の良さが分かる日本人独特の能力ゆえだと語ることがある。ダバオ市にある多国籍企業の本社を訪れたとき、ある日本人の役員が言った。

「日本人は、微妙な味の違いが分かるほど繊細な味覚を持つことに気がついた」

同席していたコロンビア出身の役員は、グアテマラとホンジュラスで高地栽培バナナを試験的にアメリカに出荷したときの話を語った。[7]

「アメリカの市場に卸すことはできたのだが、アメリカ人の消費者は味の違いが分からなかったんだ」

居合わせた貿易相手の日本のビジネスマンが、口をはさんだ。

「日本では、消費者は健康のために果物を食べるんじゃなくて、おいしいから食べるんだよ」

そこで私は、なぜ日本人消費者は甘味について特別な志向を持っているのか聞いてみた。

「分からない。（それは日本）文化だから」（カッコ内は筆者の加筆）

しかし、高地栽培バナナは、本当に味に繊細な「日本文化」が生み出したものなのだろうか。そのように片付けてしまうことで、植民地主義の歴史とプランテーション開発によって周辺化される住民の両方を、忘却のかなたへ追いやっているのではないだろうか。

〈郁金香（ユー・ジンシャン）訳〉

（1）２０１７年5月15日、筆者によるインタビュー。追熟技術者の氏名と輸入会社名は匿名とする。

（2）２０１７年11月20日および29日、ダバオ市における筆者によるインタビュー。企業名は匿名とする。

（3）果物の糖度は、１００ｇの液体にどれだけ糖分が含まれているかの測定値である。その値はブリックス（Brix）値と呼ばれ、単位は度や％、または°Bx（ブリックス）で示される。バナナの場合、バナナをペースト状にし、光の屈折率を測る糖度計を用いる。

（4）２０１７年11月9日、ダバオ市における筆者によるインタビュー。

（5）２０１７年1月18日、ブキドノン州ランタパン市におけるＭＫＡＶＩ社（本章1参照）の元経営幹部に対する筆者によるインタビュー。

（6）２０１６年12月2日、北コタバト州における筆者によるインタビュー。

（7）２０１７年11月20日、ダバオ市における筆者によるインタビュー。

〈参考文献〉

赤嶺淳編『バナナが高かったころ——聞き書き　高度経済成長期の食とくらし２』新泉社、２０１３年。

清水信次「日本でのバナナ輸入組合設立へ」出版年不詳 https: //www. dole. co. jp/special/banana_history/leader/shimizu.html（２０１９年７月３日アクセス）。

Abinales, Patricio N. 1997. "Davao-Kuo: The Political Economy of a Japanese Settler Zone in Philippine Colonial Society." *The Journal of American-East Asian Relations* 6(1): 59–82.

Abinales, Patricio N. 2000. *Making Mindanao: Cotabato and Davao in the Formation of the Philippine Nation-State*. Quezon City: Ateneo de Manila University Press.

Castillo, L. E., Ruepert, C., & Solis, E. 2000. "Pesticide Residues in the Aquatic Environment of Banana Plantation: Areas in the North Atlantic Zone of Costa Rica." *Environmental Toxicology and Chemistry* 19(8): 1942–50.

Castillo, L. E., Martínez, E., Ruepert, C., Savage, C., Gilek, M., Pinnock, M. & Solis, E. 2006. "Water Quality and macroinvertebrate Community Response Following Pesticide Applications in a Banana Plantation, Limon, Costa Rica." *Science of the Total Environment* 367: 418–32.

Dacudao, Patricia Irene. 2012. "Ghost in the Machine: Mechanization in a Philippine Frontier, 1898–1941." In *Travelling Goods, Travelling Moods: Varieties of Cultural Appropriation 1850-1950*. Christian Huck and Stefan Bauerschmidt, eds. pp. 209–26. Frankfurt: Campus Verlag.

Diepens, N. J., Pfennig, S., Van den Brink, P. J., Gunnarsson, J. S., Ruepert, C. and Castillo, L. 2014. "Effect of Pesticides Used in Banana and Pineapple Plantations on Aquatic Ecosystems in Costa Rica." *Journal of Environmental Biology* 35: 815–19.

Furiya, Reiko. 1993. "The Japanese Community Abroad: The Case of Prewar Davao in the Philippines." In *The Japanese in Colonial Southeast Asia.* Takashi Shiraishi and Saya S. Shiraishi, eds., pp. 152–72. Ithaca, NY: Cornell University Press.

Hayase, Shinzo. 1985a. "American Colonial Policy and the Japanese Abaca Industry in Davao, 1898–1941." *Philippine Studies* 33(4): 505–517.

Hayase, Shinzo. 1985b. "Tribes on the Davao Frontier, 1899–1941." *Philippine Studies* 33(2): 139–150.

Hayase, Shinzo. 1999. "Japan and the Philippines." *Philippine Studies* 47(1): 30–47.

Koseki, Yoshiyuki. 2006. "Taiwan's Banana-Producing Regions and the Japanese Market." *Geographical Review of Japan* 79(5): 216–236.

Mena, F., Fernández San Juan, M., Campos, B., Sánchez-Ávila, J., Faria, M., Pinnock, M., De La Cruz, E., Lacorte, S., Soares, A. & Barata, C. 2014. "Pesticide Residue Analyses and Biomarker Responses of Native Costa Rican Fish of the Poeciliidae and Cichlidae Families to Assess Environmental Impacts of Pesticides in Palo Verde National Park." *Journal of Environmental Biology* 35: 19–27.

Ohno, Shun. 1992. Japanese-Filipino in Davao: A Preliminary Study of an Ethnic Minority. ph. D. cliss. University of the Philippines.

Polidoro, B. A. & Morra, M. J. 2016. "An Ecological Risk Assessment of Pesticides and Fish Kills in the Sixaola Watershed, Costa Rica." *Environmental Science and Pollution Research* 23: 5983–91.

Quijano, Romeo. 2002. "Kamukhaan: Report on a Poisoned Village." *Pesticide Action Network Asia and the Pacific* (December): 1–8.

Stoler, Ann Laura. 2011[1985]. *Capitalism and Confrontation in Sumatra's Plantation Belt, 1870–1979.* New

Haven: Yale University Press.

Yu-Jose, Lydia. 1992. *Japan Views the Philippines, 1900–1944*. Quezon City: Ateneo de Manila University Press.

Yu-Jose, Lydia. 1996. "World War II and the Japanese in the Prewar Philippines." *Journal of Southeast Asian Studies* 27(1): 64–81.

Yu-Jose, Lydia N., and Patricia Irene Dacudao. 2015. "Visible Japanese and Invisible Filipino: Narratives of the Development of Davao, 1900s to 1930s." *Philippine Studies: Historical and Ethnographic Viewpoints* 63(1): 101–29.

第3章

バナナ産業で働く人たちの現実

石井正子
田中　滋

1 輸出用バナナ産業の周辺で——収穫、梱包、運搬、廃棄バナナ利用

石井正子

一 数字にみる概要

輸出用バナナ園では、どのような人たちが働いているのだろうか。私たちが食べているバナナは、誰によって、どのように作られ、そして輸出されているのだろうか。この章では、フィリピンで輸出用バナナ産業に関わる人びとの実態に迫ってみよう。

いったい、フィリピンの輸出用バナナ産業では何人が働いているのだろうか。

国連食糧農業機関（ＦＡＯ）の２０１５年の報告書は、梱包、段ボール製造、トラック運搬、港湾労働、船舶運輸に加えて、燃料、農業資材、消費財市場など関連産業を含めると、31万7０００人が関わっているというフィリピン人バナナ栽培者・輸出業者協会（Pilipino Banana Growers and Exporters Association：ＰＢＧＥＡ）発表の数字を記載している[1]。ただし、残念ながら何年現在のデータであるかは示されていない（Leonard et. al. 2015）。同年、農業省肥料農薬庁は、

輸出用バナナ産業は33万５３７２人の直接的・間接的雇用を生み出していると発表した[2]。このことから、関連産業での雇用も含めて31～34万人が働いていると推測できよう。

フィリピン統計局は、農業、林業、漁業セクターの事業体(establishment)における雇用者数を毎年発表しており、２０１５年の統計はキャベンディッシュ・バナナ(以下、キャベンディッシュと記す)生産に焦点を当てている(Philippine Statistics Authority 2017)。事業体には、企業とそのパートナー会社、協同組合や財団、個人企業とその支店などが含まれる。

それによると、２０１５年の農業、林業、漁業セクターの事業体の雇用者数は16万２６６９人で、うち４万９８６６人(30・７%)がキャベンディッシュの生産に携わっていた[3]。これは同セクターの業種では最大数である。この数字は、おおむね輸出用バナナ生産に直接携わる雇用者の数と見ていいように思われるが、事業体の実態が分かりにくい。また、インフォーマルな雇用者数は含まれていない。

輸出用バナナの栽培には、１haあたり０・67～１人の労働力が必要とされている(UMA 2019)。２０１５年のキャベンディッシュの栽培面積は８万５８０９haであったので(Philippine Statistics Authority 2019a)、約５万７４９２～８万５８０９人が働いているという計算になる。しかし、この数字には梱包作業所の労働者は含まれない。このため、輸出用バナナ生産に携わる雇用者数を正確に把握する数値ではないことを断っておこう。

なお、この２０１５年の統計からは、他の面白い傾向も見て取れる。キャベンディッシュ生産の事業体の賃金や福利厚生などの提供は、被雇用者あたり年間約21万5６４ペソと農業、林業、漁業セクターで最大である（平均は年間15万６３７６ペソ）。農産物の輸出額においては、17年までココナッツ油がトップでバナナは第二位であった。しかし18年に逆転し、バナナが第一位（約13・82億ＵＳドル、本船渡し〈ＦＯＢ〉価格）となり、ココナッツ油（約10・75億ＵＳドル、本船渡し価格）を抜いた（Philippine Statistics Authority 2019b）。

２０１９年現在、バナナの輸出量では、フィリピン（３９５万トン、世界シェア約20％）はエクアドル（６６８・５万トン、世界シェア約32％）について世界第二位である（FAO 2020）。輸出用バナナ産業は、フィリピンにとって、数字のうえでは優良産業ということになる。

二　バナナ園での仕事

かつての労働者の実態

１９７０年代後半、フィリピン大学第三世界研究センターや鶴見良行が関わったアジア太平洋資料センター（ＰＡＲＣ）などがバナナ園で働く労働者の実態を調査した（Tadem 1977）。ちなみに77年時点では、輸出用バナナの９割を生産していた北ダバオ州とダバオ市のアグリビジネスのバナナ園の雇用者数は2万９０００人であった（Tadem 1977）。鶴見が『バナナと日本人』

で伝えたその劣悪な状況は衝撃的だ。労働者は法定最低賃金以下の低賃金しか支払われず、長時間労働で搾取されていた。農薬を取り扱う場合も、ゴム手袋、マスク、長靴などの個人用防護具を十分に支給されていなかった。農薬の空中散布を行うところでは、住宅まで飛散することもあり、農業労働者は農薬が原因と思われる皮膚炎や呼吸器系疾患に悩まされた。

同様に待遇が悪かったのが、アグリビジネスの農園ではなく、栽培契約農家に雇われる農業労働者であった。そこには、貧しい者が、より貧しい者から少しでも利益を得ようとする経済が存在すると鶴見は嘆いた。梱包作業所の労働者の待遇も悪かった。彼らは、請負会社を通して雇われていたケースが多い。会社は請負会社に労働者の賃金を支払い、請負会社は「手数料（service fee）」という名の料金を賃金から差し引いて労働者に渡した（Tadem 1977）。これらが当時報告された輸出用バナナ園で働く人びとの実態であった。

あれから40年以上の歳月が経ち、企業の社会的責任という概念も当たり前の時代になった。労働者の状況は変わったのだろうか。それを述べるまえに、具体的にバナナ園での仕事内容を紹介しよう。

農業労働者の仕事

バナナは株の個体差が大きく、いっせいに苗を植えても、実が成るまでの期間が少しずつ異なる。それゆえ、一年中いつでも収穫できる。だからこそ季節を問わず、私たちの食卓にも届けられる。反面、バナナ園には、いつでも仕事があることになる。

労働者の具体的な作業には、育苗、苗の植付け、除草、農薬散布、施肥、花摘(乳状の液体が出て皮の見た目が悪くなることを防ぐため、実の先端に残った花を摘む作業)、実の袋掛け、偽茎への支柱の取付け、収穫、梱包作業所への運搬などがある。ここでは、2009年2月に私が訪れた南コタバト州ティボリ町の高地栽培バナナ園での収穫作業と梱包作業を紹介しよう。このバナナ園は多国籍企業とリース契約を結んでいたため、栽培経営は多国籍企業が行っていた。

写真3—1　早朝、近隣の集落から労働者が集められる

収穫作業

まず朝6時ごろ、近隣の集落から農業労働者や梱包作業所の労働者が集められる。ここでは、多国籍企業がトラックを出して集落を回り、労働者をピックアップしていた(**写真3—1**。以下、本節の写真はとくに断りがないかぎり、2009年2月、ティボリ町)。

バナナの実がつき、大きくなると、害虫などの被害を防ぐために農薬を浸み込ませたビニール袋が掛けられる。収穫の仕事は、このビニール袋を剥ぎ取るところから始まる

（**写真3―2**）。

ビニール袋を剥ぎ取ると、全果房から「ハンド」と呼ばれる掌状の房に切り分ける（**写真3―3**）。切り分けられたハンドは、担架のような台に並べられ、トラックに積まれる（**写真3―4**）。トラックに積まれたバナナは、農園内に設置された梱包作業所に運び込まれる（**写真3―5**）。

梱包作業所の労働

つぎに、梱包作業所の様子をみてみよう。作業所に運び込まれると、ハンドはまず大きな水

写真3―2　全房からビニール袋を剥ぎ取る

写真3―3　ハンドと呼ばれる房に切り分ける

槽に入れられる（写真３―６）。ここで皮についた乳状の液などの汚れを落とし、規格外のバナナ、つまり「リジェクト」をはじき出す。

規格を通ったバナナはＡ～Ｃに分けて袋詰めされ、ブランド名のシールが貼られる（写真３―７）。この作業所では、Ａ級は日本市場向け、Ｂ・Ｃ級は中国市場向けに袋詰めされていた。

写真３－４　ハンドをトラックに積む

写真３－５　積み終わると、梱包作業所に運ばれていく

写真3－6　大きな水槽に入れられるハンド

写真3－7　ブランド名のシールが貼られた袋に詰められる

梱包の仕方は、1袋に何本のバナナを詰めるか、1本の長さと太さの上限と下限、段ボール箱に何層詰めるか、横詰めか縦詰めかなどまで、輸出国ごとに細かく定められている(Carandang 2009)。ただし、段ボール箱に詰める重量は13～13・5kgとほぼ均一である(**写真3－8**)。この

写真３－８　段ボール箱に詰められるバナナ

写真３－９　大規模農園のパッキング・プラント（2019年９月、北ダバオ州パナボ市）

梱包作業所では輸出先が日本と中国だけだったので、梱包方法は二パターンであった。

一方、輸出国が多い作業所では、輸出国別に細かく指定された梱包方法が作業量を増やしている。そのため、収穫が多いときには、梱包作業所でも非正規の臨時の手伝い（help-out、後述⑤）が雇われる傾向がある。一定の梱包作業を一括して請け負わせるパキャオ制度も慣行化している。加えて、アグリビジネスが直接雇用ではなく、仲介機関を通じて偽装請負をする問題も発生している(詳細は本章2参照)。

ちなみに、地続きの大規模農園の場合は、全房からいちいちハンドを切り離して収穫しない。全房ごと収穫し、農園内に張り巡らされたケーブルに吊り下げ、そのまま梱包作業所に運んで洗浄し、パッキングする。なお、梱包作業所はパッキング・プラント(packing plant)の訳であるが、大規模農園のパッキング・プラント(**写真3—9**)は作業所というより工場と訳したほうが適切かもしれない。(4)

三 優良産業の数字には現れない労働者の実態——二つのアグリビジネス

フィリピンの法定最低賃金は、地域ごと、セクターごとに異なる。たとえば、2020年の第Ⅺ(ダバオ)地域の農業セクターでは317・37ペソ(約666円)であった。農地改革省の調査でも(AVATAR n.d.)、農業労働者連合(Unyon ng mga Manggagawa sa Agrikultura:UMA)の調査でも(UMA 2019)、アグリビジネスの農園では、法定最低賃金の支払いは守られていた。

しかし、農業労働者連合(UMA)の報告書は異なる実態を浮かび上がらせている(UMA 2019)。具体的にはドール系列会社とスミフル・フィリピン社(以下、スミフル社と記す)を対象に行った調査にもとづき、以下の点を指摘している。

①出来高払い／パキャオ制度

法定最低賃金を、実質労働時間ではなく、出来高に応じて支払う制度が導入されているケースがあった。ブキドノン州ダンカガン町にあるドール・スタンフィルコ社の農園では、15haあたり農業労働者10人が雇われており、16の作業をスケジュールどおりにこなすことが要求されていた。一週間に二度、会社は作業が完了したかどうかの点検を行う。この制度の導入について会社側は、仕事の効率性を管理するためという。だが、作業完了に間に合わせるために労働者は自分の家族を動員していた。作業が完了せず、異動させられることを怖れてである。

同じくブキドノン州パガントゥカン町のスミフル社のバナナ園では、労働者は1日40株バナナの苗を植えることがノルマとされていた。これは、一定の作業量の完了を請け負うことに対する報酬支払いと同じとなるため、パキャオ制度の一つとみなせる。

②時間外労働、休日、離職手当などの不払い

ドール・フィリピン社の例でもスミフル社の例でも、残業代や休日労働の手当が規定どおりには支払われていなかった。前者の場合には、離職手当（基本的には会社の都合で解雇された場合に支払われる手当）や病気のときの有給休暇も、認められていなかった。

③「労働のみの請負契約」禁止に反する行為

フィリピンでは、労働法と労働雇用省令2017年第174号により「労働のみの請負契約(labor-only contracting)」が禁止されている。これは、仲介機関により会社に派遣された労働者が、実際には派遣先の会社の業務指示の下で働き、仲介機関が当該労働者の業務管理を行わないことを禁止した規定である。これをもとに労働雇用省は2018年、この違法行為を行っていた会社ワースト20社を発表した(表3―1)。

第一位はフィリピンの国民食とも言われる人気のファストフードを提供するジョリビー・フード社で1万4960人、第二位はドール・フィリピン社で1万5521人を、それぞれ「労働のみの請負契約」で雇っていた。スミフル社は第12位で1687人、ドール・スタンフィルコ社は第20位で1131人だ。

仲介機関はしばしばアグリビジネスの息のかかった労働者の協同組合という形をとる場合がある。この場合、額面給与から、協同組合積み立て金、組合員への弔慰金、個人用防護具などの疑わしい名目で差し引かれ、手取りが少なくなる。協同組合は労働法の対象外であり、法定賃金や福利厚生の支払いが遵守されない。

④「ステイ・ホーム」(バナナの収穫が少ないとき)

バナナの収穫が少なく、農園や梱包作業所での仕事が少ないとき、労働者を派遣する仲介機関が労働者に「ステイ・ホーム」、つまり出勤日を減らすように命じるときがある。この場合、

表3－1　「労働のみの請負契約」の疑いがある会社ワースト20社

順位	会　社　名	労働者数（人）
1	ジョリビー・フード社	14,960
2	ドール・フィリピン社(缶詰工場)	10,521
3	フィリピン長距離電話社(PLDT)	8,310
4	フィサガ鉱山会社	6,524
5	ジェネラル・ツナ会社	5,216
6	スミ・フィリピン電装会社　＊住友電装のグループ関連会社	4,305
7	フランクリン・ベーカー社　＊ココナツ製品企業	3,400
8	フィリピナス・キョウリツ社　＊住友電装のグループ関連会社	3,161
9	古河AS社・フィリピン ＊古河電工グループの古川AS株式会社の子会社	2,863
10	マグノリア社　＊食品関連会社	2,248
11	KCC財産保有会社　＊KCCはショッピングモール経営で有名	1,802
12	スミフル・フィリピン社	1,687
13	ヒナトゥアン鉱山会社	1,673
14	KCCモール・サンボアンガ	1,598
15	ブラザー工業・フィリピン ＊ブラザー工業株式会社のグループ会社	1,582
16	フィリピン航空＆PALエキスプレス	1,483
17	ニデック・プレシジョン・フィリピン社 ＊日本電産のグループ会社	1,400
18	ピーター・ポール・フィリピン社　＊ココナツ製品企業	1,362
19	ドールフィル・アッパーヴァレー・オペレーション社 ＊ドールの関連会社、パイナップル生産	1,183
20	ドール・スタンフィルコ社	1,131
合　計		76,409

（注1）2016年6月から18年4月まで、全国90万以上の事業体のなかから9万9526社を調べた。その結果、767社が「労働のみの請負契約」を行っており、2610社にその疑いが見つかった。「労働のみの請負契約」の疑いのある労働者は22万4852人であり、そのうち7万6409人（約35％）がワースト20社で働いていた。

（注2）＊は筆者の加筆。

（出典）菲華商聯總會 n.d. DOLE Release list of Top 20 Companies Engaged in Labor-Only Contracting. https://www.ffcccii.org/dole-releases-list-of-top-20-companies-engaged-in-labor-only-contracting-content/（2020年7月17日アクセス）；Department of Labor and Employment. 2018. List of Non-Compliant Firms Released. https://www.dole.gov.ph/news/list-of-non-compliant-firms-released/（2020年7月17日アクセス）

出勤日は週に3回または1週間おきとなり、休んだ分の給与は支払われない。

⑤臨時の手伝い(バナナの収穫が多いとき)

一方、バナナの収穫が多いときは、栽培契約農園で、家族や隣人を臨時の手伝い(help-out)として雇うことがある。栽培契約では、どのような農業労働者を何人雇用するかは、基本的には生産者や協同組合に任されている。この場合、労働者の雇用主は生産者か協同組合になる。それらは多国籍企業や系列会社のように資本力がないため、収穫が多く忙しいと、家族や隣人を臨時で動員することがある。こうした臨時の手伝いは非正規であり、労働法が適用されず、福利厚生などが提供されないまま低賃金で雇われるケースがある(Carandang 2009; FAO 2016)[5]。

四　農園から港まで――バナナ園の外での仕事

これまで主に、農園内で働く労働者に焦点を当ててきた。段ボールに箱詰めされたバナナは農園の梱包作業所を出発すると、冷蔵トラックに積まれ、港に運ばれ、冷蔵船に搭載されて、各国に向けて輸出される。その過程にも多くの労働者が関わっている。

鶴見良行は『バナナと日本人』で、農業労働者よりさらに搾取され、過酷な労働を担っていたとして、埠頭の港湾労働者に注目した。箱詰めされたバナナを船に積むのが彼らの仕事である。政府直属の港湾労働組合が港湾労働者を雇うのだが、「カポ」と呼ばれる親方が彼らを雇い、賃金をピンハネするパキャオ制度の一種が慣行化されていた。

今回、私は港湾労働者の実態は調査できなかったが、南コタバト州のドール・スタンフィルコ社の農園のバナナを冷蔵トラックでダバオ市やパナボ市(北ダバオ州)の港まで運ぶ仕事をしていた男性の話を聞くことができた。出会ったとき、彼は足を引きずるように歩いていた。バナナ運搬中に事故にあったことが原因だという。

バナナは非常に傷みやすい。バナナを傷つけないために、冷蔵トラックの運転はスピードが制限される。南コタバト州から両市の港までの距離は出発点のバナナ園の位置により約160~250㎞であるが、片道14時間前後かかったそうだ。働いていた2013年当時は一往復で1200ペソが支払われ(20年現在は2000ペソ)、バナナの収穫が多いときは週3回、少ないときは週1~2回運んだ。ある日、夕方から夜にかけての運搬中に睡眠不足で事故を起こした。

彼の場合も、ドール・スタンフィルコ社に直接雇われていたのではなく、別の会社を通じて雇われ、派遣されていた。事故後、病院に運ばれ、外科処置を受けた。病院への支払いは15万ペソ(約33万円)であったが、会社からは見舞金として3万ペソ(約6万6000円)と、社会保障料として4万ペソ(約8万8000円)が支給されただけであったという。彼は会社が社会保険料や労災補償プログラムの負担金を納めておらず、見舞金などを支払うことで、ごまかしたの

ではないかと疑っている。雇用に関して、会社と書面での契約は交わしていなかったそうだ。

写真3—10　廃棄バナナを切り刻み、乾燥させ、家畜のえさにする

五　規格外バナナのゆくえ

最後に、廃棄の対象となった規格外バナナ（リジェクト）のゆくえと、そこで生み出される雇用について触れておこう。とはいえ、廃棄バナナの量や利用方法、ビジネスや雇用については、管見のかぎり先行研究はなく、包括的な調査はない。ここでは、これまでの調査で偶然出会った例を紹介しておきたい。

アグリビジネスは、廃棄バナナを無料または二束三文で売りに出していた。たとえば、南コタバト州ティボリ町の高地栽培バナナ園では、近隣の住民に無料で配られていた。住民はそれを切り刻み、乾燥させ、家畜のえさにしていた（**写真3—10**）。

パナボ市の沿道では、地元の事業家が周辺の多国籍企業系列の農園から無料で廃棄バナナをもらい受け、住民を雇用し、肥料に加工していた（**写真3－11**）。賃金は一箱分の皮むきをして10ペソ（約21円）で、一日に15箱ほどの皮むきを仕上げるのだという。「熟せば普通に食べられるから、どれでも好きなものを持っていってもいいよ」

写真３－11　廃棄バナナを肥料に加工（2019年９月パナボ市）

写真３－12　マギンダナオ州のバナナ園の廃棄バナナを市場に卸すトラック（コタバト市の公設市場、2017年９月）

と言われ、私たちは皮に傷がついただけで中身にはまったく問題がないハンドをもらい受けた。

ただし、廃棄バナナは必ずしも無料で放出されているわけではない。南コタバト州やマギンダナオ州ではトラック1台分で3000ペソ（6300円）などと安い値段で売り出され、それが地元市場に卸されていた（写真3―12）。地元市場で売り出されたリジェクトは、女性が家庭でバナナカップケーキなどに加工し、近所や学校で売るなどして副収入を得ることにも利用されている。

また、生産者の協同組合や多国籍企業系列のバナナ園では、バナナチップスへの加工も行われている。大量の規格外バナナはどのように利用されているのか、または廃棄されているのかについては、これからも調査を続けていきたい。

（1）2017年に代表のスティーブ・アンティグ氏は、34万5000人が輸出用バナナ産業で働いており、加えてその他多くの間接雇用を生み出していると発言している（Asia Fruit 2017）。

（2）Nikol and Jansen（2020）が引用する同庁の立場を説明する文書（ポジション・ペーパー）で示された数字。

（3）雇用者には事業体のオーナーかつ勤務者も含まれる。

（4）ただし、すべての輸出用バナナがフィリピンで梱包されているわけではない。日本到着後に梱包されるものもある。

（5）ただし、２０１３年ごろの農地改革省の第XI（ダバオ）地域での調査によると、法定最低賃金に違反する例はなかった(AVATAR n.d.)。

〈参考文献〉

鶴見良行『バナナと日本人――フィリピン農園と食卓のあいだ』岩波新書、１９８２年。

Agribusiness Venture Arrangement Task Force Appraisal and Review（AVATAR） n.d. *A Report on the Status of Agribusiness Venture Arrangements*（*AVAs*） *in Region XI.* Agribusiness Venture Arrangement Task Force Appraisal and Review（AVATAR）, Department of Agrarian Reform Region XI.

Asia Fruit. 2017. PBGEA Appeals for Government Help; The Philippine Banana Association is Calling for Government Action to Lift Trade Barriers in Japan and Korea, Asia Fruit. October 23. http://www.fruitnet.com/asiafruit/article/173750/pbgea-appeals-for-government-help（２０２０年６月26日アクセス）

Carandang, Ninebeth S. 2009. The Changing Structure of the Banana Industry in the Philippines and Its Implication on Local Workers. *Forum of International Development Studies* 38: 71–93.

Food and Agriculture Organization of the United Nations（FAO）. 2016. *Multi-Sectoral Study on the Agribusiness Venture Arrangement*（*AVA*） *Policy and Implementation Under the Comprehensive Agrarian Reform Program.* Food and Agriculture Organization of the United Nations（FAO）. http://www.fao.org/3/a-i6239e.pdf（２０２０年５月31日アクセス）

Food and Agriculture Organization of the United Nations（FAO）. 2020. Banana Market Review: Preliminary Results 2019. Food and Agriculture Organization of the United Nations（FAO）. http://www.fao.org/3/ca7567en/ca7567en.pdf（２０２０年６月28日アクセス）

Leonard, Rebeca, Martha Osorio and Mary Luz Menguita-Feranil. 2015. Gender Opportunities and Constraints in Inclusive Business Models: The Case Study of Unifruitti in Mindanao, Philippines. Food and Agriculture Organization of the United Nations（FAO）. http://www.fao.org/3/a-i4444e.pdf（２０２０年４月２日アクセス）

Nikol, Lisette J. and Kees Jansen. 2020. The Politics of Counter-Expertise on Aerial Spraying: Social Movements Denouncing Pesticide Risk Governance in the Philippines. *Journal of Contemporary Asia*. 50（1）: 99–124.

Philippine Statistics Authority. 2017. 2015 Annual Survey of Philippine Business and Industry（ASPBI）- Agriculture, Forestry and Fishing All Establishments: Final Results. https://psa.gov.ph/content/2015-annual-survey-philippine-business-and-industry-aspbi-agriculture-forestry-and-fishing（２０２０年４月２日アクセス）

Philippine Statistics Authority. 2019a. *Crops Statistics of the Philippines 2014–2018*. https://psa.gov.ph/sites/default/files/Crops%20Statistics%20of%20the%20Philippines%202014-2018.pdf（２０２０年６月28日アクセス）

Philippine Statistics Authority. 2019b. *Selected Statistics on Agriculture 2019*. https://psa.gov.ph/sites/default/files/Selected%20Statistics%20on%20Agriculture%202019.pdf（２０２０年６月18日アクセス）

Tadem, Ed. 1977. Special Report: The Banana Workers of Davao. *Asian Alternative* 3（2）: 14–19.

Unyon ng mga Manggagawa sa Agrikultura（UMA）. 2019. *Imperialist Plunder of Philippine Agriculture: A Research on the Expansion of Plantations Through Agribusiness Venture Arrangements in Mindanao*. Unyon ng mga Manggagawa sa Agrikultura（UMA）

2 正規雇用を求める労働者の闘い
――スミフル農園の梱包作業所

田中　滋

一　日本のNGOの調査開始

２０１８年10月４日、ダバオ市のニュースサイト「ダバオ・トゥデイ」に、スミフル社に関する記事が報じられた。スミフル社の労働者らがストライキに踏み切ることで、同社系列のコンポステラヴァレー州（20年４月にダバオ・デ・オロ州に改称）のバナナ生産地の大部分がマヒしたというのだ（Genotiva 2018）。この記事を見たとき、残念ながらフィリピンの他の多くの現場で見てきたような労働搾取の状況が今日に至ってもバナナ園で繰り広げられているのかと思った。

私はこの時点ですでに、フィリピンの鉱山労働者や工場労働者が不当な非正規雇用に直面している事態を何度も目撃していた。それゆえ、法律は整備されていても、実際に遵守や取り締まりがされないフィリピンの状況を憂えるとともに、事態の把握に以後も努めようと思った。

そのちょうど一週間後、続報を読んだ(Cortez 2018a)。記事によると、フィリピン国軍や警察に連れてこられた「所属不明の男たち」がストライキに参加した労働者らに暴行を働き、少なくとも7名が負傷したという。「日系企業に忖度して、国軍や警察が暴力行為を働いたのだ」と直感した。こうした場合、労働者だけでは事態の解決になかなかたどり着けない。警察の後ろ盾を得た企業に不利な条件を飲まされそうになる場面が脳裏に浮かぶ。

日本のNGOなどの協力もなければ労働環境の改善に向けて企業側を動かすのは困難だと考え、まずは事態の把握と労働者からの聞き取りを行うことにする。私が事務局長を務めるアジア太平洋資料センター(PARC)は当時、鉱山労働者がかかえる労働問題の調査のために、12月にミンダナオ島を訪問する予定を組んでいた。そこで、現地で一緒に行動するパートナーNGOのFoE Japanと相談。前後にコンポステラヴァレー州に足を延ばして現地で聞き取り調査できるように、フィリピン側と調整を始めた。

概ね調査の日程が決まりだした11月1日、現地時間10月31日の夕方にストライキに参加している労働者ダニー・ボーイ・バウティスタ氏が射殺される事件があったと報道された(Cortez 2018b)。事態は想像以上に激しく動いている。早く現地に行かなければならない!

現地でストライキに参加する労働組合を支援する全国組織KMU(Kilusang Mayo Uno:五月一日運動)とPARCは長年の提携関係にある。鉱山労働者の労働問題や公共事業へのODA(政府開発援助)などいくつものプロジェクトで共闘してきたNGO仲間だ。無事連絡が取れて、

FoE Japanスタッフの波多江秀枝さん、松本光さんらとともに、12月に訪問する算段が整う。

近年PARCではビデオ作品『甘いバナナの苦い現実』（2018年）の制作でバナナの生産現場の調査をしてきたが、小さな農園が多く、大規模な生産地で労働者からまとまって話を聞くのは初めてである。労働者らは暴行を受けたり、仲間の暗殺事件があったりしても、ストライキを続けていた。そこまで闘わなければならないほどの事態が起きているのか。背筋がピリピリしながら現地に向かった。

2018年12月14日、ミンダナオ島北部での鉱山地帯の調査を終えてダバオ市へ。KMU事務所にあいさつに行き、翌日以降の聞き取り調査の段取りを確認する。話を聞いてほしいという労働者が100名以上も集まろうとしていると聞いて、責任と期待に気持ちが昂(たかぶ)る。翌朝、何やら騒がしいと思ったら、KMUのスタッフが次から次へと電話をかけている。集まるはずだった組合事務所兼組合代表宅が放火されたのだという。

ダバオ市からコンポステラヴァレー州のコンポステラ町までは車で1時間以上かかる。気持ちだけが焦りながら現場に到着したときには建物は全焼しており、一部まだ火が燻(くすぶ)っていた。放火が翌日だったら自分は生きていたのだろうかと考えてしまう。焼け跡には、家財道具を探す関係者や茫然と立ち尽くす少女（**写真3―13**）。

やがて、事態を聞きつけた人びとが集まってきて騒がしくなる。そんな状況でも、労働者たちは話を聞いてほしいと訴えてきた。組合事務所に火をつけてでも話をさせたくないと思う輩

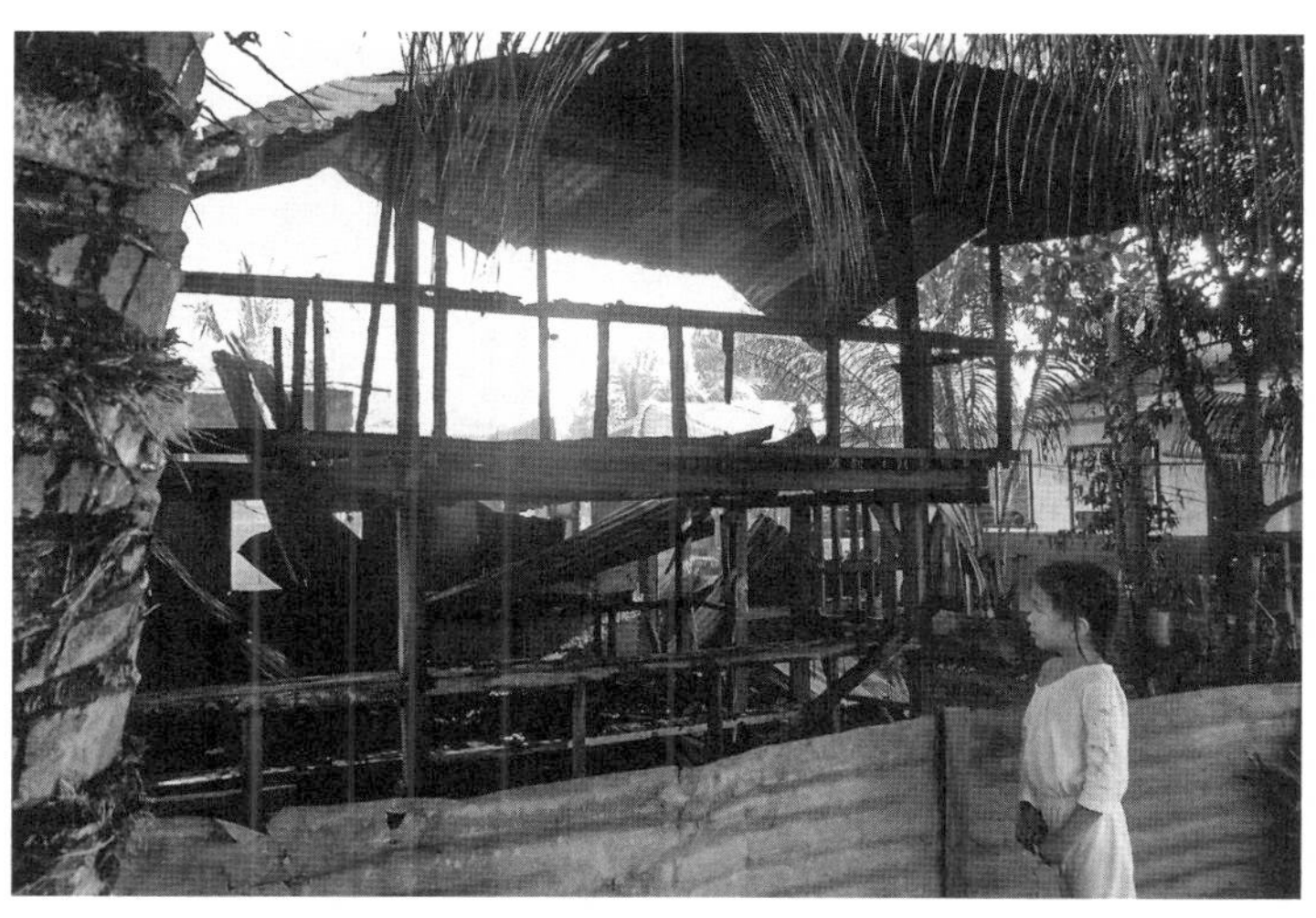

写真3－13　全焼した住宅を見つめる少女

がいる。その事実こそが、私たちが話を聞かなければならない根拠なのだ。

二　梱包作業所の不当労働

頻繁に変更される梱包作業所番号

労働者たちからはさまざまな話を聞かされた。ここでは主な内容にしぼって紹介する。

まず、ストライキに参加していた労働者の大部分はスミフルブランドのバナナの出荷作業を行う梱包作業所（パッキングプラント：ＰＰ）で働く労働者であった（労働内容などについては本章1参照）。

家族経営の小さな作業所であれば5～10名程度の労働者しか働いていないことも珍しくないが、調査当時日本への輸出用バナナ取扱量第一

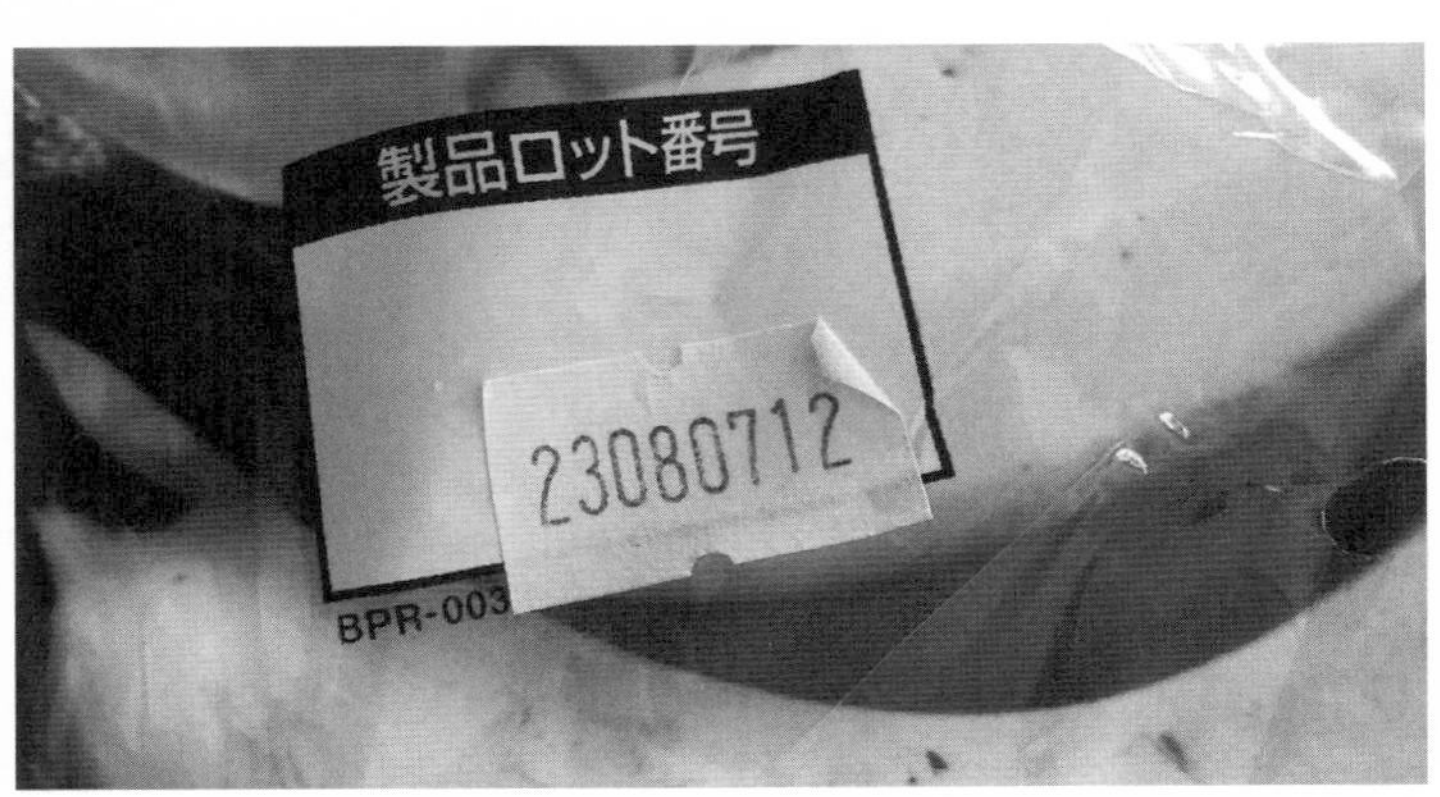

写真３—14　日本のスーパーに並ぶスミフル社取り扱いのバナナに添付されているシール

位であったスミフル社系列のその作業所では、１００名以上が勤務していた。作業は工程ごとに細分化され、一つの作業ラインにつき28名が従事するという。それが4ライン、5ラインと並ぶので、１００名を超える規模になる。

こうした作業所には固有の作業所名が存在する。ただし、その名前で呼ばれることはほとんどない。一般的に、ＰＰ90、ＰＰ３４０など管理するための番号で呼ばれる。

スミフル社取り扱いのバナナには、**写真3—14**のように製品ロット番号がつけられている。最初の三桁が梱包作業所番号を示し、次の三桁が担当者（＝作業ライン）、最後の二桁が日付けを示す。この写真の場合は、ＰＰ２３０から出荷されたものであることが分かる。

ところが、この番号は頻繁に変わるという。労働者らの証言では、品質その他で問題が発見されると変更され、あたかも別作業所からの出荷品であるかのように対応されるという。実際に、かつてPP90の名称で経営されていた梱包作業所は現在PP220に変更されていた。すると、製品ロット番号の冒頭三桁が「090」から「220」に変更される。だから、問題が生じた梱包作業所とは違う作業所から出荷されたように見えるのだ。問題が生じても事態の改善をすることなく、同じ場所で同じ労働者らが同じように勤務しているにもかかわらず、このような見せ掛けの対応がしばしばあるという。

著しい低賃金

調査当時のコンポステラヴァレー州における農業従事者の法定最低賃金は、2018年8月16日に定められた日給365ペソ(約803円)であった。聞き取りをした労働者らは、この365ペソの基本給に加えて、平日の残業による時間外労働について時給57ペソが支払われると答えていた。これは、365ペソを8時間分と計算したうえで1・25倍の時給を支払っていることになるから、一見すると労働法で定められた基準に即している。

しかし、フィリピン国家経済開発庁(National Economic Development Authority：NEDA)の2018年6月の試算によれば、子ども三人と両親の計五人世帯の全国標準生活賃金は1カ月4万2000ペソであるという。両親がともに標準月間労働日数の21日間の勤務をして残業・時間外労働を行わなかったと仮定すれば、両親ともに日給1000ペソの賃金を得なければならない計算になる。この日給を実現するには、一日あたり8時間の標準労働に加えて11時間を超える時間外労働をしなければ届かない。これは明らかに不可能である。労働日数を増やすしか実現する方法はない。

このように、現地の法定最低賃金は満たしているが、全国標準生活賃金との乖離は大きく、長時間の時間外労働をしなければ生活はきわめて難しい。実際に、労働者らは口をそろえて、一日の労働時間がしばしば15時間を超えると調査スタッフに証言している。

なお、バナナの生産・収穫ではなく、梱包作業所における選別や洗浄のみを行う労働者が「農業労働者」とみなされるべきであるかについては、法の解釈が問われる点である。梱包作業所はそれ自体が工場のような様相を成しており、労働者は一般的に「農作業」と認識されるような職務には一切就いていていない。工場労働者など農業以外の産業であれば、法定最低賃金は日給370ペソ(約814円)と定められている。わずかな差ではあるものの、ちりも積もれば大きな額となる。

労働者に不利な、圧縮された週労働時間制度

労働者らからは一日の労働時間が長くなる点について、多くの時間外手当がなければ生活が成り立たないだけでなく、「圧縮された週労働時間制度(Compressed Work Week：CWW)」を適用されているからであるという証言も得られた。この制度は通常一日8時間×週5日間の勤務

をするところを、10時間×週4日間、あるいは13時間20分×週3日間という「柔軟な」勤務形態に変更するものだ。働き方の選択肢として、欧米などの一部では一定の支持を得ている。だが、通常は営業実績の高い社員やデザイナーなど創造性の高い特殊な職種に向いているとされ、同じ作業を繰り返す生産現場には必ずしも向いていない制度である。

また、時間外手当に依存しない労働者であれば、圧縮された週労働時間制度は一定の魅力を持つかもしれない。しかし、前述のように多くの時間外労働をしなければ生活がままならない労働者にとって、労働日数の減少は、時間外労働も圧縮されることを意味する。仮に月16日間の勤務で生活賃金をまかなおうと思えば、各日の標準労働時間12時間に加えて時間外労働は16時間以上しなければならない。移動や食事も含めて、一日が30時間以上なければ、物理的に不可能である。この制度を導入すると、梱包作業所の労働者が全国標準生活賃金を獲得するのは事実上無理だ。

それでも労働者らは、何とか生きていくための給与を得ようとして、きわめて長時間の労働に従事する。圧縮された週労働時間制度は、「柔軟な働き方を実現させる」という名のもとに、現実的には長時間の残業を余儀なくさせるための管理手段なのである。

なお、本来は深夜手当などでさらに割り増し賃金が計算されるはずである。ところが、給与明細には深夜手当などを記載する欄は見当たらない。労働者らもそのような手当てがないと証言していることから、前記試算では深夜手当について除外している。しかし、仮に深夜手当が

表3－1　ある労働者の給与明細(2016年6月26日～7月9日)

		労働時間数				給与	
日付	曜日	標準労働時間	時間外労働時間	無償労働時間	労働時間計	基本給(ペソ)	時間外労働手当て(ペソ)
6月26日	日	－	－	－	－	－	－
6月27日	月	8.0	3.0	－	11.0	302.00	141.56
6月28日	火	8.0	4.0	－	12.0	302.00	188.75
6月29日	水	8.0	3.5	－	11.5	302.00	165.16
6月30日	木	－	－	－	－	－	－
7月1日	金	8.0	4.0	－	12.0	302.00	188.75
7月2日	土	－	－	－	－	－	－
7月3日	日	－	－	－	－	－	－
7月4日	月	8.0	4.0	－	12.0	302.00	188.75
7月5日	火	8.0	5.0	－	13.0	302.00	235.94
7月6日	水	8.0	4.0	－	12.0	604.00	377.50
7月7日	木	8.0	5.0	－	13.0	302.00	235.94
7月8日	金	－	－	－	－	－	－
7月9日	土	－	－	－	－	－	－

つけられたとしても、きわめて長時間の労働になることは明らかであり、このような職場環境における圧縮された週労働時間制度の問題の解消にはなりえない。

表3－1に、ある労働者の給与明細を示した。週に4日程度の勤務で、一日の標準労働時間は8時間と記録されている。圧縮された週労働時間制度であれば、標準労働時間が8時間になるのは不自然だ。標準労働時間は12時間で、それに時間外労働分が加算されるべきである。

給与計算は適正か

労働者らの証言では、一般的な労働日には一日15時間以上勤務している。そして、圧縮された週労働時間制度の導入によって、標準労働時間が12時間とされ、時間外労働の割り増し賃金は12時間を超過した分にしか適用されないという。しかし、給与明細には標準労働時間8時間に3〜5時間程度の時間外労働の割り増し賃金分が記載されており、不一致が見られる。

この解釈に関しては二つの可能性がある。一つは労働者らの証言に誇張が混じっており、通勤や休憩など労働時間に含まれない時間を加えて15時間程度の拘束時間を勤務時間と証言している可能性である。一方、労働者の証言が事実であると仮定した場合、標準労働時間として12時間従事しているにもかかわらず、給与明細上は8時間の記載になり、時間外手当も12時間を超えた分にしか支払われない状況であれば、確かに一日15時間程度の勤務をしているという証言と符合する。その場合は、標準労働時間2〜4時間分の未払いが存在することになる。

また、圧縮された週労働時間制度を導入しているにしては、標準労働時間がそもそも週40時間に満たない。平均して週4日勤務している労働者であれば、この制度を導入したうえでの標準労働時間は一日10時間程度であるはずだが、週3日勤務の労働者も週4日勤務の労働者も標準労働時間が8時間とされている。この記載には不自然さが残る。

適正な給与計算がされているか否かについては、追加の聞き取り調査と裏付け書類の確認が必要である。ここでは、適正な給与計算がされていない可能性だけを指摘しておこう。

写真３－15　労働者に以前配られていたというヘアネット。中央にスミフルのロゴがある

悪質な偽装請負

こうした条件のもとで働く労働者らは、自身を「スミフルの社員である」と証言しているが、会社側の見解は異なる。梱包作業所はいずれも仲介機関(service provider)によって運営されており、労働者らはその社員であるとしているのだ。

フィリピンではかねてより「偽装請負」が「労働のみの請負契約(labor-only contracting)」と呼ばれ、社会的に問題視されてきた(本章1参照)。ここで取り上げてきた労働者らは、その典型的な事例である。というのも、作業所には「Sumifru(スミフル)」の看板が設置されており、作業所内の安全配慮を呼びかけるポスター、作業所内で使われるエプロンやヘアネットといった備品など、いたるところにスミフルのロゴが添付されているからだ(**写真３－15**)。そして、スミフルブランドのバナナを出荷している。しかも、業務指示はしばしばスミフル社の社員から労働者らへと通達されるという。給与明細だけが仲介機関の名称で発行されるにすぎない。

このように事実上の雇用関係にありながらも、仲介機関の社員であるとすることで、スミフル社内に労働組合を設立させなかったり、現地法人であるスミフル・フィリピン社の正社員と同等待遇での雇用を回避したりしている。これらは、悪質な偽装請負である。

三　法律を遵守しないスミフルと闘いを続ける労働者

最高裁が偽装請負であると判断

こうした状況に対して、労働者らは２００８年に労働組合を設立し、スミフル・フィリピン社に直接雇用された正社員として団体交渉に応じるように求めてきた。ＰＰ90で働く労働者らは２００８年3月14日、「Nagkahiusang Mamumuo sa Suyapa Farm：ＮＡＭＡＳＵＦＡ、スヤパ農園労働組合」を設立するための手続きとなる、労働者による組合設立・加入選挙の実施を労働雇用省に申請した。しかし、スミフル社側は労働者らが仲介機関の社員であるとして、組合設立と団体交渉に応じることを拒否したのだ。

ところが、作業所には当時スミフル社の看板が設置され、前述したようにいたるところに同社のロゴが確認されていた。労働雇用省担当官は２００８年7月28日、①そうした状況が事実上スミフル社の所有・管轄であると認知されている、②労働者らに配布される備品にもスミフル社のロゴが添付されている、③業務上の指示をスミフル社から直接受けている実態が存在することから、これは労働のみの請負契約、すなわち偽装請負であると判断した。

スミフル社側はこの裁定に不服申し立てするが、その後労働雇用省長官（２０１０年）、フィリピン控訴裁判所（12年）、そして最高裁判所（17年）とそれぞれが労働雇用省の判断を支持し、事実上の労使関係が存在することを認めた。なお、労働雇用省による裁定に不服がある場合は地域裁判所を経ずに控訴裁判所で審議され、再控訴は最高裁判所で審議される。

最高裁判決が出て以降、即座に当時のコンポステラヴァレー州のすべてのスミフル社の梱包作業所からスミフル社のロゴが消えていったという。現在では、いずれの作業所でも同社のロゴが入ったヘアネット、エプロン、その他備品は配られていないという。

最高裁判決後も事態は変わらず、ストライキに踏み切る

その一方で、最高裁判決が出ても、一切労使交渉は始まらず、一年以上が経過した。ＮＡＭＡＳＵＦＡはこの間に正規の労働組合として労働雇用省が認めており、最高裁も労働者らがスミフル・フィリピン社が直接雇用する社員であることを認め、ともなって労働組合設立の有効性も追認しているのだ。にもかかわらず、２０１８年８月13日にＮＡＭＡＳＵＦＡから送付された団体交渉の要求はスミフル・フィリピン社に拒否される。

裁判結果を真摯に受けとめず、組合を労働者の代表と認めないスミフル・フィリピン社の姿勢に対して、ＮＡＭＡＳＵＦＡの組合員７４９名は９月４日にストライキを宣言。労働法で定められている「冷却期間」を経て10月１日から正式にストライキを決行し、梱包作業所前でピ

ケを張った。

さらに、日本での報道では得られなかった新しい事実が判明する。労働者らは10月15日ごろ全員、書面を受け取っていた。それは、ストライキ中にピケを張ったのは梱包作業所の「営業妨害」にあたるので解雇するという内容であった。労働者らは事実上、スト参加を理由にクビにされていたのだ。もちろん、こうした解雇はフィリピンの労働法では許されていない。

戒厳令下で抵抗する労働者を襲う暴力

私たちが放火された組合事務所兼組合代表宅に到着したとき、最初に見せられたものの一つが**写真3―16**の薬莢である。

写真3―16　放火された事務所兼住宅周辺で発見されたという薬莢

じつは、放火されたのは私たちが訪れた2018年12月が二度目であった。11月末にも放火されたという。そのときはすぐに火を消し止めたが、鎮火後にバイクに乗ってきた所属不明の男ら2名が計6発の銃弾を発砲した。この薬莢こそが現在のミンダナオ島の状況を雄弁に語っている。

労働者らにストライキ前後の状況を詳しく聞くと、ストライキを決定した2018年9月4日にもNAMASUFA理事の一人で、梱包作業所340で働く労働者でもあるヴィクトル・エイジアス氏が所属不明の男らから6発の銃弾を発砲される事件が発生していた。幸いけがはなかったものの、狙いは誰の目にも明らかだろう。

そして、171ページで言及した2018年10月31日の労働者の射殺事件があり、さらに11月11日には梱包作業所220の労働者であるジェリー・アリカンテ氏が、やはり所属不明の男2名から銃弾2発を受けて負傷する事件も発生していた。この2件以外にも、保安上の理由から名前を明かせない労働者も襲撃を受けているという。

いずれの場合も犯人は捕まっていない。それどころか、ジェリー氏の事件では警察が狂言だと一方的に決めつけ、まったく捜査されていないそうだ。しかし、薬莢は確かに存在し、失われた命は帰らない。

残念ながら、ミンダナオ島においてこうした暴力事件は必ずしも珍しくはない。2017年5月にドゥテルテ大統領が戒厳令を宣言して以降(19年12月末に解除)、事態は急速に悪化していった。警察がまじめに捜査に取り組まない場合、警察署の前で抗議することも以前であればできたかもしれない。ところが、ドゥテルテ大統領は警察に反抗する民衆に対して「容赦なく発砲するように言っている」などと発言し、市民が警察に対して声を上げることは難しい状況になっている。ストライキ中にピケが襲撃された際に国軍や警察が関わったことも、一部に「治安維持」という名目があったのだろう。

NAMASUFAが加盟しているKMUのような全国労働組合組織は「左翼」とレッテルを

貼られる。フィリピン政治において、労働組合は左派の支持基盤である。政府はしばしばそうした左派の支持基盤を徹底的に攻撃する。戒厳令はその格好の名目にされてきた。「急進左翼」からの訴えは極力無視する。しびれを切らして実施されるピケやデモ、警察署の前での座り込みなどは、「治安維持」のお題目で当局による徹底した鎮圧対象とされてきた。

今回、労働者らがストライキし、声を上げたのは、こうした環境の中である。労働者らが直面したような不当な暴力事件が起きても、十分に捜査されず、挙句の果てに国軍や警察が積極的に弾圧する。それでも危険を顧みずに声を上げなければならないほど、梱包作業所における労働環境は劣悪で、耐え難いものだったのだ。

マニラで野宿しながら訴える労働者ら

このように、ミンダナオ島で声を上げ続けることは労働者にとって非常にリスクが大きい。また、スミフル・フィリピン本社も労働雇用省本庁も首都マニラにある。そこで、NAMASUFA代表のポール・ジョン・ディソン氏をはじめとしたストライキ中の労働者327名はマニラに行き、抵抗を続けることを決定した。

とはいえ、貧しい労働者らが300名を超えるメンバーの航空券をまかなえるはずもない。労働者らは路線バスやフェリーを乗り継ぎ、何日もかけて少しずつマニラに集結していった。大統領官邸前へと続くメンジョーラ橋に大部分が集まり、ドゥテルテ大統領に直訴しようとしたとき、組合事務所兼組合代表宅が最初に放火され、銃弾が撃ち込まれたのだ。それでも、この放火は組合活動と無関係と言えるのだろうか。

当然、労働者らは生活費の高いマニラでホテル代を払える状況ではない。マニラ市内の公園で野宿をして、連日大統領官邸前、労働雇用省前、そしてスミフル・フィリピン本社前で抗議の声を上げ続けた。

ミンダナオ島での調査を終えた後、私たちはその野宿キャンプに向かい、ポール氏を含む労働者に話を聞いた。それは、ミンダナオ島で聞いた内容を再確認するものであり、圧縮された週労働時間制度や低賃金について裏付けとなる書類も見せられた。そのときのある労働者の発言がいまも心に突き刺さる。

「日本の人がバナナを喜んで食べてくれるのは、とてもうれしい。でも、スミフル社は私たちの命よりバナナを大切にしている。だから、バナナはとてもきれいに梱包されて日本に届く」

日本で傷一つなく並べられているバナナの商品棚を思い返して、胸が痛んだ。

ある労働者は11月に家族のもとを離れ、マニラに抗議に向かう際に、「クリスマスまでには戻るから」と小学生の息子に言い聞かせて旅立ったと話した。しかし、スミフル社側は労働者との協議を頑なに拒む。彼女は、クリスマスまでに息子と再会することはかなわなかった。本来は家族と過ごす大切な時間を、労働者らは野宿して過ごすのだった。

労働雇用省は労働者らの解雇を不当と認める

労働者らが声を上げ続ける中で、労働雇用省で労使関係の仲裁を担当する国家労使関係委員会（NLRC）は労働者と企業側の仲裁を行うために調査員を任命。現地での聞き取りをはじめとする調査を行っていた。その報告書は2019年1月30日に発表され、18年10月のスミフル・フィリピン社による労働者の一斉解雇は不当であると結論づけられた。しかし、報告書公開後もスミフル社側は労働者の復職と労働条件に関する交渉に応じない。国家労使関係委員会が呼びかけた仲裁協議にも、一方的に欠席を続ける。

国家労使関係委員会は調査員による報告書を厳正に受け止め、2019年3月25日に報告書を正式に受理。その内容を委員会決議として認めた。その後、双方からの異議申し立て期間を設けたが、内容の見直しに足るほどの異議は出なかったとみなされ、委員会決議の内容は労働雇用省の最終見解として19年5月25日に確定された。

この間、スミフル社側は一斉解雇が不当だと言われ続けながらも、具体的に再雇用を命じられていないことを根拠に労働雇用省と労働者を無視し続ける。労働者らの再雇用に向けた動きは、まったく取ってこなかった。

日本の消費者へ訴える

こうした状況のもとで私たちは、アジア太平洋資料センター、APLA（Alternative People's

Linkage in Asia)、オルター・トレード・ジャパン社らが運営するエシカルバナナキャンペーン実行委員会として、国内で活動するＮＧＯやその連合体（FoE Japan、Fair Finance Guide Japanなど）とともに、労働者の窮状を日本の消費者や関係各社に訴えるべくＮＡＭＡＳＵＦＡのポール・ジョン・ディソン代表とジャミラ・セノ氏を２０１９年6月に招聘した。

二人は日本外国特派員協会での記者会見（**写真3―17**）を皮切りに、大手小売企業との面会やスミフル社の親会社に出資していた住友商事株主総会会場前での陳情を行う（**写真3―18**）。さらに、東京・名古屋で合計４００名を超える消費者にこれまでの経緯を説明し、労働問題が解決するまでスミフル社取り扱いバナナの全面ボイコットを何度も呼びかけた。

「日本の人においしいバナナを届けられるのは自分たちの誇りです。バナナにはたくさんの思いやりがこめられています。でも、スミフル社は私たちに何の思いやりもありません。いまはスミフル社のバナナを買わないでください。私たちの思いが通じて、安心してバナナをまた届けられるようになったときは、またおいしく食べてください」

責任逃れをする住友商事

一連の労働争議の間、スミフルグループ本社であるスミフル・シンガポール社の株式は49％が住友商事に保有されており、その子会社にあたる日本のスミフル社と現地法人であるスミフル・フィリピン社にも相当の影響力を持っていた。ブランド名にも「スミトモ」の「スミ」の

写真3－17　東京の日本外国特派員協会で会見をする労働者たち、左からジャミラ氏、ポール氏(右は司会者、2019年6月18日)

写真3－18　スミフル社の株主である住友商事の2019年度株主総会(19年6月21日)会場前で声を上げるポール・ジョン・ディゾン氏と支援者ら

字を冠していた。スミフルの旧名称はそもそも「住商フルーツ」である。株主としては厳密に言えばマイノリティであるものの、「住友」ブランドの一角を成す事業体であることは誰の目にも明らかだ。

その住友商事は2019年6月18日に労働者らが記者会見を行っている最中に、スミフル・シンガポール社の株式を売却することを突然表明した。7月中には売却を完了したとみられる。争議の後始末は何もしていない。突然の売却と責任逃れである。

問題の一つはその売り先だ。スミフル・シンガポール社の筆頭株主はソントン・ベンチャー社という会社だが、同社の真の所有者は明らかにされていない。同社はタックスヘイブンとして名高いモーリシャスに登記されており、同国の法律では役員などの連絡先を公開することが法人に義務づけられていない。そのため、社名と登記上の住所以外は一切謎に包まれている。

そんな得体の知れない会社に株式を売却した一方で、現在も「スミ」の字を冠して営業が続けられている。住友商事の責任逃れは法律が許しても、労働者らはだれも納得していない。

そして、スミフル社はいまもタックスヘイブンの闇に隠れて営業を続けている。

住友商事は体よく責任逃れをしたつもりでいるのだろうが、スミフル社と労働者の闘いは終わらない。労働雇用省はついに2019年7月22日付で「10営業日以内に即時労働者を職場復帰させること」を求める行政指導を行い、労働者らはこれで復職できると期待した。仕事がないままで闘いを続けるのは限界に来ており、劣悪な環境であっても働きながら改善要求を少しずつ進めていくしかないと判断していたからである。マニラで野宿を続けていた労働者らも、行政指導が出たことを受けてミンダナオ島に帰る決心をした。慣れない都会で野宿しながらの闘いは、8カ月以上に及んだ。

ところが、労働者らが仕事に戻れるかもしれないと期待して作業所に一斉出頭したその日、彼ら・彼女らの期待はまたも裏切られた。スミフル社は行政指導に従うことなく、控訴裁判所に異議申し立てを行ったのだ。結局、労働雇用省の指導さえ受け入れずに、労働者の悲痛な声に耳を閉ざしたわけである。

2020年7月現在、スミフル社が労働雇用省とNAMASUFAを相手取った控訴審はいまだに決していない。労働者らはいまも職場に戻れず、日雇い仕事などで食いつないでいる。

四　日本の市民・NGOがしてきたこと、これからできること

アジア太平洋資料センターとFoE Japanやエシカルバナナキャンペーン実行委員会では、不当解雇中も労働者が闘いを続けられるようにカンパを呼びかけたり、労働者が手作りしたキーホルダーやエコバッグの販売に協力するなどして経済的な支援を行うとともに、日本国内での普及啓発に努めてきた。また、国内でスミフル社系列のバナナを取り扱う大手小売企業やスミフル社の広告に登場するタレント事務所に問題を訴え、改善を要求していった。

なかでも、FoE Japanはダニー・ボーイ・バウティスタ氏の殺害事件から一年を機に２０１９年11月1日からスミフル社とそのプライベートブランドに対するボイコットを呼びかけるに至っている。これに対して、スミフル社からは何の反応もない。とはいえ、スミフル社のバナナをプライベートブランドとして扱う大手小売企業A社は、スミフル社のバナナは引き続き取り扱うものの、状況が改善されないかぎり当該地域（コンポステラヴァレー州）から輸出されたバナナは一切取り扱わない方針へと転換した。スミフル社にとって、労働者の声をないがしろにすることは経済的にも打撃になったことだろう。

労働者らの闘いは、いまも続いている。引き続き日本でも問題を多くの人に知らせ、一日でも早く労働者らが笑顔でおいしいバナナを日本に届けられるようにしていく必要がある。

〈参考文献〉

Cortez, Kath M. 2018a. Score of Sumifru Workers Wounded After Dispersal Team Attempts to Disperse Camp. *Davao Today*. October 11. http://davaotoday.com/main/politics/score-of-sumifru-workers-wounded-after-dispersal-team-attempts-to-disperse-camp/（２０２０年7月17日アクセス）

Cortez, Kath M. 2018b. Sumifru Worker in Comval Gunned Down. *Davao Today*. October 31. http://davaotoday.com/main/human-rights/sumifru-worker-in-comval-gunned-down/（２０２０年7月17日アクセス）

Genotiva, Mara S. 2018. Comval Plantation Workers Strike Paralyzes Japanese-Owned Banana Company. *Davao Today*. October 4. http://davaotoday.com/main/politics/comval-plantation-workers-strike-paralyzes-japanese-owned-banana-company/（２０２０年7月17日アクセス）

第4章

バナナ園の農薬散布
毒か薬か

アリッサ・パレデス
田坂興亜

1 バナナをめぐる農薬問題

田坂興亜

一 フィリピンのバナナ園で使用されている農薬

バナナに掛けられた白い袋と青い袋

２０１６年９月に、ミンダナオ島やネグロス島で、無農薬でバナナを栽培し、日本の生協を通して販売しているオルター・トレード・ジャパン社のメンバーたちと、ミンダナオ島南部の南コタバト州ツピ町、ティボリ町、レイクセブ町、北コタバト州マキララ町（１３０ページ**図２－４**参照）を訪問。バランゴンバナナを生産・出荷している現場を見学するとともに、日本企業スミフルや、アメリカ系多国籍企業ドール、デルモンテなどのバナナ園を見て回った。

そのときの体験を紹介したい。無農薬で栽培されているバナナの房には白いプラスチックの袋が掛けてあったが、農薬を使用しているスミフル、ドール、デルモンテなどのバナナ園では

写真4―1 バナナの房に掛けられた青い袋。「SUMIFRU」と表記されている

青い袋が掛けてあるのを目撃したのだ(**写真4―1**)。

そこで、青い袋と白い袋の違いを案内のオルター・トレード・ジャパン社スタッフに聞いたところ、見学した農園では、青い袋は有機リン系農薬(殺虫剤)のクロルピリフォスやピレスロイド系殺虫剤のビフェンスリンが浸み込ませてあると言う。殺菌剤が浸み込ませてあるとの情報もあるそうだ。また、これらの農園では小型飛行機による農薬の空中散布も行われている。だが、どのような農薬が用いられているかについては明らかにされていない。

日本に輸入されるバナナから検出される農薬

これらのバナナ園で生産されているバナナの主な輸出先は日本である。帰国後に、フィリピンから輸入されたバナナからどのような農薬がどのくらいの濃度で検出されているかを調べてみた。東京都健康安全研究センターの2014年度「研究年報」(第65号)によると、その多くからクロルピリフォスが定量分析可能な限界（検出限界）である0・01〜0・03ppm[1]の濃度で検出された、と報告されている。

このことは、バナナ園でバナナの房に掛けられていた青い袋に浸み込ませてあるクロルピリフォスがバナナ自体に吸収されていることを示している。言い換えれば、バナナと一緒にクロルピリフォスが日本に輸入されているのである。

また、ピレスロイド系殺虫剤のビフェンスリンやデルタメスリンも微少量ではあるが検出されているほか、殺菌剤のクロロタロニルやイプロジオンも検出されている。たとえばイプロジオンはクロルピリフォスを大きく上回る2・7ppmも検出されている。しかし、イプロジオンのバナナ中の残留基準は非常に緩い10ppmであるため、輸入は合法的に許可される。

次に、東京都健康安全研究センターの2013年度「研究年報」（第64号）を見ると、ネオニコチノイド系殺虫剤であるチアメトキサムが微量ではあるが輸入されたバナナから初めて検出されていた。そして16年度「研究年報」（第67号）によると、ネオニコチノイド系殺虫剤のクロチアニジンとチアメトキサムが果肉から検出されている。

後述するように、ネオニコチノイド系農薬は「浸透性農薬」として知られる。つまり、バナナの房に使用された農薬が分厚い皮を通り抜けて果肉にまで到達しているわけだ。散布された農薬が根から吸収されて、バナナの木全体に広がったのかもしれない。いずれにしても、浸透性農薬は果物、野菜、穀物に残留し、洗っても落ちないので、大きな問題をもたらす。

「異例」の残留基準改定が意味すること

厚生労働省（以下、厚労省と記す）は２０１８年２月28日、ネオニコチノイド系農薬と類似した性質を持つ浸透性農薬のフィプロニルを含む12農薬の食品中での残留基準を改正するという告示を出した。従来の基準と変わらない食品もあるが、バナナに対しては０・01ｐｐｍから０・００５ｐｐｍに厳しくする「異例の？」措置が取られた。なぜ「異例」かというと、後述するように、近年、厚労省はネオニコチノイド系など危険な農薬の残留基準を緩くする場合が多かったからだ。厳しくする措置が取られた背景は分かっていない。

この基準改定の結果、２０１９年２月にフィリピンで生産したバナナをスミフル・ジャパン社が輸入しようとしたところ、名古屋市（愛知県）の検疫所で、０・００９ｐｐｍのフィプロニルが検出され、廃棄、積み戻しを指示された（３月５日に公表）。この事実は、非常に重要なことを示唆している。日本における農薬の食品中の残留基準を厳しくすれば、外国で生産される農産物への特定の農薬の使用を規制できるのである。

図4－1　クロルピリフォスの化学構造

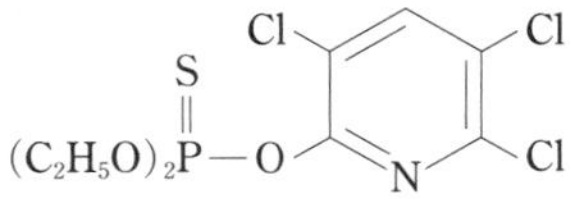

Cl　Cl　S　$(C_2H_5O)_2P$―O　N　Cl

二　バナナに残留する農薬と子どもたちの健康への影響

バナナに残留する農薬の毒性

子どもたちが好んで食べるバナナに残留していることが明らかとなった有機リン系農薬やネオニコチノイド系殺虫剤は、体内に取り込んでも安全なのだろうか？

①有機リン系農薬

多くから検出された有機リン系のクロルピリフォスは、図4－1に示すように、リン(P)を含むと同時に、三つの炭素(C)と塩素(Cl)の結合を持った構造をしている。このC－Cl結合は従来自然界に存在していないため、分解が遅く、長く環境中に残る。

最新の情報によると、欧州食品安全機関(ＥＦＳＡ)は２０１９年8月2日、翌20年1月に農薬としての使用登録期限が切れるクロルピリフォスについて、「小児における影響を示す疫学的データによって裏付けられている、発生中の遺伝毒性の影響および発生中の神経毒性について懸念を確認していて」、登録期限を更新して使用許可を継続する可能性はないと発表した。

また、タイ政府は、タイ国家有害物質委員会の19年10月22日の決定に基づき、グリホサート、パラコートを含めて、12月1日からクロルピリフォスの使用禁止に踏み切っている。

一方、アメリカでは環境保護庁(ＥＰＡ)が２０１５年10月にクロルピリフォスの農薬としての使用禁止を決定したが、トランプ政権下の17年になって撤回した。農薬問題を専門に扱う国際ＮＧＯのＰＡＮ ＡＰ(Pesticide Action Network, Asia & the Pacific)が13年に発行した小冊子②によれば、１９９９〜２０００年時点で、94％のアメリカ人の体内にクロルピリフォスが残留しているという。

日本では、クロルピリフォスは「ダーズバン」「シロアリピリフォス」などの商標名で、シロアリ駆除など家庭用を含めて広く使用されてきた。だが、２０００年9月に厚生省(当時)が、神経系の発達途上にある子どもに対する室内大気濃度に関する指針値を０・１㎍③／㎥以下とすると決定。日本しろあり対策協会は02年3月末までに、シロアリ防除剤としての使用を段階的に中止するよう、加盟業者に通知した④。

②ネオニコチノイド系殺虫剤

１９９０年代から使用されるようになったネオニコチノイド系農薬は、２０００年代に入って次のような問題点が指摘されている。

①ハチの神経にダメージを与える。事実、世界各地でハチの大量死が起きている⑤。

②最近の研究で、ヒトを含む哺乳類の脳の発達を阻害することが明らかとなった。

表4－1　クロチアニジンの日本における食品中の残留基準

	イチゴ	スイカ	みかん	ブドウ	キャベツ	キュウリ	トマト	レタス	ホウレンソウ
残留基準値	0.7	0.2	1	5	0.7	2	3	20	40

(注)単位：ppm。

③イネウンカなどの害虫が農薬に対する抵抗性を身につけた。実際に、アジアの米作地帯で大発生している。

②については近年、次々と報告され、日本人研究者によるものもある。[6] また、日本語で読める解説論文もあり、[7] 簡潔に問題点がまとめられているので、ぜひご参照いただきたい。その内容については本節の最後で紹介するが、もっと詳しく知りたい方には、『地球を脅かす化学物質』[8] をお勧めする。文献や科学的根拠を示して詳細な説明がなされているからである。

バナナの果肉から検出されたクロチアニジンとチアメトキサムは、EUが2018年4月に屋外での使用を全面禁止した。一方、対照的なのが日本の対応である。従来から、ネオニコチノイド系殺虫剤の食品中の残留濃度の設定が、EUやアメリカと比べて非常に甘い。加えて15年5月19日、ホウレンソウに残留するクロチアニジンの残留基準(**表4－1**)を、3ppmから40ppmと大幅に緩和したのである。これは、農薬業界にのみ利益をもたらす措置である。

本来、EUやアメリカで全面的に禁止されているのだから、食品中の残留値は検出限界の0・05ppmを超えてはならない。高濃度でネオニコチノイドによって汚染されたホウレンソウを食べさせられる国民の健康を無視した緩和は、国民に対する犯罪行為と言っても過言ではない。

文科省が公表した発達障害児の急増

文部科学省（以下、文科省と記す）は2016年2月に開かれた「発達障害者支援関係報告会」に、資料として「特別支援教育の現状」を提出した。その内容は衝撃的である。

①　特別支援学級在籍者数が2004年から14年に9万8861名から18万7100名に急増（約2・1倍）。

②　通級による指導を受ける発達障害児数が、2003年から14年に3万3652名から8万3750名に急増（約2・5倍）。

③　小・中学校での特別支援学級だけでなく、通常学級でも発達障害児の数が急増している。それにともない、2014年の義務教育段階の全児童・生徒数は1019万人で減少傾向にあるのに対し、発達障害児の数は約34万人（3・33％）と、さらに増加傾向にある。学習障害、注意欠陥多動性障害（ADHD）、高機能自閉症などの発達障害の可能性のある児童・生徒数を加えると、約6・5％が脳の発達に何らかの障害を持っている状態であるという。

これは15人に一人の割合であり、非常に深刻な事態である。

にもかかわらず、文科省はこうした発達障害児の急増の原因について、少なくとも公にされた文書では言及していない。政府もこの深刻な事態に対して、原因の究明も対策も何ら行っていない。

図4－2　各国の発達障害の有病率と農薬使用量の比較

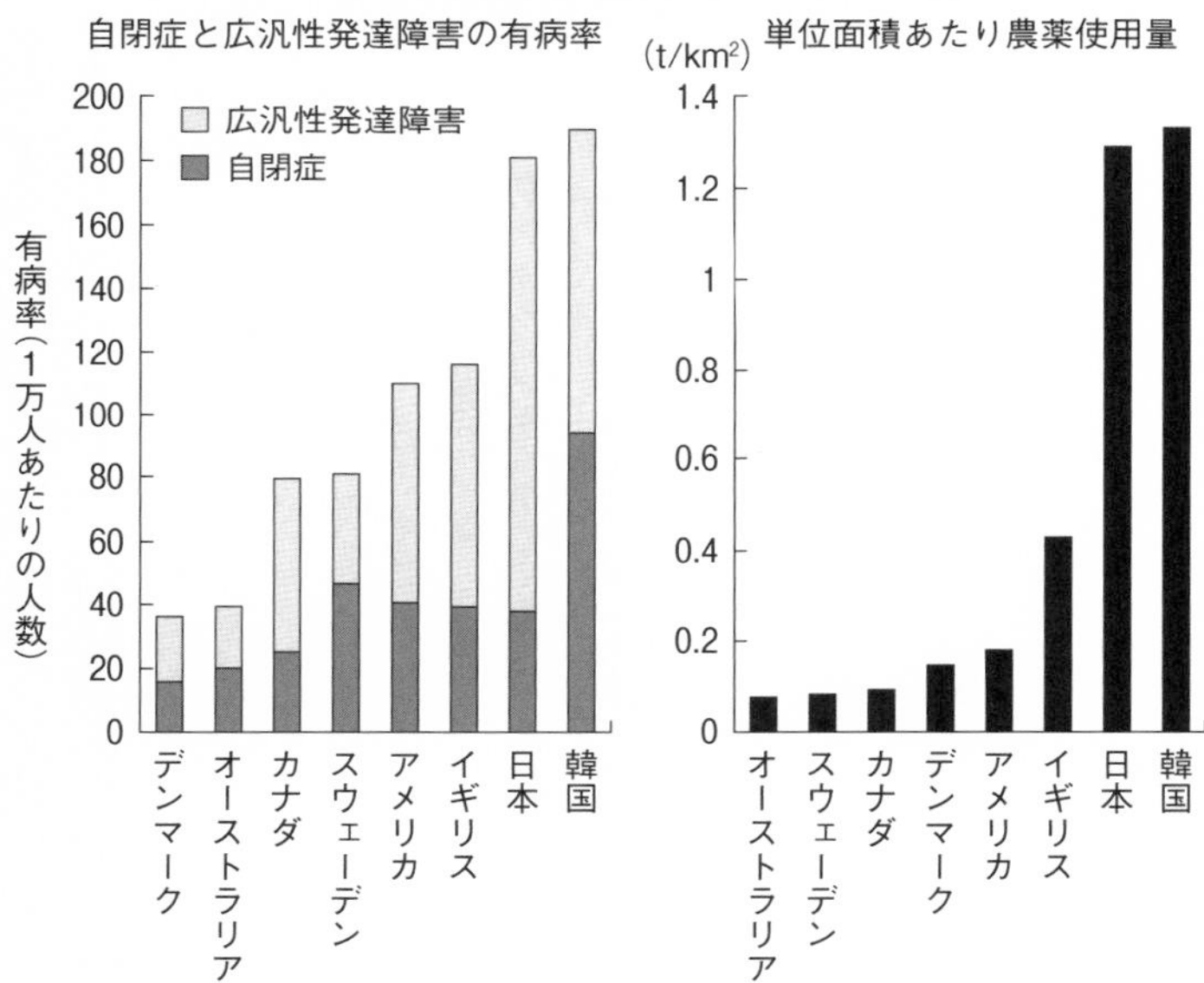

(出典)黒田洋一郎・木村－黒田純子『発達障害の原因と発症メカニズム――脳神経科学からみた予防、治療・療育の可能性』河出書房新社、2014年。

発達障害の原因と考えられる農薬

日本の発達障害の発症率と農薬の使用量を各国と比較してみると、いずれにおいても、**図4－2**に示すように日本は韓国と並んで世界のトップにある(ただし、この統計には中国が含まれていない)。脳神経科学の専門家である黒田洋一郎氏は、発達障害の増加は、農薬の使用、なかでも1990年以降に使用量が急増したネオニコチノイド系農薬との関係が疑われるのではないか、と述べている[9]。ネオニコチノイド系農薬がラットの小脳ニューロンに及ぼす影響を実験的に確認した研究論文もある[10]。

なお、子どもの脳の発達に影響

を与えてきた可能性のある化学物質は、ネオニコチノイド系農薬だけではない。アメリカやオーストラリアなどから輸入される小麦に「ポストハーベスト農薬」(収穫後に保存のために使用される農薬)として使用されている有機リン系農薬(マラチオン、フェニトロチオン〈スミチオン〉、レルダンなど)も挙げられる。

1986年に大阪府の小学校で行われた学校給食の分析によって、マラチオンとフェニトロチオンによる汚染の実態が明らかとなったことがある。調査対象になった小学校では当時、毎週月・水・木曜日がパン、火・金曜日は米飯となっていた。米飯給食の日にはこれらの有機リン系農薬は無検出ないし低い値であったのに対し、パン給食の日には必ず検出されたのだ。一日あたり平均値はマラチオン1・11μg、フェニトロチオン0・51μg、最大値はマラチオン3・88μg、フェニトロチオン2・92μgであった[11]。

日本の子どもたちの多くは、有機リン系農薬に汚染された給食を食べ続けてきたわけだ。これらの有機リン系農薬が微少量とはいえ食品とともに体内に入り続けた場合、どのような影響を与える可能性があるのか。非常に気がかりである。

『狂った蜂』という台湾テレビ制作のドキュメンタリー(原題『蜂狂』、2014年、台湾公共電視台制作)で、カリフォルニア大学バークレイ校(アメリカ)の研究者、ブレンダ・アスケナージ教授は次のように指摘している。

「子どもの脳は、毒物を通過させないために設けられている血液関門が未発達なため、農薬が脳の中に入ってしまいます」

また、ハーバード大学（アメリカ）のマーク・ワイスコッフ教授（公衆衛生学）は、２０００人の子どもたちの尿を分析し、有機リン系農薬の代謝物が多く検出された子どもほど、ＡＤＨＤ（注意欠如多動性障害）の症状を持つケースが多かったと報告している。

最近では、これらの有機リン系殺虫剤による汚染に加えて、除草剤のグリホサートによる輸入小麦の汚染が問題となり始めている。グリホサートは、遺伝子組み換え大豆やトウモロコシを生産する際に用いられてきた除草剤ラウンドアップの主成分である。小麦や大豆を収穫する際に「プレハーベスト農薬」としても、多く用いられてきた。収穫直前に散布し、茎や葉を枯らして収穫をより容易に行う目的である。そのため、収穫した小麦や大豆にグリホサートが残留する。

こうした各種農薬に汚染された輸入小麦を原料にして作られるパンを給食で食べている子どもたちには、さまざまな影響がありうるだろう。しかし、国や自治体による調査は行われていない。

三　農薬散布がバナナ園周辺住民の健康に及ぼす影響

男性労働者たちの不妊症

バナナ園での農薬使用、なかでも空中散布の問題は、大きく分けて二つある。ひとつは、これまで述べてきたように、そこで生産されたバナナを輸入して食べている私たちの健康に及ぼす影響である。もうひとつの深刻な問題は、農薬が散布されるバナナ園周辺の住民（フィリピンの近年では、とくに山間部で暮らす少数民族）の健康に及ぼす影響である。

中南米諸国のバナナ園では、有機ハロゲン系農薬ＤＢＣＰ（ジブロモクロロプロパン）が使われたために、男性労働者たちが不妊症となり、訴訟が行われた。２００７年11月５日にニカラグアのバナナ園の労働者たちがＤＢＣＰによって生殖能力が失われたと、ロスアンゼルスでドール社と製造したダウ・ケミカル社を訴え、勝訴したが、10年７月15日にその判決は覆された。ＤＢＣＰは１９７９年に製造が中止され、80年にはフィリピンでも使用が禁止されているにもかかわらず、86年までフィリピンのバナナ園で使われていたという[12]。

皮膚のただれや失明

私は２０１６年９月にミンダナオ島を訪問した際、スミフルやドールのバナナ園の上で、飛

写真４－２　バナナプランテーションの間に子どもたちの通学路がある

写真４－３　その頭上を農薬を空中散布する小型飛行機が飛んで行く

行機による農薬の空中散布が行われているのを目撃した。バナナ園の間の狭い道を通学している子どもたちの頭上を、空中散布する小型飛行機が飛んでいたのだ(写真4−2、3)。バナナ園の周辺に暮らす住民は、たえず農薬を浴びる可能性が高い。当然、多大な影響が表れる。

私が監修に関わった『甘いバナナの苦い現実』というドキュメンタリー作品(アジア太平洋資料センター制作・発売、2018年)では、複数のケースが紹介されている。たとえば、遊んでいるときに頭上を通った飛行機による空中散布で農薬を浴びてしまった子どものひどくただれた皮膚。あるいは、スミフルのバナナ園で農薬散布の飛行機を誘導する仕事を続けた後に、失明したうえに解雇され、何らの補償も受けられていない男性……。

神経細胞間の情報伝達は、アセチルコリンという物質が行う。情報を伝達し終わると直ちにアセチルコリンエステラーゼという酵素によって分解され、次の情報を伝える準備をする仕組みである。ところが、有機リン系農薬は、アセチルコリンエステラーゼと結合して、その役割を果たせなくする。視神経にダメージを与えることは、有機リン系農薬の開発と淵源は同じだ。サリンなどの毒ガス兵器も同様である。この男性の場合も、空中散布されていた有機リン系農薬が原因であることはほぼ間違いないと思われる。しかし、失明と農薬との因果関係を立証して、補償金を得るのは容易ではない。

また、ミンダナオ島のバナナ園周辺では、農薬の空中散布により、水源の水が汚染されている。住民は、毎日の生活で飲み水や調理用に使う水を購入しなければならない(『甘いバナナの苦い現実』参照)。

ミンダナオ島のバナナ園での農薬空中散布が周辺住民にもたらす問題については、『毒の雨』(原題"Poison Rain/Mio be el Kulon〈ティボリ語〉")という映像作品も公開されている(動画サイト「YouTube」で視聴可能)。ダバオ市の環境NGOのIDIS(Interfacing Development Interventions for Sustainability)や教会関係者によって作成された。カトリック教会が2014年9月にティボリ町の三つの村で実施した医療調査団の結果に基づいた内容だ。15年6月9日には、プランテーションにおける空中散布禁止条例の制定を求めて、フィリピン政府下院環境委員会の公聴会でも上映されている。『甘いバナナの苦い現実』とあわせて、ぜひごらんいただきたい。

このほか、ジャーナリストの加藤昌平もルポルタージュ『南国の霧』を発表している。(13)

先天性異常を持って生まれた子ども

バナナ園の間の狭い通学路を学校に通っている子どもたちの頭上を農薬空中散布の飛行機が飛んでいるのを見て、農薬被害の可能性を憂慮した私は、ティボリ町カリス村で、その可能性が現実となった子どもに出会った。母親の話では5年前に生まれたというが、歩くことも立つこともできない。母親に抱かれて、私たちが村人たちと話し合っている教会に来ていた。名前はピーター君。頭に水がたまった状態の水頭症で、口唇口蓋裂(こうしんこうがいれつ)(俗称ミツクチ)の先天性異常であった。原因は、彼が母親の子宮の中にいたときに何らかの化学物質の影響を受けたためと思

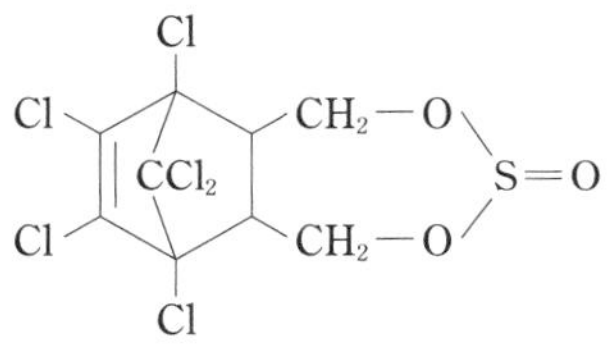

われる。

『毒のサイクル』（原題 Circle of Poison, ２０１５年、アメリカ）というドキュメンタリー作品をご存じだろうか。そこには、ピーター君と非常に似た先天性異常を持って生まれた水頭症の子どもが登場する。場所はインド南部のケーララ州カサラゴド。周辺には、過去30年にわたって有機塩素系殺虫剤エンドスルファンが散布されてきたカシューナッツ農園が点在している。

図４－３　エンドスルファンの化学構造

	Cl		
Cl		CH_2-O	
	CCl_2		$S=O$
Cl		CH_2-O	
	Cl		

その子どもを診察した医師や、この地域で農薬問題を扱うＮＧＯタナール（ＴＡＮＡＬ）のリーダーであるジャヤクマール氏は、先天性異常の原因として、エンドスルファンしか考えられないと証言している。エンドスルファン（**図４－３**）には環境ホルモン（内分泌攪乱物質）作用があり、アメリカでは２０１０年に国内使用が禁止されたものの、輸出は続いている。内分泌攪乱物質は、母親の胎内にいる胎児に働きかけて、先天性異常、男女の性分化の異常、免疫系の発達の阻害などを引き起こす。ＤＤＴはじめ農薬に多く見られる[14]。

エンドスルファンがアメリカからフィリピンに輸出されて、ピーター君が母親の子宮内にいたころに、ティボリ町でバナナ園が拓かれる前から存在していたパイナップル農園で使われていた可能性は十分あるだろう。ただし、この場合も因果関係の立証は不可能に近い。私たちにできるのは、貧しいために水頭症でたまっている水を取り出す手術をできずにいる母親に手術用資金を支援することくらいであった。

四　子どもたちに安全な食環境を残す

「予防原則」の採用と農薬の規制

ここまで見てきたように、子どもたちの食べ物はさまざまな農薬によって汚染されている場合が多い。この状況を放置しているかぎり、文科省が指摘した子どもたちの発達障害は改善されない。

まず、先天性異常をもたらしたり、脳神経の発達に悪影響を与えたりする恐れのある化学物質を私たちの食べ物から排除することから始めなければならない。ＥＵ諸国が農薬などの化学物質の規制に際して採用している「予防原則」を取り入れるのだ。被害が実際に起きてから対処するのではなく、短期的・長期的被害が予測される化学物質は、長期的安全性が証明されるまで暫定的に使用を見合わせる。

１９５０年代や60年代に使用されていた農薬は、たとえば「ホリドール」と呼ばれた有機リン系農薬のパラチオンのように、急性毒性が非常に高い。レイチェル・カーソンは『沈黙の春』で、「世界各地でもパラチオンによる死者数は、恐るべきものとなっている。日本では、毎年平均336件を数える」と記述している。[15]日本政府は71年に、パラチオンを含む数種類の農薬の登録を抹消した。

一方、近年使用されている農薬は、マラチオンやフェニトロチオンのように、かなり大量に飲み込まないかぎり人間が死ぬことはない。このため、「安全な農薬」として宣伝され、使用が続けられてきた。だが、急性毒性が低いから安全とは言えない。なぜなら、これらの農薬に汚染された食品を長期的に摂取することによって、胎児の脳の発達に悪い影響が及んだり、先天性異常が発生する場合があるからだ。[16]有機リン系農薬やネオニコチノイド系殺虫剤は、そうした意味からも規制を強化すべきである。

学校給食の改善と無農薬バナナ栽培の拡大

現在の学校給食は第一に改善しなければならない。

千葉県いすみ市では、学校給食(小中学校)の主食について、輸入小麦を原料とするパンから、市内農家が栽培する有機無農薬コシヒカリを利用した米飯に、2014年から4年間かけて切り替えた。その取り組みは、全国で多くの注目を集めている。切り替えにあたっては、有機稲作の専門家である稲葉光國氏(民間稲作研究所、栃木県上三川(かみのかわ)町)の貢献が大きかった。千葉県木更津市でも、同様の試みが進行中である。私たちの次の世代を農薬による悪影響から守るために、学校給食の有機食材への転換を各地域で推進してほしい。

写真４－４　サンフランシスコ町の農民自身による有機バナナの栽培

今後は、バナナの無農薬栽培の広がりも望まれる。たとえばミンダナオ島北東部の南アグサン州サンフランシスコ町では、農地改革後に約３８２７haの農地を得た受益者協同組合が、ＮＧＯのファームコープ（第２章参照）の支援を受けて10haの試験農園で有機・無農薬でバナナの栽培を行っていた（**写真４－４**）。以下は、石井正子氏が得た資料にもとづく記述である[17]。

協同組合で梱包作業所を設立し、港までの輸送はファームコープの流通部門（ＯＰＥＣ：Organic Producers and Exporters Corporation）が行う。日本での輸入業者はタナカバナナ社だ。２０１９年3月に訪問した際にはまだ赤字経営であったが、これから栽培面積を拡大し、生産性を上げることによって黒字転換を図りたいと語っていた。

こうした現地の農民自身による有機バナナの

栽培は、日本のオルター・トレード・ジャパン社などの活動とともに、現地の農民にとって利益になるだけでなく、農薬散布による被害を食い止めるためにも役立つにちがいない。

（１）ｐｐｍ＝パーツ・パー・ミリオンは残留物の濃度を表し、１kg中に１mg入っていれば１ｐｐｍと表す。
（２）PAN AP, Chlorpyrifos, PAN AP Factsheet Series, Highly Hazardous Pesticides, 2013.
（３）μg＝マイクログラムは重さの単位で、１００万分の１g。
（４）植村振作・河村宏ほか『農薬毒性の事典（改訂版）』三省堂、２００２年、54～58ページ。
（５）黒田純子・水野玲子ほか『新農薬ネオニコチノイドが脅かすミツバチ・生態系・人間（改訂版（４））』ＮＰＯ法人ダイオキシン・環境ホルモン対策国民会議、２０１８年。
（６）Li, P., Ann, J., and Akk, G. (2011). Activation and modulation of human α4β2 nicotinic acetylcholine receptors by the neonicotinoids clothianidin and imidacloprid.（邦訳「ヒト・ニコチン性受容体をイミダクロプリド、クロチアニジンが刺激する」）*Journal of neuroscience research*, 89(8), 1295-1301. 木村－黒田純子・林雅晴・川野仁「新農薬ネオニコチノイドによるラット小脳神経細胞へのニコチン様作用」第34回日本神経科学大会、２０１１年9月17日。
（７）木村－黒田純子・黒田洋一郎「自閉症・ＡＤＨＤなど発達障害増加の原因としての環境化学物質——有機リン系、ネオニコチノイド系農薬の危険性（下）」『科学』２０１３年7月号、８１８～８３２ページ。黒田洋一郎「発達障害など子どもの脳発達の異常の増加と多様性——原因としてのネオニコチノイドなどの農薬、環境化学物質」『科学』２０１７年4月号、３８８～４０３ページ。
（８）木村－黒田純子『地球を脅かす化学物質——発達障害やアレルギー急増の原因』海鳴社、２０１８年。
（９）前掲（７）『科学』２０１７年4月号。

（10）前掲（9）。
（11）小西良昌・吉田精作「有機リン系農薬（マラチオン、フェニトロチオン）の一日摂取量とその摂取源」『日本栄養・食糧学会誌』第40巻第5号、1987年、375～380ページ。
（12）オルター・トレード・ジャパン「アメリカで使用禁止の農薬をニカラグアで使い続けた企業の倫理的責任を問いたい～『バナナの逆襲』フレドリック・ゲルテン監督インタビュー～」。http://altertrade.jp/archives/12135（2016年6月9日アクセス）
（13）加藤昌平「南国の霧――バナナ農園農薬空中散布・闘いの記録」（『週刊金曜日』第27回「週刊金曜日ルポルタージュ大賞」佳作入選）2016年10月。http://www.kinyobi.co.jp/news/?p=3633（2020年4月2日アクセス）
（14）シーア・コルボーン、ダイアン・ダマノスキ、ジョン・ピーターソン・マイヤーズ著、長尾力訳『奪われし未来（増補改訂版）』翔泳社、2001年。
（15）レイチェル・カーソン著、青樹簗一訳『沈黙の春』新潮文庫、1964年。
（16）前掲（14）。
（17）この協同組合が入手した土地は以前アブラヤシ園であり、その苦労の歴史は長い。もともとは、1970～80年代に国立開発公社が1haあたりわずか3000ペソで買収した土地である。マルコス政権時代の80年に、大統領令により国立開発会社がマレーシア・イギリス系の会社（Kumpulan Guthrie Berhard）と合同でアブラヤシ園の開発を始めた。その後、国立開発公社は二つの会社（NDC–Guthrie Plantation Inc.：NGPIとNDC–Guthrie Estate Inc.：NGEI）にアブラヤシ園を1haあたりわずか635ペソでリース。88年の農地改革によりNGPIが持つ約3827haの土地が受益者協同組合に配分され、協同組合はNGPIと25年間のリースバックする契約を結んだ。協同組合の幹部は会社の意向を汲む者であり、リース代は1haあたり

６３５ペソとされた。２０１３年の契約満期時に、ＮＧＰＩは契約更新を望まなかった。アブラヤシが30年以上の老木となったためである。同年に協同組合の幹部も交代し、彼が偶然飛行機内でタナカバナナの社長と会ったことから、バナナ栽培の可能性を探り出した。その後ファームコープの支援を受け、10 haの試験農園で無農薬のバナナ栽培を開始するに至る。

2 フィリピンの農薬空中散布反対運動

アリッサ・パレデス

一 農薬カクテル

クロロタロニル、プロピコナゾール、ジフェノコナゾール、トリフロキシストロビン、テブコナゾール、マンコゼブ(マンゼブ)。これらは1960年代からフィリピンの輸出用バナナ園で使われている農薬の名前である。

さまざまな農薬の殺生物剤——文字どおり、生物を殺すもの——が上空を飛ぶ鮮やかな黄色の小型飛行機やヘリコプターにより、ダバオ市、北ダバオ州、南コタバト州、サランガニ州などのミンダナオ島南部のバナナ園に散布される(**写真4—5**)。早朝、乳白色の農薬が撒かれると、あたりはめまいがするほどムンムンした空気に一変する。

空中散布が禁止されている北コタバト州やブキドノン州などでは「ブームスプレーヤー」や「バックパックスプレー」が使われる。ブームスプレーヤーは、十輪トラックに搭載されたフッ

写真４－５　空中散布用の小型飛行機（南コタバト州ティボリ町、2016年10月）

ク型の筒状噴霧機が「ブーム」という爆発音をだす農薬散布機である。バックパックスプレーは、労働者がバックパックのように農薬を背負ってバナナに吹きつけることから、そう名づけられた。

農薬は、バナナがかかる黒シガトカ病に有効だ[1]（Churchill 2011）。世界中のバナナ産業に大損害を与えている最もやっかいな病気である。しかし、黒シガトカ病を発症させる病原菌（*Mycosphaerella fijiensis*）は農薬にしだいに適応し、耐性を持つようになる。

化学的防除策の強化とそれに対する病原菌の耐性発達。繰り返される攻防戦に対し、企業が用いるのが「農薬カクテル」と呼ばれる戦略だ。病原菌に対し、一つの化学物質の農薬を使うのではなく、異なる化学物質を組み合わせた殺菌化合剤を複数つくり、それを交互に使用する。どの農薬を使っても免疫をつくらせないためである（Fungicide Resistance Action Committee 2016）。

日本輸出向けバナナ栽培が開始された１９６０年代には、農薬は年間10〜15回散布されていた。約半世紀後の現在は、その回数は年間70回にも及ぶ（Arquiza 2008）。国際農薬行動ネットワーク（Pesticide Action Network：ＰＡＮ）のデータベースによると、２０２０年現在、散布されている農薬には、発がん性物質、水質汚濁物質、内分泌攪乱物質、発達・生殖に強い毒性を示す毒素などの可能性があるとみなされているものが少なくない。これらの農薬は、健康障害や環境への影響が不確かで、高い濃度の農薬にさらされたときの症状しか明らかにされていない。それらがカクテル状に混ぜられた農薬の人体や環境への影響はより不透明である。

二　日本人の食のために代償となる命

空中から散布される数種類が混合された農薬は、風に乗る。そして、バナナ園に隣接する家屋や家庭菜園、学校、公道に飛び散る。すると粒子は、自家消費用の野菜や果物、洗濯物などに黄色と白の小さな斑点となって現れる。飲料水や皿洗い用の水が貯められているドラム缶などにも混入する。

バナナ園周辺では、しつこい発熱、咳、発疹、軟便、腹痛、胸痛、血痰や血便、目がしみるような痛みなどを訴える人が少なくない。腹部の張り、発育不良、生殖器腫大、男性の不妊症、しびれ、糖尿病、がん、そして原因不明の突然死。かつてそれらは原因が分からない症状であった。だが、いまでは名前も定かではない謎の殺菌化合剤によるものであると考えられている。複数の農薬が混合して用いられるので、どの農薬が散布されているかを知ることは容易ではない。それゆえ地元住民は、白い薬、黄色い薬、緑の薬などの薬品による影響や色、毒を意味するビサヤ語の「ヒロ」としか、農薬に対する呼び名と知識を持っていない。

農薬の影響は、葉が異常に巻きあがる葉野菜、実がつかないカカオの木、庭の鶏の急死などによっても感じられるようになった。ココヤシ園が隣接している場合には、農薬は背の高いココヤシに降りかかる。農薬がかかった幹が日光に照らされると、腐食が始まる。すると、腐食臭に吸い寄せられるように害虫がたかる。

のちに「空中散布に反対する市民(Mamamayan Ayaw sa Aerial Spray：MAAS)」という団体のリーダーとなるダゴホイ・マガワイ氏、通称「ダグ」が経験したのは、この現象である。彼はダバオ市カリナン地区とトゥグボク地区の二カ所でココヤシ栽培を行っていた。2004年に隣接するバナナ園で空中散布が始まるとココヤシは害虫の被害にあい、2年後、彼の収穫と収入は半減した。

多くの住民がバナナ園に隣接して暮らしている。にもかかわらず、多くの場合、バナナ園と民家は多年草の頼りない生け垣で区切られているだけだ。環境天然資源省は環境順守証(Environmental Compliance Certificate：ＥＣＣ）の発行により、公有・私有財産を保護するためにバナナ園に幅30ｍのバッファーゾーン（緩衝地帯）の設置を義務づけている。しかし、バッファーゾーンを設けると栽培面積が狭くなり、収入が減るため、実際にはわずかな企業しかその義務を果たしていない。

環境天然資源省も企業に対して環境順守の徹底を指導しない。だから、住民は農薬禍を被っても泣き寝入りするか、さもなくば自分で解決策を模索せざるをえない。ある住民は、農薬散布用の飛行機が来たら子どもたちが逃げ込めるようにと、室内に避難場所を設けている。家庭菜園を守るため、自家製「ミニ・バッファーゾーン」を多年生植物でつくる住民もいる。だが、穴の開いた壁、不揃いの木製の床板、雨で腐食されたブリキの屋根でできた家は有害物質を浸透させてしまい、そうした努力はあまり報われていない。

バナナ栽培のために犠牲になっているのは、周辺住民だけではない。栽培契約をしている小地主たちも、企業の空中散布のために大金を払っている。一例を挙げよう。

ダバオ市周辺に暮らす小地主のドメン氏（仮名）は２０１７年後半に、１ha分の土地に対して多国籍企業と栽培契約を結んだ。１カ月後、彼はＡ級バナナ１８３６kg、Ｂ級バナナ72kgを生産、箱詰め、販売し、約２万５２００ペソ（約５万５０００円）の収入を得た。その間、彼の土地には黒シガトカ病防除のために６回もの空中散布が行われたという。彼は農薬の散布が多すぎると思ったが、その回数は企業が決めたものであり、どうすることもできなかった[2]。農薬と器材レンタルの料金だけで約1万1400ペソ（約2万5000円）も支出し、収益の45%が削られてしまった。

ダバオ市のある住民は、こう訴えた。

「日本人を食べさせるためだけに、私たちが犠牲になっている。外国の食のために、私たちの命が代償になっている」

三　農薬の空中散布に反対する運動

市民団体の設立とデモ

「私はバナナではない！」

「私たちは害虫ではない！」

バナナ園周辺で有害な化学物質が散布されることに対し、2005年にダバオ市で「空中散布に反対する市民」が設立された。その活動は、ダバオ市内の9村を巻き込む運動に発展していく。彼らは、同市を拠点とする環境保護を目的とするNGOのIDIS（208ページ参照）と先住民の健康を促進するNGOのKAABAY（Kalusugan Alang sa Bayan, Inc.「人びとの健康」という意味）という二つの団体と同盟を組んだ。彼らが対峙したのは、バナナ産業の大手企業が集まったフィリピン人バナナ栽培者・輸出業者協会（以下、バナナ栽培者・輸出業者協会と記す。Pilipino Banana Growers and Exporters Association：ＰＢＧＥＡ）である。

「空中散布に反対する市民」の抗議は毎週のように行われた（**写真4－6**）。デモ隊は、ガスマスクをつけたドクロの絵や、「毒の雨に終わりを」と書かれた旗を掲げて、ダバオ市の中心部などを行進（**写真4－7**）。子どもたちは「私たちの生きる権利を尊重して！」と書かれた色鮮やかなポスターを掲げた。「死体になるまで待つな！」という恐ろしいメッセージつきの大きな帽子を持って、おとなと一緒に行進することもあった。２００６年10月27日にはスミフル・フィリピン社の提携会社の事務所に、死の象徴として12個の木棺を運び込んだ。「空中散布に反対する市民」のリーダーとなったダグは、木棺を指してこう述べた。

「この木棺を忘れないように。死は化学物質にさらされているお父さんやお母さん、そして何の罪もない子どもたちを奪い去るように、知らぬ間に近づいています。死は一番安全であるべき家庭にも忍び込んでくるのです」（MindaNews 2006）。

聴衆はハッと息をのんだ。

「空中散布に反対する市民」による9カ月間の抗議活動と真相究明の努力が実り、２００７年2月9日、当時のダバオ市長であったロドリゴ・ドゥテルテ氏（16年6月～フィリピン共和国大統領）は、ダバオ市における農地への空中散布を禁止する市条例（第０３０９-07号）に署名した。バナナ企業の圧力が強い地域でこうした条例が制定されたのは初めてであった。ただし、

写真４－６　「空中散布に反対する市民」のデモ、ダバオ市役所前（2006年８月26日、IDIS 撮影）

写真４－７　マニラ市でもドクロの絵を掲げてアピール（2009年９月４日、IDIS 撮影）

その後、法廷闘争が起こり、この条例は10年間にわたって一進一退することになる。

バナナ栽培者・輸出業者協会の巧みな言い分

バナナ栽培者・輸出業者協会は早速反撃にでた。2007年4月、加盟業者のダバオ・フルーツ社とラパンダイ社が空中散布を禁止するダバオ市条例の合憲性を地域裁判所で問い正す民事訴訟を起こしたのである。その5カ月後、地域裁判所は「ダバオ市条例は合憲である」との判決を下し、反空中散布運動は勝利した。

だが、その喜びは束の間のことであった。敗訴したバナナ栽培者・輸出業者協会は2007年11月にカガヤン・デ・オロ市にある控訴裁判所に上訴。これに対し08年末に「空中散布に反対する市民」は主張をアピールするため、2カ月半もの間、控訴裁判所の前で座り込んだ。09年1月、控訴裁判所は地域裁判所の判決に対して逆転判決を下し、空中散布の禁止令を「違憲」とする。これを受けてダバオ市議会と「空中散布に反対する市民」は同年10月にマニラ最高裁判所に上訴した。

空中散布を擁護するためにバナナ栽培者・輸出業者協会は、専門的な主張を展開して政府当局や一般市民を説得する戦略に打って出る。バナナ園の端から一定の距離になると散布を自動停止するノズルを備えたGPS付き飛行機などのハイテク機器の有効性を主張したり、風速時速4・8㎞以下のときにしか空中散布していないという基準を述べたりした。さらに、環境保護主義者が使用する「農薬カクテル」という用語を非難。「水カクテル」と呼ぶほうがふさわしいと述べた（Arquiza 2008）、実際の成分（水84％、バナナ油15％、殺菌剤1％）を並べ立てることもあった。また、農業省肥料農薬庁が認可した成分と許容量を守っているので、法律違反ではないと主張した（Tejano 2013）。

「空中散布に反対する市民」の運動に対してバナナ栽培者・輸出業者協会は、加盟企業の国連食糧農業機関（FAO）による「適正な農業生産工程管理、Good Agricultural Practice：GAP」の認証取得の事実も持ち出した。GAP認証を優良企業の証として利用し、権威ある人びとを安心させたのである（Tejano 2013）。

バナナ栽培者・輸出業者協会の代表者（スポークスマン）のスティーブン・アンティグ氏は、こう述べた。

「見落とされているのは、私たちが生産地より食品安全基準が厳しい国向けに農産物を生産しているという事実です。私たちは生産過程に特別な注意を払い、科学的に管理しています」

しかし、この主張こそが重要な点を見落としている。輸入国での食品安全基準は、輸入時に検出された農薬の残留量を調べるものであり、栽培段階まではさかのぼらない（Mendez et. al. 2018）。だが、バナナ栽培者・輸出業者協会は以下の三点を指摘し、自らの主張の正しさをアピールした。

①日本の輸入者および監督省庁から何も文句を言われていない。

②海外の環境保護団体からも何の声明もない。
③日本人消費者も沈黙し、クレームがない。

バナナ栽培者・輸出業者協会は、農薬に含まれる化学物質はごくありふれたもので、とくに気にするほどの害ではないという立場を取った。裁判官やマスメディアに対して、農薬の影響は、食塩やコーヒー、シャンプー、洗濯用石鹸や洗剤など家庭で日常使う多くのものと変わらないと説明したほどだ。

現代生活では毒物はありふれたものだと主張するこの比喩は、協会側に有利に働いた。クロロタロニル、ジフェノコナゾール、マンコゼブ(マンゼブ)などの農薬の名前は、あまりにも専門的すぎて、それがどれだけ有害であるか一般の人には容易に分からない。これに対し、日常品などとの比較は分かりやすく、毒物の危険性に対する感覚を鈍らせる。

加えてバナナ栽培者・輸出業者協会は、反空中散布の訴訟事件に注がれているエネルギーは無駄であり、雇用促進のために使うほうがましだと強調した。バナナ産業は農業部門において第二位の輸出額を誇り、地元で最大の雇用機会を提供している。官僚たちですら、空中散布は「大規模プランテーションにおいて最も効果的な農薬の使用法」であると言う。そして、その排除は、経済的かつ生態的な自殺行為であると主張した。

「空中散布に反対する市民」らが憲法に保障される健康な生活を送る権利を主張したことに対して、バナナ栽培者・輸出業者協会は次のように迫った(Bondoc 2009)。

「10万人の農業労働者と、バナナ産業に従事するそれ以上の人びとの生計手段を奪ったら、ＮＧＯは人びとの健康生活をどう保証するというのだ」

毒は量によるのか——現代の化学物質規制の危うさ

控訴裁判所による判決を受け、「空中散布に反対する市民」は戦略の見直しを迫られた。果たして、空中散布という農薬の散布方法を運動の焦点としたことは正しかったのだろうか。空中散布はバナナ園での農薬散布の一つの方法にすぎない。農薬は空から撒かなければ、地上から撒かれる。いずれにしても化学物質による被曝は免れない。ではなぜ、化学物質自体の規制をより厳格に求めようとしなかったのであろうか。

現在の化学物質規制は「毒は量による」という仮定にもとづいている。たとえば、科学技術社会論を専門とするボウディアとジャスは、著書『科学は無力か？毒物の世界における科学と政治』（２０１４年）で、個々の有効成分の「リスクと安全の分かれ目」は想像の産物でしかないと述べている（Boudia and Jas 2014）。

しかし、19世紀から今日までの化学物質規制は、その想像の産物を信用して形成されてきた（Boudia and Jas 2014）。バナナ栽培者・輸出業者協会は、まさに「毒は量による」という化学物質規制を根拠として空中散布の安全性を主張。たとえば協会の植物病理学者たちは公聴会で述べた（Bantay Kinaiyahan 2006）。

「なかなかお分かりいただけないのは、殺虫剤の量はめったに、いや、決して毒物とはならないということです。つまるところ、すべてのものには多少なりとも毒物が入っています。毒物と薬物の違いは、量が分かれ目になるのです」

「空中散布に反対する市民」は、「毒は量による」、つまり許容される被曝数値以下は無害であるという考え方に批判的だった。現場で労働者が企業から受ける説明についても懐疑的であり、信用していなかった。それゆえ、農薬の「中身」よりも散布「方法」を焦点化したことで、同じ土俵上での対抗を避けようとしたのかもしれない。

ある空中散布担当の労働者は、化学物質について企業からのアドバイスを受けた。

「作業後は、石鹸と水で化学物質をしっかり洗い流し、あとは休むように」

「個人用防護具(personal protective equipment：ＰＰＥ)を使用するように」

その程度であったと振り返る。しかも、会社が化学物質についてのオリエンテーションを開いたのは、彼が仕事に就いた数カ月後であった。会社側は、こう説明したという。

「50人を殺すには１kgの化学物質が必要です。そのような問題が起こることは想像しがたく、心配はありません」

彼が話す横から、友人が口をはさんだ。

「１kgの化学物質が体内に蓄積されたときにはどうなる？　死んじゃうだろうね。そういったことは、会社は説明していないよね」

つまり、どれだけの量なら安全なのかという数字は恣意的であり、しかも農薬散布に従事する労働者が累積して蓄積する被曝の現実は等閑視されていたのである(Krimsky 2014; Krupar 2013; Romero et. al. 2017)。

被曝許容閾値(ある反応を起こすのに必要な最少の量)は化学成分ごとに設定されている。そのため、科学者、テクノクラート、政策立案者は、累積的被曝、慢性的被曝、相互作用的被曝、低レベルの被曝に気がつきにくい。より死活的な問題は、化学物質が複数化合されて使用された場合の影響に関しては往々にしてデータがないということだ(Boudia and Jas 2014; Dunsby 2004; Harrison 2011; Guthman and Brown 2015)。

にもかかわらず、化学物質規制の一定の手続きに則ったリスク評価にもとづき、被曝許容閾値が決定される。それゆえ、科学技術を専門とする研究者は、化学物質規制は有効ではないと主張する(Dunsby 2004; Frickel and Edwards 2014; Jasanoff 1990, 1987; Boudia and Jas 2014; Frickel and Edwards 2014; Frickel et. al. 2010; Kleinman and Suryanarayanan 2013; Mayo and Hollander 1991)。

「空中散布に反対する市民」のダグは、ため息をついた。

「ここフィリピンでは、人を診る医者ではなく、植物の医者が、安全について語っている」

一対一の相関関係

「空中散布に反対する市民」は空中散布反対運動を展開するにあたって、クロロタニル、プロピコナゾール、マンコゼブなどの具体的な農薬の名称ではなく、「スプレー」「毒の雨」「化学シャワー」などの幅広い解釈ができる用語を使った。その結果、化学物質規制という信頼がおけない基準を根拠に闘うことは回避できた。しかし、そのことが運動を板挟みにする結果になろうとは、思いもしなかった。法的・科学的論争に必要な相関関係や因果関係を示せない立場に身をおくことになってしまったのである。

毒性学が専門で、フィリピン国際農薬行動ネットワークの地方コーディネーターでもあるロメオ・キハノ博士（フィリピン大学教授）は、「空中散布に反対する市民」の活動にいち早く参加した反対運動の中心的人物である。彼によれば、インドのケーララ州カサラゴドのカシューナッツ農園では、1973年からエンドスルファンがヘリコプターで散布されてきたという（209ページ参照）。その結果、推定6000人が重い先天的な精神的・肉体的障害（主に水頭症、てんかん、脳性小児マヒ）を負い、500人が死亡した。

このインドのカシューナッツ農園と、フィリピンの毒されたバナナ園には複数の共通点があるが、一つだけ大きな違いがある。カシューナッツ農園で撒かれていた農薬がエンドスルファンだけであったということだ。一種類の農薬が使われていたため、内分泌攪乱作用との関係を明らかにできた。これがエンドスルファン禁止運動に拍車をかけ、2011年に残留性有機汚染物質として禁止するストックホルム条約が成立。翌年には世界的に段階的廃止が決定された。一方、フィリピンのバナナ園では農薬カクテル、つまり混合された化学物質が使われている。そのため、それぞれの農薬と健康被害の因果関係を証明できないのである。

四　バナナ王のお膝元で

「空中散布に反対する市民」の運動は、ダバオ市を超えて広がっていった。とはいえ、すべての人びとが運動を歓迎したわけではない。

ダバオ市の東隣に、バナナ業界都市として知られるパナボ市（北ダバオ州）がある。パナボ市には、ダバオ流刑地を租借し、地続きの自社園と合わせて広大な土地を確保したタデコ社のバナナ園がある。タデコ社の創業者は、「フィリピンのバナナ王」と呼ばれるアントニオ・フロイレンド・シニアだ。

パナボ市では朝早くから、空中散布の飛行機が唸りをあげて農薬を撒く。だが、住民たちの生活は何事もなかったかのように続き、飛行機から放出される散布薬剤の臭いについて訴える人もいない。それどころか、同社のバナナ園内の沿道には、こんな旗が掲げられている。

「タデコと司法省更生局は我々の味方だ！」

「バナナ業界を救え！」

「NGO、出て行け！」とNGOへの恨みを公言する旗もある（**写真4―8**）。

旗の文言はときどき変わるが、メッセージの内容は変わらない。バナナ業界への忠誠を謳う

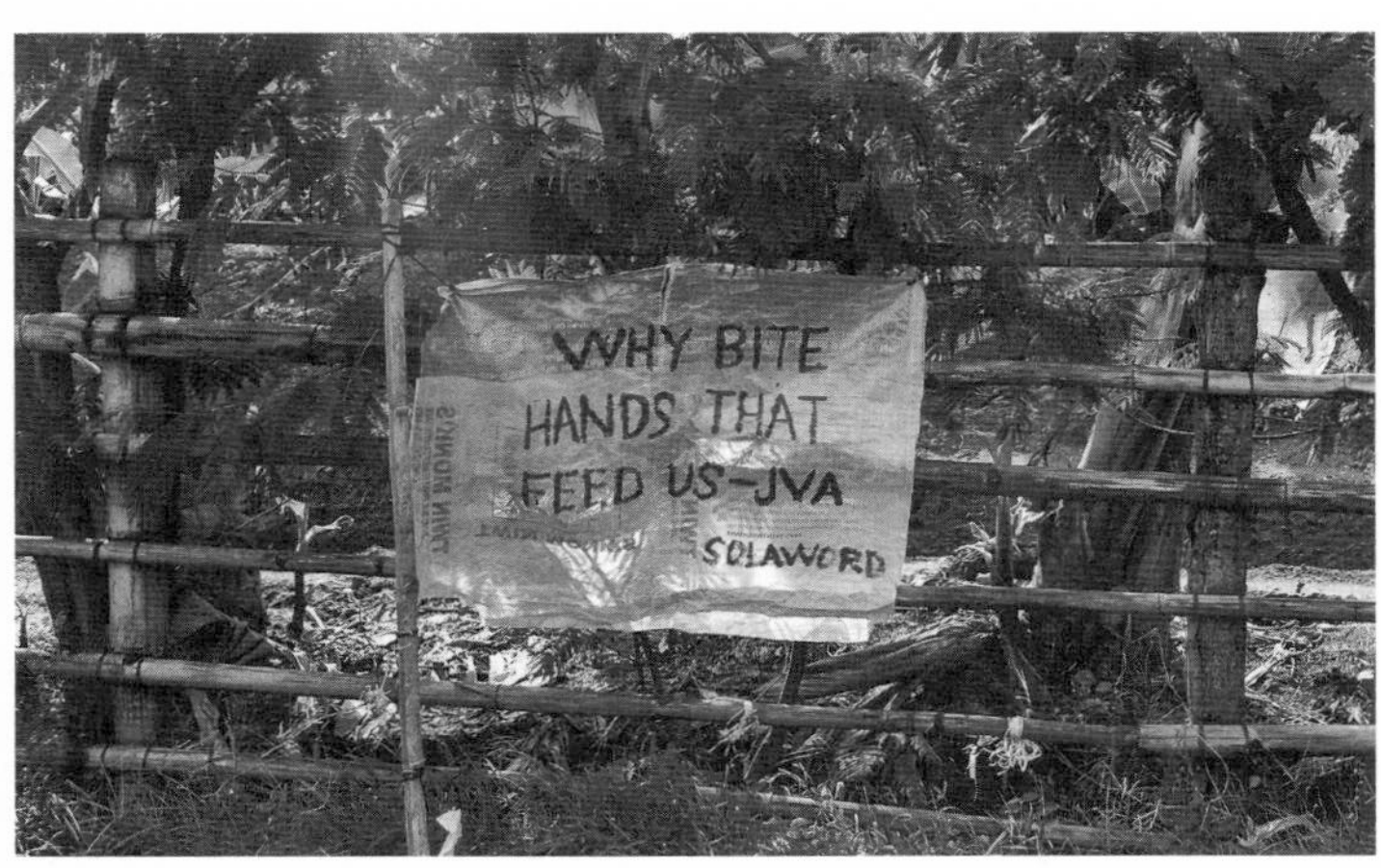

写真4―8　旗には「なぜ養い手である飼い主を咬むのか？」と、NGOへの批判が書かれている（パナボ市、2017年11月）

ものである。そして、忠誠の意志表明は、パナボ市の風景を縫うように連なっている。

旧パナボ市役所の正面には、ダバオ市在住の有名なアーティスト、クブライ・ミラン氏の大きなバナナ全房の彫刻の噴水がある。そこには次のような文言が刻まれている（**写真4―9**）。

「バナナは人間に対して寛大である。バナナは人間が実に届くよう腰をかがめてくれる。実は天からの恵みを受け取る両手のように、すべて上を向いている。その手と同じように、私たちは開発の恵みを得て、母なる自然に心を捧げる」

旧市役所は、フロイレンド・シニアに捧げる殿堂に改造されている。フロイレンド・シニアは、開発独裁政権を打ち立てたマルコス大統領の取り巻きであった。しかし、パナボ市と北ダバオ州の人びとにとって、フロイレンド・ラグダメオ一族[4]は慈悲深く、誇り高い市の族長といった存在だ。

写真４－９　バナナの全房の彫刻(旧パナボ市役所、2017 年 11 月)

写真４－10　旧パナボ市役所に展示されている子どもたちの絵(2017 年 11 月)

フロイレンド・シニアを顕彰する建物の一角に、開発や教育、家族、勤勉、愛国心などをバナナで象徴した作品が展示されている（**写真4―10**）。地元の学校の生徒たちが描いたものだ。それらの作品は、タデコ社のバナナ園が理想的なフィリピンの企業であるかのように訴えかけてくる。タデコ社は栽培地の飛び地に、カトリック教会、小学校、医療クリニック、食料品店、食堂、保養施設やスポーツ施設など、地元政府が嫉妬するような設備を整備している。バナナ園では皆が「家族」のようなのだ。族長のもとに一体感を感じさせる細かな仕掛けがあり、世代を超えた忠誠心が涵養されている。

パナボ市は２００９年から少なくとも4年間、9月11日をデモの日とした。13年9月11日にはパナボ市議会農業委員会の委員長を先頭に、農業省の地域事務所に大勢が集まり、プラカードを掲げた。

「空中散布に賛成！」

「バナナ園の発展は人びとの発展である！」

彼らは、ダバオ市の空中散布禁止条例や拡大した「空中散布に反対する市民」の活動が非常事態であると言わんばかりに、「9―11　ＳＯＳ（Save Our Sagingan, サギガン（バナナ園）を救え）」をスローガンに掲げた。ＳＯＳ運動は、住民の健康を証明するため、２０１１年9月11日にはマラソン大会を催したほどだ。

一方、北ダバオ州では、故郷や家族を裏切る後ろめたさを感じずに「空中散布に反対する市民」の活動に関わることは、難しいようだ。それは、「空中散布に反対する市民」に法律のアドバイスを提供する30代の若い弁護士の言葉にも表れていた。彼に運動を支える訳を聞くと、「私は偽善者なのでしょうか」と半分冗談めかして答えた。

「私が法学部で勉強できたのも、じつは（私の両親の大きなバナナ園での）雇用があったからなんです」

北ダバオ州では空中散布は普通のことだったと語り、父親の叔父は無料で農薬が自分の農園に降り注ぐことを喜んでいたとも言った。

「空中散布に反対する市民」もバナナ産業自体には反対していない。空中散布に反対し、地上からの散布に切り替えるようにと要求しているのだ。しかし、企業側は、地上からの散布のほうが労働者にとっては危険が高いと主張する。

北ダバオ州での反空中散布運動と反・反空中散布運動の展開。これをどのように解釈したらいいのだろうか。二つの相異なる運動を見て、農薬はある労働者には有害で、別の労働者には影響を与えないと解釈するなら、それは事態の本質を見誤ることになろう。ここに表れているのは、北ダバオ州でバナナ産業が持つ影響力の大きさだ。

一方、反・反空中散布運動により、ダバオ市の「空中散布に反対する市民」の運動は予期せぬ方向からも攻撃を受けた。リーダーのダグは、こんな皮肉を言った。

「かつては、私たちはスティーブン・アンティグ（バナナ栽培者・輸出業者協会代表）に対抗していました。いまは、小規模栽培者にも対抗しなくてはなりません。私たちはまるで協会の闘鶏のように決闘させられているのです」

パナボ市のタデコ社のバナナ園の沿道には、ダグたちの顔に「ＮＰＡ」すなわち、共産党系の軍事組織である新人民軍(New People's Army：ＮＰＡ)と記したポスターが吊るされるようになった。２０１６年ごろから、新聞記事やブログ記事などにもこの誤った告発がなされた(Sunstar Philippines 2016; Zabala 2016)。「空中散布に反対する市民」の活動家たちは、本来なら同志となる多くの人たちを敵に回してしまったのである。

五　人間が大切にされていない

空中散布は禁止されていたけれど……

一方、北コタバト州では空中散布は禁止されている。同州マキララ町のB村にはドール・スタンフィルコ社のバナナ園がある。このバナナ園では週に2～3回、ブームスプレーヤーによる農薬散布が行われる。しかし、散布の予定は天気しだいで頻繁に変更される。空中散布のように厳しい規制がないため、住民に散布予定は周知されていない。

このB村に「カピタン」と呼ばれる人物がいた。長年にわたって村長(カピタン Kapitan)を務めた男性だ。彼の家はバナナ園から5mしか離れていない。勤勉なカピタンは、毎朝日の出前に起床し、5時には家の外のテラスでコーヒーを飲んだ。朝のコーヒータイムは、ちょうどブームスプレーヤーが農薬を噴霧する時間帯に重なっていた。

都市で勤務するバナナ栽培者・輸出業者協会加盟のバナナ企業の社員は、エアコンが効いた部屋で働く。移動もエアコン付きの車。閉じられた空間を次から次へと移動するライフスタイルだ。それに対しB村では、誰一人エアコン付きの家に住んでいない。風通しを良くするため、扉や窓を開けている。そこから農薬の臭いが入ってくる。

カピタンの身体は2016年2月にマヒするようになった。多くの病院で診てもらったが、原因は分からない。最後の望みとして有名な民間治療を受けると、農薬の毒によるものだと言われた。それを聞くと彼は驚き、寝たきりではあったが解放されたような気持ちで涙を流したという。カピタンは同年12月に息を引き取った。

地元の病院では、農薬と病気の因果関係は解明できなかった。カピタンはヘビースモーカーであったので、それが原因だったのかもしれない。だが、彼の娘はこんなことを言った。

「多くの人はこれが現実だと割り切るでしょう。ここにいる若者は、いい空気というものを知らずに育ちます。身体や家が毒されていることにすら気がつかないような地獄に住んでいるということに、私は気がつきました」

最高裁判所の判決

フィリピン最高裁判所は2016年8月16日、空中散布を禁止するダバオ市条例第0309–07号に対し「無効」および「違憲」であるとの判決を下した。判決は3つの法的根拠にもとづいている。第一に、同条例は憲法の「適切な法の手続条項なしに、何人もの生命、自由、財産を奪ってはならない」という条項に違反する。第二に、同条例は憲法の平等保護条項にも違反する。第三に、農薬空中散布の禁止は、管轄当局である農業省肥料農薬庁に対する越権行為である。

最高裁判所は、国民の「生命」「自由」ではなく、それらを脅かす空中散布を行う企業の「財産」の保障を優先したのである。

「空中散布に反対する市民」の活動家たちは気が動転した。辛辣な皮肉にすら感じられた。というのも、北コタバト州とブキドノン州で空中散布禁止条例を認めた政府が、ダバオ市ではそれを違憲としたからだ。両州の条例は、家畜業界の陳情によって制定されていた。ダグは次のように述べた。

「ブキドノン州や北コタバト州では2001年に空中散布が禁止されました。そこには豚小屋、鶏小屋、牛の牧場がありました。家畜が死んでしまうから、空中散布はできないというのです」

そして、バナナなどの商品として売れる作物や動物の命だけが政府の保護にふさわしいという突き付けられた苦い現実を、こう言い表した。

「ブキドノン州は、貴重な家畜がいて幸いでした。ダバオには、人間しかいません」

その後も、輸出用バナナ園では農薬が空中散布されている。第XI(ダバオ)地域では、その散布方法を規制する法律は成立していない。フィリピンの反農薬空中散布活動家は、2016年の最高裁判決に対して再審理の申立てを行い、ロビイングを継続中だ。

アメリカ、カナダ、ニュージーランド、インド、さらにヨーロッパの複数の国では、空中散布を禁止しようとする運動が台頭し、彼らは世界中の同志からの激励に勇気づけられている。現在では、デンマーク、エストニア、スロベニアで完全に禁止され、イタリア、キプロス、オーストリア、ベルギーでは部分的に禁止された。運動家たちは強敵を相手に、いつの日かこれらの国のリストにフィリピンが含まれる日が来ることを願っている。


〈郁金香訳〉

(1) バナナの葉に斑点が出ることから、バナナ斑葉病とも呼ばれる。
(2) ドメン氏の場合を含み、栽培契約であっても、農薬散布の方法や回数などの栽培方法は企業に決定権があり、その費用を地主が支払うことが慣行となっている。
(3) バリガイン(Balingain)村、トゥグボク(Tugbok)村、シリブ(Sirib)村、ワガン(Wangan)村、タマヨン(Tamayong)村、ラクソン(Lacson)村、ティガト(Tigato)村、ダクダオ(Dakudao)村、マヌエル・ギアガ(Manuel Guianga)村。
(4) フロイレンド・シニアの長女は、北ダバオ州に政治地盤を築くラグダメオ一族の男性と結婚した。息子のアントニオ・ラグダメオ・ジュニアは、フロイレンド・シニアの息子とともに北ダバオ州選出の下院議員を１９９８年から２０１９年まで交代で務めてきた。

〈参考文献〉

Arquiza, Yasmin D.（2008） Davao City Govt , Farmers Push Ban on Aerial Pesticide. *GMA News.* October 13. https://www.gmanetwork.com/news/news/specialreports/126671/davao-city-govt-farmers-push-ban-on-aerial-pesticide-spraying/story/.（２０１８年６月６日アクセス）

Bantay Kinaiyahan.（2006） People vs. Profit: A Briefer on the Ban Aerial Spraying Campaign in Davao. Interface Development Interventions, Inc.

Bondoc, Jarius.（2009） Experts Can't Agree on Aerial-Spray Ills. *PhilStar Global.* August 24. https://www.philstar.com/opinion/2009/08/24/498418/experts-cant-agree-aerial-spray-ills.（２０１９年２月１日アクセス）

Boudia, Soraya, and Natalie Jas.（2014） *Powerless Science? Science and Politics in a Toxic World.* New York: Berghahn Books.

Churchill, Alice C. L.（2011） Mycosphaerella Fijiensis, the Black Leaf Streak Pathogen of Banana: Progress towards Understanding Pathogen Biology and Detection, Disease Development, and the Challenges of Control. *Molecular Plant Pathology* 12: 307–328.

Dunsby, Joshua.（2004） Measuring Environmental Health Risks: The Negotiation of a Public Right-to-Know Law. *Science Technology and Human Values* 29（3）: 269–90.

Frickel, Scott, and Michelle Edwards.（2014） Untangling Ignorance in Environmental Risk Assessment. In *Powerless Science? Science and Politics in a Toxic World,* edited by Soraya Boudia and Natalie Jas. New York: Berghahn.

Frickel, Scott, Sahra Gibbon, Jeff Howard, Joanna Kempner, Gwen Ottinger, and David J. Hess.（2010） Undone Science: Charting Social Movement and Civil Society Challenges to Research Agenda Setting. *Science, Technology & Human Values* 35（4）: 444-73.

Fungicide Resistance Action Committee.（2016） Fungicide Resistance Action Committee Minutes 2016 Meeting. https://www.frac.info/docs/default-source/working-groups/banana-group/group/2016-meeting-minutes--english.pdf?sfvrsn=5cfe4a9a_2.（２０１９年２月19日アクセス）

Guthman, Julie, and Sandy Brown.（2015） Whose Life Counts: Biopolitics and the 'Bright Line' of Chloropicrin Mitigation in California's Strawberry Industry. *Science Technology and Human Values* 41（3）: 461-82.

Harrison, Jill Lindsey.（2011） *Pesticide Drift and the Pursuit of Environmental Justice.* Cambridge, Massachusetts: MIT Press.

Jasanoff, Sheila.（1987） Contested Boundaries in Policy-Relevant Science. *Social Studies of Sciences* 17: 195-230.

Jasanoff, Sheila.（1990） *The Fifth Branch: Science Advisers as Policy-Makers.* Cambridge, Massachusetts: Harvard University Press.

Kleinman, Daniel L., and Sainath Suryanarayanan.（2013） Dying Bees and the Social Production of Ignorance. *Science, Technology, & Human Values* 38（4）: 492-517.

Krimsky, A.（2014） Low Dose Toxicology: Narratives from the Science-Transcience Interface. In *Powerless Science? Science and Politics in a Toxic World,* edited by Soraya Boudia and Natalie Jas, 234-53. New York: Berghahn.

Krupar, S.（2013） *Hot Spotter's Report: Military Fables of Toxic Waste.* Minneapolis, MN.

Mallo, Carlo P.（2010） Exec: Banana Industry Saves Davao Economy from Collapse. *SunStar News,* January 11.

Mayo, Deborah G and Rachelle. D. Hollander.（1991） *Acceptable Evidence: Science and Values in Risk Management.* Oxford, UK: Oxford University Press.

Mendez, Annelle, Luisa E. Castillo, Clemens Ruepert, Konrad Hungerbuehler, and Carla A. Ng.（2018） Tracking Pesticide Fate in Conventional Banana Cultivation in Costa Rica: A Disconnect between Protecting Ecosystems and Consumer Health. *Science of the Total Environment* 613–614: 1250–62.

MindaNews.（2006） 12 'Coffins' for Banana Firm in Protest vs. Aerial Spraying, *MindaNews.* October 28. http://www.mindanews.com/c3-news/2006/10/12-coffins-for-banana-firm-in-protest-vs-aerial-spraying/.（２０１８年５月４日アクセス）

Romero, Adam M., Julie Guthman, Ryan E. Galt, Matt Huber, Becky Mansfield, Suzana Sawyer, Adam M Romero, et. al.（2017） "Chemical Geographies." *GeoHumanities* 3(1). Routledge: 158–77.

Sasin, Anthony B.（2010） Speak Out: No Aerial Spraying Ban from WHO. *SunStar News.* February 11. http://www.sunstar.com.ph/article/177820/Speak-Out-No-Aerial-Spraying-Ban-from-WHO.（２０１８年５月５日アクセス）

SunStar Philippines.（2016） NPA Attacks Displace 1,500 Plantation Workers. *SunStar Philippines.* August 19. https://www.sunstar.com.ph/article/92970/Business/NPA-attacks-displace-1500-plantation-workers.（２０２０年６月27日アクセス）

Tejano, Ivy C.（2013） To Spray or Not to Spray. *SunStar News.* July 28. https://www.sunstar.com.ph/article/296743.（２０１８年５月５日アクセス）

Zabala, Rigor.（2016） Anti-aerial Spray Group Linked to Communist Rebels. *Durian Post Mindanao.* August 19. https://durianburgdavao.com/2016/08/19/anti-aerial-spray-group-linked-to-communist-rebels/.（２０２０年６月27日アクセス）

第5章

多国籍アグリビジネスの再編と新たな「規制」枠組み

関根佳恵

一　多国籍アグリビジネスとバナナ

バナナが今日のように国際的に取引きされる商品となったのは、その生産から流通、販売に至る戦略を構築した多国籍アグリビジネスの事業展開によるところが大きい。多国籍アグリビジネスは、植民地時代から続く国際分業と近代的農業を前提としてグローバルなバナナビジネスを形成し、時代の変化の中で柔軟にその事業を再編しながら、現在まで存続している。しかし、その操業実態は鶴見良行（１９８２）や中村洋子（２００５）が批判的に検証した時代を経てなお、持続可能なモデルに転換したとは言いがたい。国際社会は、多国籍アグリビジネスに責任ある行動を求めて、新たな規制枠組みの構築を目指している。

本章では、第一に、多国籍アグリビジネスがどのようにバナナビジネスを形成し、再編してきたのか、事業再編を可能にしたイノヴェーションにも注目しながら描く。第二に、多国籍アグリビジネスがその事業に対する批判をどのようにビジネスに取り入れようとしているのか、グリーンキャピタリズムという概念に言及しながら検討する。第三に、新たに構築されつつある多国籍アグリビジネスの国際的「規制」の動きについて、近年の国連の動向を中心に紹介する。最後に、持続可能な未来にむけて、私たちができることは何かについて考える。

二　多国籍アグリビジネスによるバナナビジネスの形成と再編

ポスト植民地時代[1]のバナナビジネス

バナナは東南アジアが原産地であり、人類が野生種を栽培し始めたのは５０００～１万年前にさかのぼる(鶴見１９８２)。主食として供されるバナナは、長らく自給自足の農産物として小規模に育てられてきたが、20世紀になって甘いグロスミッチェルやキャベンディッシュといった品種が国際商品となり、「北」の「先進国」の消費者に届けられるようになった。このバナナは、「南」の「途上国」の農家が裏庭などで生産しているバナナではない。多国籍アグリビジネスが輸出用に大規模なプランテーションで生産したバナナ、あるいは多国籍アグリビジネスに販売するために契約農家が栽培したバナナである。

日本ではフィリピン産バナナが市場を席巻しているが、これは自由な市場競争の結果というより、バナナビジネスを展開する多国籍アグリビジネスの事業戦略の結果である。バナナビジネスを展開する多国籍アグリビジネスの多くは19世紀に創業し、20世紀に本格的なバナナビジネスに着手した。

主にアジア市場向けのバナナはフィリピンで、北米市場向けのバナナは中南米で、欧州市場向けのバナナはアフリカやカリブ海諸国および中南米で生産されている。これは、バナナの消費地である「北」の国々と産地である「南」の国々の間の歴史的・地理的・政治的・経済的結びつきの深さを思い起こさせる国際分業体制である。こうした分業体制は、植民地時代から続く一次産品供給地としての「南」とその消費および利潤獲得企業の本拠地としての「北」という構図をポスト植民地時代の現在にまで色濃く残している。

市場の自由化とバナナ貿易戦争

第二次世界大戦後のＧＡＴＴ（関税及び貿易に関する一般協定）体制のもとで１９６０年代初頭にバナナの貿易が自由化されると、その国際貿易は一気に活発化した（関根２００７）。産地では大規模なプランテーションが開発され、フザリウム萎凋病[2]や輸送に耐えるキャベンディッシュの誕生、大型船による輸送体制と燻蒸設備の建設、防疫体制や広域・低温流通体制の整備がなされる。こうして、バナナは高嶺の花から大量生産・大量消費される最も庶民的な果物に変貌した。

その後、ＧＡＴＴウルグアイ・ラウンド（１９８６～94年）の農業交渉とＷＴＯ（世界貿易機関）体制への移行の中で、バナナの貿易をめぐって国際的な対立が鮮明になる。これは「バナナ戦争」として知られている（Josling and Taylor 2003）。事の発端は、93年に誕生したＥＵの単一市場におけるバナナ事業ライセンスをめぐるＥＵとアメリカの対立にある。

フランスのように、アフリカやカリブ海、太平洋（Africa, Caribbean, and Pacific：ＡＣＰ）地域の国々に旧植民地や海外領土をかかえる国があるＥＵは、１９７５年にＡＣＰ地域の45カ国とロメ協定を締結して、ＥＵ市場への特恵的アクセスや欧州開発基金による支援を行ってきた（田中２００９）。ＥＵのバナナ事業ライセンスはこうした歴史を反映していたが、最恵国待遇を全加盟国に与えることを原則とするＷＴＯルールに抵触するとの批判を受ける。その結果、ロメ協定はコトヌー協定（２００２年発効）に移行し、ＥＵとＡＣＰ諸国はＷＴＯに整合的な経済連携協定（ＥＰＡ）を締結する方向で調整している。

ＧＡＴＴ・ＷＴＯ体制のもとで恩恵を受けたのは、グローバルにバナナビジネスを再編した多国籍アグリビジネスである。市場の自由化や最恵国待遇ルールの適用により、旧宗主国と旧植民地諸国の間で形成されてきた国際分業体制が再編されることになり、バナナを取り扱う多国籍アグリビジネスの間で提携や買収が相次いだ。たとえば、ドール・フード社は１９９２年にフランスのバナナ流通大手企業フリュイティエール社と業務提携、のちに資本提携した。

ポスト植民地時代の性格を色濃く残しながらも、「南」と「北」のつながりは伝統的な旧植民地・宗主国の関係を超えて、多国籍アグリビジネスがグローバルに結び直しているのである。

イノヴェーションとバナナビジネスの再編

２０００年代にＥＵとアメリカの「バナナ戦争」が一段落してからも、多国籍アグリビジネスによるバナナビジネスの再編は続いている。その要因を消費市場の側から分析してみよう。

図5―1　世界各国・地域のバナナ輸入量のシェア（2018年）

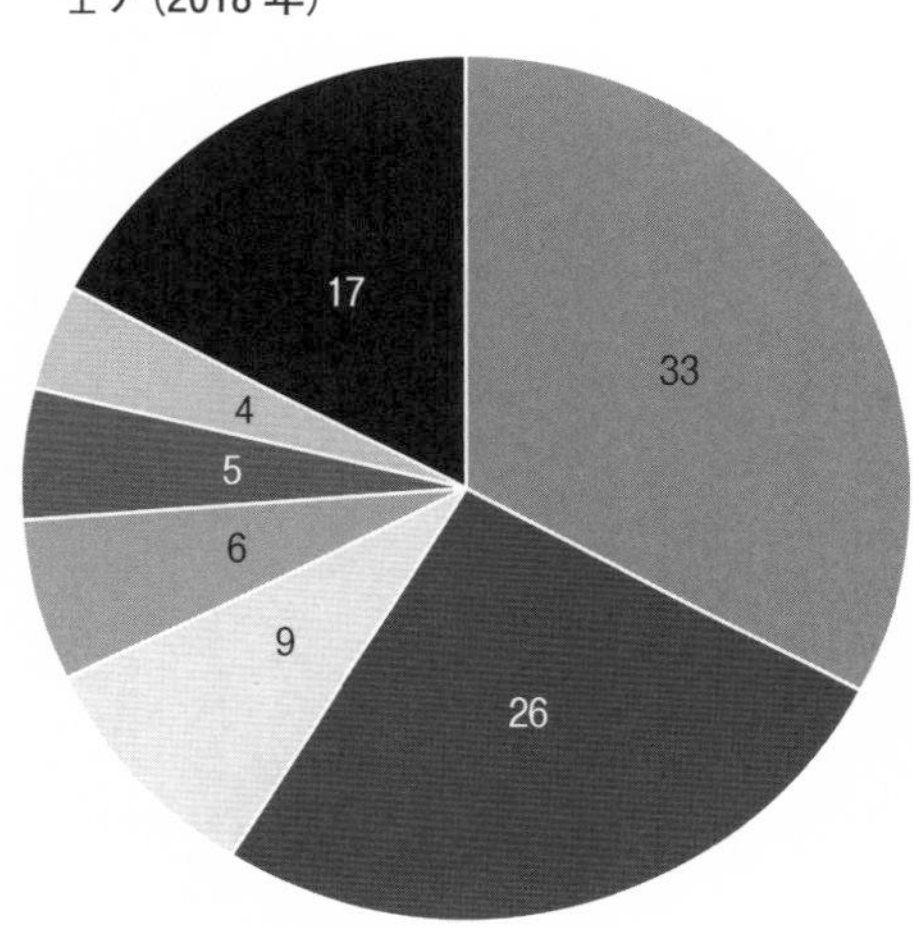

■EU、■アメリカ、□ロシア、■中国、■日本、■中南米、■その他。

（出典）FAO（2019a）より筆者作成。

第一に、20世紀までは北米市場、欧州市場、日本市場がバナナの主要な消費地であったが、新興経済諸国（BRICS）[3]の台頭や日本などの既存市場における飽和化・高齢化・人口減少などにより、消費市場は再編された（**図5―1**）。EUは東方拡大により加盟国28カ国、人口5億人超の巨大市場となり、世界のバナナ輸入量の33％を占める（2018年）。アメリカはEU市場に次いで26％を輸入しているが、日本市場のシェアは5％に後退した。代わってロシア（9％）と中国（6％）が台頭し、バナナ輸出地域である中南米も4％を占める。

アジア市場では、日本は唯一のバナナ輸入国ではなくなり、中国や韓国、香港、シンガポールが重要な市場として成長した（高2004）。2017年現在、日本の年間バナナ輸入額が8・5億USドルであるのに対し、中国6・3億USドル、韓国3・7億USドル、香港0・5億USドル、シンガポール0・3億USドルである（FAOSTAT）。

近年、中南米諸国で蔓延しているフザリウム萎凋病は台湾やフィリピンの産地でも罹患が拡大しており、バナナの供給量が減少している。こうしてみると、品薄のバナナを消費国が奪い合っているように錯覚するかもしれない。

しかし、バナナの生産国と消費国の双方で操業している多国籍アグリビジネスからしてみれば、利益を最大化できるように企業内貿易を通じて消費国に振り分けていることが指摘されてきた（高2004）。たとえば、フィリピンのバナナ生産・輸出も、日本や韓国、中国の市場の輸入・販売も同一の多国籍企業が担うため、売れ残りなく効率的に高値で売れるタイミングや市況をみて供給を調整することが可能になっている。

域内のこうしたビジネスモデルを可能にしたのは、技術イノヴェーションである（高2004：関根2007）。たとえば日本では、流通段階のコールドチェーン構築、小売段階のPOSシステムの導入、ビッグデータ解析技術の発達などにより、綿密な販売予測とアジアの他の市場との間の供給調整が可能になった[4]。その背景には、1990年代からの小売業規制の緩和と多国籍アグリビジネスの流通・小売事業の垂直的統合の進展がある[5]。

たとえば、ドール・フード社は日系企業と提携しながら青果物流通事業に進出しており、大規模化する国内のスーパーチェーンの店舗に2000年代から前記のサービスを提供し始めた[6]。文字どおりフィリピンのバナナ生産から日本の小売段階に至る多国籍アグリビジネスの事業マネジメントは、バナナの価格形成のあり方にも大きく影響している。

バナナビジネスのグローバルな再編は続く。2009年の世界経済危機の影響を受けたドール・フード社は、13年に加工食品部門とアジア地域の青果物部門を伊藤忠商事に売却した(Dole Food Company 2019)。また、14年には保有していたフランスのフリュイティエール社の株式40%を創業者らに売却し、1992年から続けていた提携関係を解消した(Compagnie Fruitière 2019; Les Echos 2015)[7]。

一方で住友商事は、2002年からドール・フード社および伊藤忠商事とバナナの生産および流通事業において業務提携している(関根2007)。さらに、2017年にアイルランドのファイフス社を買収し(住友商事2019)、19年には子会社のスミフル・シンガポール社を合弁相手企業ソントン・ベンチャー社に売却することを発表した(スミフル2019)[8]。私たちの目には届かないところで、バナナビジネスは変化を続けている。

三　多国籍アグリビジネスの新たな戦略——オルタナティヴを「盗用」する

多国籍アグリビジネス批判から生まれたオルタナティヴ

鶴見(1982)がフィリピン産バナナの農薬禍や労働者の実態を描いたことで、日本の消費者の間では農薬に汚染されたバナナのボイコット[9]や、安全で社会的により公正なバナナを求める機運が高まった。市橋（２０１８）は、日本におけるオルタナティヴなバナナ貿易、すなわちバランゴンバナナの民衆交易事業が、生活協同組合の組合員と結びつきながら発展してきたことを指摘している。

国際的にも多国籍アグリビジネス批判が高まる中で、１９９０年代ごろからバナナのフェアトレードが注目されるようになる。時を同じくして、食品の安全性や環境問題への意識の高まりから、有機栽培バナナの需要も高まった。しかし、中村（２００５）が指摘するように、この時期はＧＡＴＴ・ＷＴＯ体制のもとで多国籍企業の国際的規制枠組みを構築しようとしていた国連の多国籍企業センターが閉鎖されるなど、国際的な多国籍企業規制の枠組みが後退し、強制力のある規制から企業の社会的責任（ＣＳＲ）といった自主的取り組みと任意の第三者認証制度に委ねる方向が強まった時期とも重なる。

オルタナティヴを「盗用」する

フェアトレードや有機栽培といったオルタナティヴとしてのバナナ消費が顕在化するなかで、多国籍アグリビジネス自身もまた、この成長著しい市場に参入することを選択した（関根２００７）。折しも、１９９０年代にはフェアトレードや有機栽培のラベル認証制度がスタート、環境に配慮していることを示す環境基準であるＩＳＯ１４０００シリーズやグローバルＧＡＰ、レインフォレスト・アライアンス、労働者の権利保護を意味するＳＡ（Social Accountabity）

8000といった任意の認証制度が次々に登場した。

多国籍アグリビジネスは積極的にこれらの認証を取得するとともに、CSRとして自社の貢献をアピールするツールとイメージ向上の機会を得たのだ。こうした事業戦略は、オルタナティヴの「盗用」(appropriation)として知られている。

しかし、残念ながら第三者認証の取得は、多国籍アグリビジネスの操業実態の改善につながっているとは必ずしも言えないようである。Feral ら(2006)によると、中南米諸国のドール・フード社系プランテーションを調査したところ、ISO14000を取得したコスタリカのプランテーションで農薬の大量流出と水系での魚の大量死が起きていたこと、フィリピンやコスタリカのSA8000認証を受けた農園の多くには労働組合がなく、末端の生産現場における労働条件は改善されていないという。

関根(2018)は、フィリピンにおける多国籍アグリビジネスの操業が、いまだに現地の環境と労働者および地域住民の安全と健康に影を落としていることを指摘した。たとえば、ドール・フード社のバナナ・プランテーションはフィリピン政府によって環境に配慮した農場であるという認定を受けているが、その水系では水資源や水生動物の減少が住民によって確認されている。

このように、今日の多国籍アグリビジネスの資本蓄積は、環境保護運動からの要求や、フェアトレード、消費者の健康問題などに取り組む活動家たちが提起した包括的な問題を選択的に取り込むことで成立している。これらの諸社会運動の圧力に対応するかたちで生まれた資本蓄積体制をフリードマン（２００６）は「グリーン・キャピタリズム」と呼ぶ。

この体制のもとで、多国籍アグリビジネスは市民の要請に対応しつつ、自らの資本蓄積過程に適合的な「規制」をつくり出す。「グリーン・キャピタリズム」は一見すると消費者や環境に優しいようだが、実際には実態を覆い隠しながら企業が資本蓄積を行っている。企業による自主規制の隆盛とそれに伴う認証ラベルの氾濫と錯綜、選択肢の多様化により、市民運動が拠り所としていた多国籍アグリビジネスに対する対抗軸は以前より見えにくくなってきたのではないか。

四　新たな「規制」枠組みの構築

国連の責任ある投資イニシアティヴと世界バナナ・フォーラム

このように多国籍アグリビジネスは、その事業展開に対する社会的批判に柔軟に対応しながらバナナビジネスを再編しているが、その操業実態に対する批判が止んだわけではない。国際社会はいまだに、強制力のある多国籍アグリビジネス規制の枠組みを構築できずにいる。しかし、多国籍アグリビジネスに責任ある行動をとるように求める国際的包囲網は着実に築かれつつある。

たとえば、国連食糧農業機関（ＦＡＯ）は２００９年から世界バナナ・フォーラム（World Banana Forum：ＷＢＦ）を組織した。そして、世界各地域の多国籍アグリビジネス、大手小売企業、貿易会社、生産者、労働組合、消費者団体、政府、研究機関、市民団体とともに、持続可能な生産システム（環境的持続可能性）、価値の再配分（経済的持続可能性）、労働者の権利（社会的持続可能性）について対話を続けている（World Banana Forum 2019）。

また、国連世界食料保障委員会（Committee on World Food Security：ＣＦＳ）は、その諮問組織である専門家ハイレベルパネル（ＨＬＰＥ）の報告書（HLPE2013）をふまえて、国連の責任ある農業投資（Responsible Agriculture Investment：ＲＡＩ）を大幅に改定して「ＣＦＳ責任ある農業投資」（ＣＦＳ-ＲＡＩ）の10原則を２０１４年に発表した（CFS2014）。ＦＡＯなどは、この原則に則って行動することを多国籍アグリビジネスに働きかけてきた。[10]

たとえば、２０１９年現在、「ＣＦＳ責任ある農業投資」と世界バナナ・フォーラムはチキータ・ブランズ・インターナショナル社と連携して、栽培するバナナ品種の多様性を高め、生物多様性に関する消費者意識向上を図る取り組みを行っている。さらに、バナナの契約農業の透明性と公平性を高めるために、ビットコインなどの仮想通過の取引で用いられる「ブロックチェーン」の手法を取り入れることを検討中である（FAO2019b）。

国連の「家族農業の10年」と「農民の権利宣言」

多国籍アグリビジネスの企業行動や関連する政府の政策に対して、間接的に影響を及ぼすと考えられるのが、小規模・家族農業を重視する近年の国連の政策である。国連総会は、２０１１年に国際家族農業年（２０１４年）を、17年に「家族農業の10年」（２０１９〜28年）を設置することを決定し、18年には「農民の権利宣言」を採択した（小規模・家族農業ネットワーク・ジャパン編２０１９）。また、国連世界食料保障委員会は市民社会メカニズムを通じて、小規模農業を持続可能なかたちで市場に結びつけることの重要性を指摘して、政策的支援を訴えている（CFS-CSM2018）。

こうした枠組みの中で、国連は農民と農村で働く人びとの食料主権や土地への権利、種子への権利、団結権などを謳い、多国籍アグリビジネスの操業で権利を侵害されている人びとの権利回復と持続可能な社会への移行を後押ししようとしている。このような国際社会の潮流は、バナナ・プランテーションで農薬禍の危険に直面している労働者、団結権を脅かされている労働者、安全な空気や水を入手することが困難になっている農民や地域住民にとっても、大きな意味を持つ。

新たな「規制」の可能性と課題――持続可能な未来のために

以上のように、多国籍アグリビジネスのバナナビジネスは、法的拘束力がない任意の自主規制とマルチステークホルダー（多様な利害関係者）による監視と対話にその「規制」が委ねられている。これは、中村（2005）が指摘した公的規制の後退の延長線上に位置づけられる流れであり、強制力のあるハード法（Hard Law）に対してソフト法（Soft Law）による「規制」と呼ばれる（Kirton and Trebilcock 2004）。この新たな「規制」がどこまで実効性を担保できるのか、そして持続可能な社会への移行に寄与できるのか、試行錯誤が続いている。

このような状況下で私たちにできることは、第一に、多国籍アグリビジネスの操業実態に関心を持ち、企業に情報開示と責任のある行動を求めていくこと、第二に、日々の投票行動として倫理的消費と呼べるバナナを選ぶこと（第7章2参照）、第三に、より実効性のある多国籍アグリビジネスの公的規制の制度化を政治に求めていくことではないだろうか。それは、「北」と「南」の人びとが取り結べるもう一つの関係性、すなわち地球市民としての連帯である。

（1）20世紀後半に進んだ脱植民地化後の時代を指す。多くの旧植民地では、独立後も植民地時代の経済・社会構造や旧宗主国の影響が続いている。
（2）通称「パナマ病」と呼ばれる場合があるが、国のイメージ悪化を懸念するパナマ共和国政府の要請により「パナマ病」「新パナマ病」といった呼称は国際的に用いないことになっている。
（3）ブラジル、ロシア、インド、中国、南アフリカの頭文字をとった表現である。
（4）販売時点（Point of Sales）にバーコードの自動読み取りによって集められる情報の管理システム。商品名、価格、数量、販売時間、店舗の場所などの大量の情報は高速度で分析され、商品の仕入れや販売の計画に活用される。

（5）こうしたシステムの活用によって、あるスーパー店舗における顧客層、その購買行動、天候や気温による購買額や品目の変化などの綿密な予測が可能になっている。各店舗のバナナ販売量を正確に予測できれば、国ごとの供給量を管理できる。

（6）生産・流通・小売といったフードチェーンの異なる段階を、同一企業や同一企業グループが資本提携や合併などを通じて統合することをいう。ヴァーティカル・インテグレーションに同じ。

（7）提携関係解消に至った経緯は述べられていないが、ドール・フード社のグローバルな事業再編の一環と考えられる。

（8）この事業売却については、スミフル・シンガポール社の子会社のスミフル・フィリピン社に関わる労働争議が影響しているのではないかと考えられる（第3章2参照）。

（9）ここでは、組織的に特定の商品を買わない不買運動を指す。

（10）ＦＡＯの「ＣＦＳ責任ある農業投資」担当者に対する筆者のインタビュー調査（２０１９年2月18日、ローマ）による。

〈参考文献〉

市橋秀夫「バランゴンバナナ民衆交易の歴史と特色」『バナナとフィリピン小規模零細農民――バランゴンバナナ民衆交易の現状と課題』埼玉大学教養学部・大学院人文社会科学研究科、２０１８年。

高漢錫『韓日両国におけるバナナのフードシステムに関する実証的研究―フィリピン産バナナをめぐる韓日両国のバナナ市場を中心に―』京都大学大学院農学研究科修士論文、２００４年。

小規模・家族農業ネットワーク・ジャパン編『よくわかる国連「家族農業の10年」と「小農の権利宣言」』農

山漁村文化協会、２０１９年。

住友商事「Fyffes（ファイフス）社への買収提案関連資料」（https://www.sumitomocorp.com/ja/jp/about/microsite）（２０１９年６月27日アクセス）。

スミフル「Sumifru Singapore Pte. Ltd の株主変更について」（https://www.sumifru.co.jp/singapore/）（２０１９年６月27日アクセス）。

関根佳恵「多国籍アグリビジネスの新たな経営戦略―グリーン・キャピタリズムを掲げるドール社―」『季刊ａｔ』９号、２００７年。

関根佳恵「ミンダナオ島における民衆交易の事業拡大とその課題―コタバト州マキララ町を事例として―」前掲『バナナとフィリピン小規模零細農民』。

田中信世「ＥＵとＡＣＰ諸国の経済連携協定（ＥＰＡ）」『国際貿易と投資』第75号、２００９年、68～85ページ。

鶴見良行『バナナと日本人――フィリピン農園と食卓のあいだ』岩波新書、１９８２年。

中村洋子『フィリピンバナナのその後――多国籍企業の操業実態と多国籍企業の規制』七つ森書館、２００５年。

ハリエット・フリードマン著、渡辺雅男・記田路子訳『フード・レジーム――食料の政治経済学』こぶし書房、２００６年。

CFS（2014）Principles for Responsible Investment in Agriculture and Food Systems. Rome: CFS.

CFS-CSM（2018）Connecting Smallholders to Markets: An Analytical Guide. Rome: CFS.

Companie Fruitière（2019）Hisotire. Retrieved at https://www.compagniefruitiere.fr/histoire/（２０１９年６月27日アクセス）

Dole Food Company（2019）About Dole. Retrieved at http://www.dole.com/AboutDole（２０１９年６月27日

アクセス）
FAO（2019a）Banana Market Review: Preliminary Results for 2018. Rome: FAO.
FAO（2019b）E-Agriculture in Action: Blockchain for Agriculture. Opportunities and Challenges. Rome: FAO.
Feral M., Fischer H., Nielsen J., Smith A（2006）"Dole, behind the smoke screen... : An Investigation into Dole's Banana Plantations in Latin America" *Peuples Solidaires*.
HLPE（2013）Investing in Smallholder Agriculture for Food Security. Rome: CFS（邦訳『家族農業が世界の未来を拓く――食料保障のための小規模農業への投資』農山漁村文化協会、２０１４年）。
Josling, T. E. and Taylor, T. G.（Eds.）（2003）*Banana Wars: The Anatomy of a Trade Dispute*. Cambridge: CABI Publishing.
Kirton, John J. and Michael, J. Trebilcock（2004）*Hard Choices, Soft Law: Voluntary Standards in Global Trade, Environment and Social Governance*. London: Routledge.
Les Echos（2015）"Libérée de Dole, la Compagnie Fruitière passe à l'attaque." Le 28 avril 2015.
World Banana Forum（2019）World Banana Forum. Retrieved at http://www.fao.org/world-banana-forum/（２０１９年６月26日アクセス）

第6章

バナナが食卓に届くまで

サプライチェーンの徹底解剖

市橋秀夫

図6―1　バナナのサプライチェーン（作業工程）

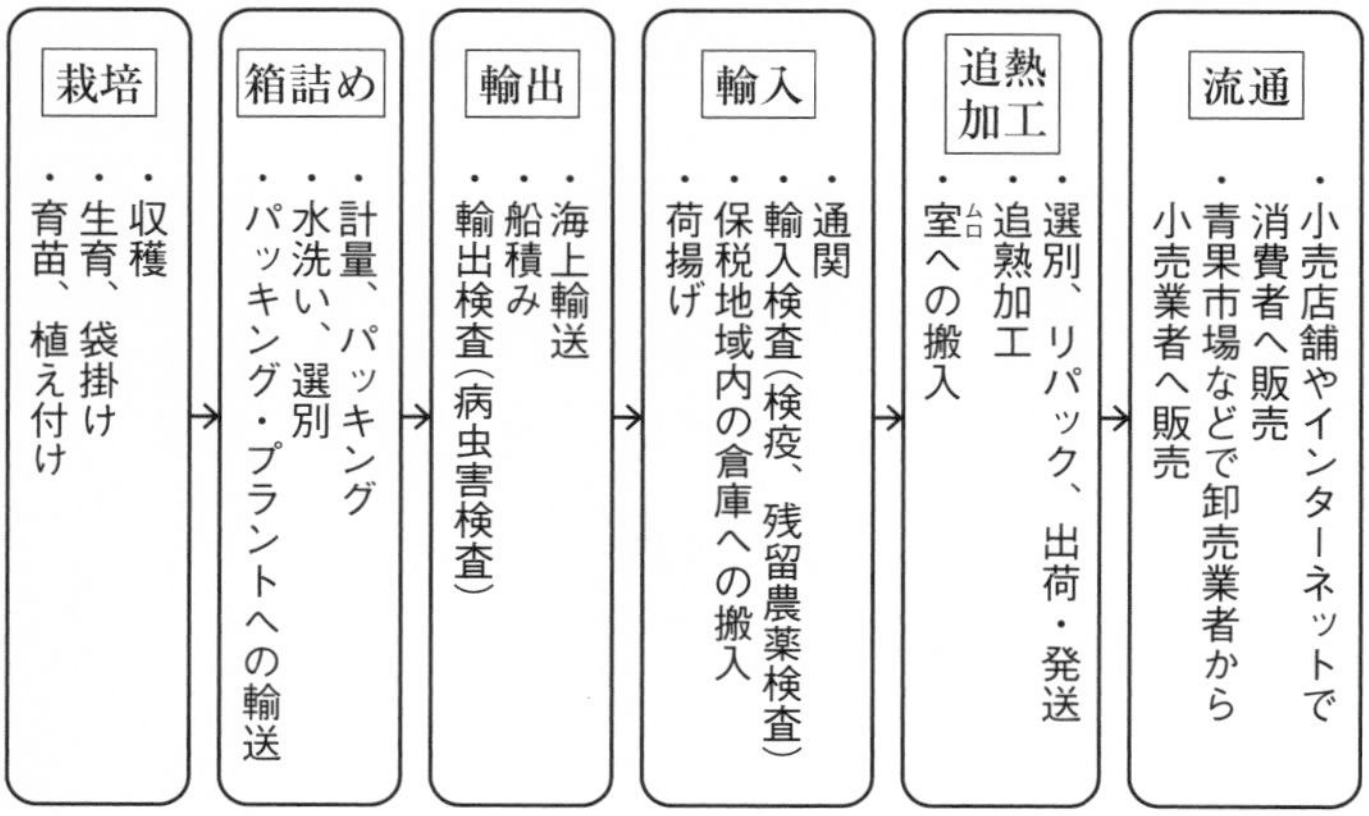

栽培	箱詰め	輸出	輸入	追熱加工	流通
・収穫 ・生育、袋掛け ・育苗、植え付け	・計量、パッキング ・水洗い、選別 ・パッキング・プラントへの輸送	・海上輸送 ・船積み ・輸出検査（病虫害検査）	・通関 ・輸入検査（検疫、残留農薬検査） ・保税地域内の倉庫への搬入 ・荷揚げ	・選別、リパック、出荷・発送 ・追熟加工 ・室（ムロ）への搬入	・小売店舗やインターネットで消費者へ販売 ・青果市場などで卸売業者から小売業者へ販売

一　バナナのサプライチェーン

商品が生産、運搬、販売されて消費者に届くまでの一連のプロセスを「サプライチェーン（供給網）」と呼ぶ。本書で取り上げるフィリピン産バナナの場合は、フィリピンで生産（栽培）され、箱詰めされて日本へ輸出（運搬）され、検疫を受け、追熟加工され、流通業者や卸売市場などの国内流通を経て小売先に届き、消費者が購買するという一連の流れを指す。

この流れを川にたとえて、最初の生産の段階を「川上」、次の流通の段階を「川中」、最後の消費者に届く段階を「川下」と呼ぶことがある。本章では、輸出以降の「川中」と「川下」の過程について述べていく。**図6―1**に、その流れを示した。

以下においては、これらの過程の各段階を順次検討し、それぞれの過程における多種多様な作業内容、それを担う主体（業者）、また近年の業界再編や最新テクノロジーの動向についてもやや詳しく触れ、私たちが日常食べているバナナへの理解を深めることとしたい。

バナナのサプライチェーンは、資本力とテクノロジーを動員できる立場にある大手事業者による寡占化が進んできた。一方で、産地フィリピンも含む世界各地のいくつかの事業者が市場シェアの争奪に成功して、台頭している。

そうした競争の激化しているグローバルな取引市場に身をさらすバナナは、多くの事業者の手を介してようやく日本の消費者に届く。サプライチェーンには多数の業者が関与し、その川筋は川上だけでなく川中においても複雑に入り組んでいて、ひとつの流れで示すことが難しい。大きな流れの川筋もあるが、川上には少し離れるだけでも流れが見えなくなるような細い川筋もある。しかし、それら無数とも言える川上の小さな川筋が束ねられなければ、河口である日本の市場に驚くべき大量のバナナが届くこともない。

二　バナナはどう輸出されているのか

多様化する栽培・輸出業者

輸出用とされるキャベンディッシュ・バナナ（以下、キャベンディッシュと記す）は、フィリピンではそのほぼすべてがミンダナオ島で栽培されている。[1] ミンダナオ島では、かつてのバナナ栽培業者は、多国籍企業以外に販売先を持てない状況にあった。だが、今日では彼らの生産したバナナの販売先はもはや多国籍企業にとどまらない。

現在、ミンダナオ島の栽培業者は、個人、生産者協同組合、企業の三種に大別される。１９８０年代以降になると、彼らの中から徐々に力をつけて多国籍企業の独占の一角を切り崩す栽培業者が現れる。そして、栽培を組織するばかりでなく、自ら、あるいは同族企業やグループ会社を通して、輸出を直接に手掛ける企業や生産者協同組合が存在するようになってきた。それらの事業者は、複合企業、あるいは一種の財閥のような形で、独自にグローバル市場を開拓している。

さらに注目したいのは、日本市場を主たる輸出先としてきた旧来の多国籍企業と競合したり、すみわけしつつグローバル市場に参入し台頭してきた事業者には、フィリピン系だけでなく、ヨーロッパ出身のオーナー会社や中東の財閥企業系会社が含まれている点である。後者の主たる輸出先はもはや日本ではない。総じて、フィリピン産バナナの輸出市場の中で日本市場は相対的に小さくなってきている現状がある。

つまり、フィリピンのバナナ輸出業界は、日本市場を主眼とする四大多国籍企業の輸出業者による市場の寡占状態を維持しつつも、フィリピン系資本の栽培・輸出業者や、日本以外のグローバル市場に向けて輸出を手掛ける海外資本のフィリピン現地法人の栽培・輸出業者が台頭してきている状況にあると言える。

輸出工程を詳しく見ると、輸出用バナナは、洗浄、整形(ヘタの部分を整える)、規格・等級分け、ブランドシールの貼付、袋詰め、計測、箱詰め(パッキング)を経て、港まで運ばれてくる。箱詰めされたバナナは、パレットと呼ばれる荷台に積まれた状態で固定され、輸出検査(病害虫検査)を経て、温度管理(13・3〜13・8度)された青果物用コンテナ船に船積みされる。

海運会社に海上輸送を委託した場合、日本までの輸送期間は直輸送でもダバオ市から11日程度かかるとされてきた。ただし、マニラに立ち寄って積み替えをする場合などはさらに日数を要する場合もある(2)。多国籍企業では、自社保有あるいはチャーターした専用の低温管理船を使用する。伊藤忠商事(3)やユニフルーティーが輸入する場合には週2回、最短約5日間でダバオ市から日本に運ばれる(4)。

日本への輸出——四大多国籍企業による寡占と独立系業者の台頭

生産者からバナナを買い付けて日本に輸出している輸出業者の内訳をみておこう。輸出業者は大きく二つのタイプに分けられる。

ひとつは、多国籍企業傘下の現地法人子会社だ。なかでも日本への輸出に大きなシェアを占めているのが、日本のフィリピン産バナナ輸入量の4分の3以上を占める(5)いわゆる四大多国籍企業のグループ会社・出資会社である。

もうひとつが、多国籍企業への納品契約を結んではいるが、資本関係では系列化されていない独立系企業である。ただし、独立系企業といっても、多くはそれ自体が異業種会社を束ねる複合大企業（コングロマリット）であり、財閥を構成するグループ会社だ。自営農園を持ち生産から輸出まで一貫して展開している場合もあれば、生産には関与していない場合もある。自ら輸出を手掛けつつ、同時に多国籍企業の現地法人にバナナを納品している企業も少なくない。

日本向け輸出業者についてはフィリピン人バナナ栽培者・輸出業者協会（ＰＢＧＥＡ）[6]の資料をもとにした記録が、日本青果物輸出入安全推進協会（日青協）[7]発行の『２０１６年（平成28年）輸入青果物統計資料』に掲載されている。それによると、日本向けフィリピン主要輸出業者は、ドール（Dole Philippines、略称 'Dolefil'）、スミフル（Sumiful Philippines）、デルモンテ（Del Monte Fresh Produce）、ユニフルーティー（Unifrutti Tropical Philippines）である。加えて、現地法人を持たずに輸入業務を展開している輸入業者の富士フルーツ（Fuji F）、ローヤル（Royal Co.）、ＡＮＡフーズ（ANA Foods）が、日青協の会員として掲載されている。

これら多国籍企業は、直営農園を保有している場合もある。だが、必要な輸出用バナナの数量の大部分は、フィリピン系資本のアグリビジネス、農地改革受益者、農地改革受益者協同組合、地権者、農家、生産者団体、ミンダナオ島のバナナ栽培業者などと契約するかたちで確保している。収穫されたバナナは、パッキング・プラント渡し、埠頭渡し、本船渡し（ＦＯＢ）などの契約に応じて輸出業者に販売・納入される。多国籍企業の現地法人や日本の輸入業者から委託を受けた仕様にしたがって、選果、梱包、船積みする輸出業務まですべてを、グループ会社の協力を得て請け負っている場合もある。

以下の**表6―1**に、日本向けバナナの輸出業者の輸出規模、市場シェア、系列を整理した。輸出量上位4社の場合は、輸出の管理や委託を行う多国籍企業の現地法人のもとに、輸出業務まで行うこともあるミンダナオ島の栽培業者が組織化されている。

これら大手の栽培業者はフィリピン人バナナ栽培者・輸出業者協会に加盟して業界の基調を左右する立場にある。一方、多国籍企業と契約のない中小規模の栽培業者は別途、2005年に設立されたミンダナオバナナ農家・輸出業者協会(Mindanao Banana Farmers and Exporters Association：MBFEA)に組織されている。前者の輸出先トップが日本であるのに対し、25事業者をかかえる後者は中国への輸出に重点をおいている。[8]

商社系大規模輸出業者の特徴と問題点

①伊藤忠―ドール

まず、ドール・フィリピン社('Dolefil')の事例を見てみよう。[9] 1963年に日本政府が発表した日本市場のバナナ輸入自由化を契機にキャッスル&クック社(現：ドール)がフィリピンでの農場開発を計画、現地にドール・フィリピン社を設立した。翌年、キャッスル&クック社は、当時アメリカで第二位のバナナ輸入業者であったスタンダード・フルーツ社(Standard Philip-

表6－1　日本向けバナナの輸出業者6社とフィリピン現地栽培－輸出業者の輸出量とシェア(2016年実績)

輸出業者	栽培・輸出業者	単位：箱(13～15kg)	シェア(%)
ドール・フィリピン(Dole Philippines, Inc.)　通称「Dolefil」、親会社は伊藤忠商事	スタンフィルコ・ダバオ社	11,054,041	26.0
	スタンフィルコ社	1,599,885	3.8
	サランガニ・アグリ社	77,183	0.2
	小　　計	12,731,109	**30.0**
スミフル・フィリピン(Smiful Philippines, Inc.)　直接の親会社はスミフル・シンガポール(前身は住商フルーツ)	スミフル・フィリピン(ダバオ)社	10,820,827	25.5
	ヴィスカヤ・プランテーション社	1,746,169	4.1
	小　　計	12,566,996	**29.6**
デルモンテ・フレッシュ・プロデュース・フィリピン(Del Monte Fresh Produce (Phils.) Inc.　ケイマン諸島に登記されているFresh Del Monte Produce Inc. 所有の子会社	F.S. ディゾン社	102,133	0.2
	リード・エクスポート社	557,412	1.3
	ラパンダイ・アグリ社	691,566	1.6
	タデコ社	7,449,468	17.5
	ハイランド・アグリ社	49,331	0.1
	ディゾン・アグリ社	48,246	0.1
	サランガニ・アグリ・ベンチャーズ社	11,875	0.0
	小　　計	8,910,031	**20.8**
ユニフルーティー・トロピカル・フィリピン(Unifrutti Tropical Philippines, Inc.)　オランダのUnifrutti ASIA B.V.が99.5%出資する日本法人ユニフルーティージャパン(UJC)のグループ会社。	トゥルトゥガ・ヴァリー社	388,415	0.9
	マースマン社	3,841,594	9.0
	ラ・フルティア社	696,773	1.6
	小　　計	4,926,782	**11.5**
富士フルーツ20%(独立系)、ローヤル80%(独立系)	ラパンダイ・フーズ社	2,359,733	5.6
富士フルーツ	イホ・リソース社	289,225	0.7
ローヤル	ナダー&イブラヒム・フィリピン社	682,167	1.6
	小　　計	3,331,125	**7.9**
	総　合　計	42,466,042	**100.0**

(出典)日青協『2016年(平成28年)輸入青果物統計資料』より筆者作成。

pine Fruit Corporation）の株式55％を取得、バナナ事業に参入を果たす。

日本側では伊藤忠商事が1966年、全量を買い取る契約でドールと事業提携し、スタンダード・フルーツ社が日本市場へのバナナ輸出を目指して設立したスタンフィルコ社（Stanfilco Tropical Fresh）に出資している。スタンフィルコ社のバナナ栽培は中南米のホンジュラスやコスタリカから運ばれた苗を移植して始まり、68年には輸出を開始してフィリピン初のバナナ輸出業者となった[10]。同年、ドールはスタンダード・フルーツ社を100％完全子会社化し、80年にはスタンフィルコ社を吸収合併して事業部門化した[11]。

フィリピンも含むアジアにおけるドールと伊藤忠の関係は、2013年に大きく転換する。伊藤忠が、アメリカに本社のあるドール・フード社から、アジアの青果物事業および全世界の加工食品（缶詰や飲料）事業を1500億円以上支払って買収することに成功したのである。したがって、ドール・フィリピン社は現在、伊藤忠のグループ会社でフィリピンに本社をおく現地企業だ。スタンフィルコ社はその一事業部門として、引き続きミンダナオ島の輸出用キャベンディッシュ生産に携わっている。実質的には、伊藤忠の孫事業会社にあたる。

スタンフィルコ社はフィリピンのバナナ輸出のパイオニア的会社であり、生鮮農作物の輸出会社としてもフィリピン国内最大規模と言われている。グローバルGAP認証[12]を最初に獲得し、従業員は直接雇用・間接雇用を含めて1万8000人。**表6―1**に示されているように、スタンフィルコ・ダバオ社を筆頭に、日本向けバナナの栽培・輸出でフィリピン最大のシェアを誇る。輸出先は、日本だけでなく、韓国、香港、中国、ニュージーランド、そして中東諸国などにも及ぶ。多国籍企業現地子会社の典型的事例である。独自の保冷チャーター船で日本へ輸出を行っている。

②住友商事—スミフル

住友商事も、本質的には同じようなサプライチェーンの形態をとっている。同社がフィリピンのバナナ事業に参入したのは1960年代末で、ドールやデルモンテやユナイテッド・ブランズの後発としてスタートした。21世紀に入ると、バナナ関連サプライチェーンの構造を表面上は複雑化させていく。

まず2003年、ソントン・ベンチャー社（Thornton Venture Ltd.）とスミフル・シンガポール社（Sumifru Singapore Pte. Ltd.）を立ち上げ、合弁事業を開始した。ソントンが51%、住友商事が49%の株式を所有する形の合弁事業である。ただし、その出資は住友商事本体ではなく、系列持ち株会社（Summit Global Management II B.V.（オランダ））を介して行ったとされている。[13] このスミフル・シンガポールは、100%子会社として、スミフル・フィリピン社とスミフル・ジャパン社を所有する。スミフル・シンガポール自身は持ち株会社で、実務を担っているわけではない。

フィリピン現地での栽培・輸出業務は、スミフル・フィリピンが担う（日本への輸入を担当しているのがスミフル・ジャパン）。輸出用のキャベンディッシュ、パイナップル、パパイヤを主とした生鮮果物の原料供給、生産、船舶輸送、マーケティング会社で、ダバオ市近郊に総面積1万2000ha（山手線内側面積の2倍程度の広さ）のバナナ・プランテーションを管轄下におき、総勢で3万人の雇用を生み出しているとされる。研究所、冷蔵輸送システム、箱詰め工場、船積み港、輸送船舶の運航まで含む体制を構築。中国、日本、韓国、中東、ニュージーランド、ロシアに市場を確保し、日本市場の約30%を占めるシェアのバナナを供給している。

スミフルのフィリピン内でのサプライチェーンでは、徹底した品質管理と効率化がなされている。研究所を備えた栽培システムに加え、農場で日本で店頭販売できる状態の袋詰め包装まで行い、専用港を保有し（2006年）、農園からの一貫した低温管理の輸出体制を確立した。

このような自社サプライチェーンをフィリピンで確立していた住友商事であるが、2019年上半期になって突如、スミフル・シンガポールの持ち株すべてをソントンに売却した（詳しくは第3章2参照）。同社は、売却はスミフル社の将来的成長を考えたソントンとの協議結果だと説明している。しかし、スミフル・フィリピンの「業務委託先」に雇用された労働者や労働組合、裁判所やNGOから対応を迫られながらも怠ってきたサプライチェーンの企業責任から逃れるためだったと疑われる持ち株売却である(14)。

住友商事は、スミフル・シンガポールの持ち株を処分したからといってフィリピン産バナナの取引から撤退したわけではない。株式所有からもたらされる「持ち分損益」と呼ばれる利益

（2018年決算では17億円の純益）は消失したものの、日本輸入後の小売販売業からの利益は系列会社をとおして確保し続けている。

一言あらためて指摘しておかなくてはならないことは、住友商事の現地労働者の権利侵害に対する一貫した悪質な姿勢である（第3章2参照）。同社は2016年、アイルランドの多国籍企業のファイフス（Fyffes）を911億円で完全買収している。ファイフスは、EUでバナナの販売量第一位であり、アメリカではメロンの販売量一位を誇る青果の生産・流通・販売の多国籍企業だ。

このファイフスもまた、南米で起きている労働者の権利蹂躙問題を放置したことで知られている。イギリス政府がスポンサーとなっている非営利組織「倫理に適う貿易イニシアティヴ」（Ethical Trading Initiative）は、ホンジュラスのメロン栽培労働者の権利侵害を認めてファイフスの会員資格を2017年以来停止していたが、19年3月になって除名処分としたほどだ[15]。この処分に対して、ファイフスは異議申し立てをしないことを決定した。対応する気などないのである。

住友商事は2009年に人権の尊重や「労使間の円滑な協議を図るため、従業員の団結権を尊重する」旨の「サプライチェーンCSR（企業の社会的責任）行動指針」を公表し、また買収時にこの問題を見直す意向を示していた。にもかかわらず、事業利益の確保を最優先にし、川上の労働者の苦境に責任を取らないグローバル・サプライチェーンの経営を続けている[16]。

このスミフル・フィリピンにバナナを補完的に供給している現地輸出業者がヴィスカヤ・プランテーション社（Vizcaya Plantation Inc.）である（表6―1）。1986年設立のこの会社は、フィリピン人企業家のJ・V・アヤラが掌握する財閥JVAグループ傘下のバナナ会社のひとつで、スミフルとの取引関係は長いが、独立した栽培・輸出会社である。低地栽培の低農薬バナナを栽培して輸出してきた。

JVAグループでは、バナナ事業を行う各社をトライスター・グループ（TriStar Group）としてまとめて傘下においている。トライスター・グループは1993年設立のバナナ生産・輸出子会社で、この子会社に、以下の各社が参加している。

高地での一般栽培バナナと低農薬栽培バナナの生産・輸出を担うハイランド・バナナ社（Highland Banana Corporation）、マロン・ファーマーズ社（Malon Farms, Inc. 1990年設立のバナナ生産・輸出子会社。低地および中間地で低農薬バナナを栽培・輸出）、タグルノ社（Tagluno Development Corp. 2003年設立のバナナ生産・輸出子会社で、「Eco」ブランドのキャベンディッシュの栽培と輸出）、マダヤウ農産物社（Madayaw Agricultural Crops Corp. 02年設立のバナナ出荷販売・輸出子会社。低地栽培の一般バナナと減農薬栽培の「エコバナナ」の出荷販売・輸出）。

これまでに、「グレイシオ」、減農薬の「エコバナナ」「自然王国」といったスミフルの各種ブランドや、関西や九州方面の生活協同組合で販売されている減農薬栽培の独自ブランド「フレンドリーバナナ」などのブランド・バナナを供給してきた[17]。

③デルモンテ

デルモンテ・フレッシュ・フルーツ(フィリピン)社(Del Monte Fresh Produce (Phils.) Inc. 以下、デルモンテ・フレッシュ社と記す)は、ケイマン諸島に登記されているFresh Del Monte Produce Inc. の子会社である。直営の栽培事業は行わず、契約した栽培業者に対する生産予測なども含む技術的サービスを提供する方式を採用してきた。

このデルモンテ・フレッシュ社の日本向け輸出量の70%以上を請け負っている輸出用バナナの栽培・輸出業者がタデコ社(Tagum Agricultural Development Company, Inc.:TADECO)だ。持ち株投資会社アンフロ経営投資会社(ANFLOCOR)の中核子会社で、デルモンテ・フレッシュ社やドール・フィリピン社と共同事業パートナーの関係にある。2016年時点では6640haのバナナ・プランテーションを協力関係会社とともに管理し、一日平均で6000箱を輸出していた。うち、88%がデルモンテ・フレッシュ社に、12%がドール・フィリピン社に納入されている。[18]

タデコ社は1950年に設立され、当初は世界一のマニラ麻の生産を誇ったが、その後バナナ輸出事業に移行。ユナイテッド・ブランズ社に支援されて1971年に始まった日本への輸出によって成長し、財閥化した。[19] その財閥グループ各社を束ねるのが77年に設立されたANFLOCORである。[20]

タデコ社は現在グローバルGAP認証を取得。デルモンテやドールのブランド名のバナナを日本、中国、中東、香港、ロシア、シンガポール、マレーシア、ニュージーランドに輸出している。最大の輸出先はイランを筆頭とする中東市場で43%、日本へは24%、韓国へは16%、ロシアへは10%だ[21]。また、ＡＮＦＬＯＣＯＲの子会社である国際コンテナ・ターミナル社（ＤＩＣＴ）は、スタンフィルコ社との共同事業としてフィリピンの最新鋭のコンテナ船ターミナルを管理運営している。

持ち株投資会社ＡＮＦＬＯＣＯＲは、タデコ社とは別のバナナの栽培・輸出子会社アンフロ・バナナ社（ＡＢＣ）も所有している。こちらは、ユニフルーティー栽培農家サービス（UniFrutti Growers Services）と契約し、同じくグローバルＧＡＰ認証を取得済みである。２０１０年代初頭の生産開始期には年間33万４０００箱の「チキータ」ブランドのキャベンディッシュを中東、日本、韓国に輸出した実績を持つ。

リード・エクスポート社（Lead Export Agro-Development Corporation：ＬＥＡＤ）とラパンダイ・アグリ社（Lapanday Agricultural Development Corporation：ＬＡＤＣ）は、いずれもラパンダイ・グループの子会社である。ラパンダイ・グループがいまでは多国籍企業に対する単なる供給業者の地位から脱していることについては後述するが、供給数量は限られているものの、なおデルモンテのサプライチェーンの一角を構成している。

④ユニフルーティー

第2章で「チキータ」および「チキータ」ブランドのバナナを扱うユニフルーティーについては詳しく触れられている。**表6—1**にあるように、2016年におけるユニフルーティー・トロピカル・フィリピンの日本向け輸出の80%近い数量のバナナを供給しているのがマースマン社(The Marsman Estate Plantation, Inc.〈MEPI〉)である。

ミンダナオ島でも老舗の輸出用バナナ業者で、持ち株会社であるマースマン・ドライズデール・アグリビジネス・ホールディングス社(MDAHI)の中核子会社として、グループ内で最大規模のバナナプランテーション(1071ha)を管理している。一般に年間haあたり平均出荷箱数(一箱13~13・5kg)は3500箱とされるが、マースマン社では4250箱を出荷(1999年には年間でのべ600万箱出荷)できるという。

独立系輸出業者

フィリピンの国産企業や中東企業のフィリピン現地法人のなかにも、日本市場向けのバナナを生産、供給販売、輸出し、多国籍企業化に成功している業者がいる。国産複合企業のラパンダイ・フーズ社(Lapanday Foods Corporation)やイホ・リソース社(Hijo Resources Corporation)、バーレーンの複合企業のナダー&イブラヒム・フィリピン社(Nader & Ebrahim S/O Hassan Phils., Inc.: NEH Phils.)である。

①ラパンダイ・フーズ社[22]

ミンダナオ島に出自を持つルイス・ロレンソ・シニアが1982年に買収した三つのバナナ・プランテーションから拡大していったのが、ラパンダイ・フーズ社を所有するラパンダイ・グループである(第2章1、89～91ページ参照)。最初に取得したプランテーションの経営企業として設立されたのがラパンダイ・グループの傘下企業ラパンダイ・アグリ社で、80年代には、その後に買収したプランテーションによって別のバナナ栽培子会社であるリード・エクスポート社が設立された。両社は、いずれもデルモンテのサプライチェーンに組み込まれていた。

1990年代に入ってさらに買収したプランテーションのバナナは、「チキータ」ブランドでユニフルーティーに供給されている。こうして、ラパンダイ・グループのバナナは、97年まではもっぱら多国籍企業向けに栽培、梱包されて、供給されていた。ラパンダイ・グループが自ら輸出業を手掛け、国内でも供給する事業に乗り出したのは、それ以後のことになる。現在では、フィリピンで初めて独自ブランドの輸出に成功した国産企業として、日本を含むアジア各国に市場を広げ、幅広い輸出事業を展開している。

1998年には自社の低温管理倉庫を建設し、2004年にはパッキング用の箱の自社生産も開始した。過去にはユニフルーティーやデルモンテと契約栽培を行っていたが、それぞれ06年と11年に終了。いまでは、独自ブランドの「エストレージャ」や「アロハスウィート」を京都に拠点を置く生鮮果実および野菜の輸出入会社ローヤルに販売するなど、独自ブランドを日本で流通させることに成功している。もちろん、ローヤルの「みやび」やイオンの「TOPVALU」ブランドなど、顧客の要望に応えたブランド商品も提供する。

北ダバオ州では19のバナナ農園を所有。ダバオ市、南コタバト州、北コタバト州ではそれぞれ1農園を所有し、北コタバト州の農園では高地バナナの栽培も行っている。2013年には農園の総計は6000haで、年間2000万箱(1箱13kg)を出荷していた。

②イホ・リソース社㉓

イホ・リソース社は1968年、2200haを所有するイホ・プランテーション社ほか3社をホセ・〝ボーイ〟・トアソン・ジュニアが買収し、マニラ麻、ゴム、ココナツの栽培とともに、日本向けキャベンディッシュ栽培を始めた。69年にはデルモンテ・インターナショナルのフィリピン現地子会社であるフィリピン・パッキング社と提携、販売先や技術、財政面での支援を受け、デルモンテのブランドで、フィリピン国産企業で初めて日本へのバナナ輸出に成功する。

1982年にデルモンテとの契約を解消し、他の同業2社と販売面で統合し、住友フルーツや富士フルーツを日本側の提携先として輸出事業を拡大。このとき6400haのプランテーションを稼働させるに至っていた。ところが、88年に包括的農地改革法が施行されると、96年には直営栽培から栽培契約へ移行し、社名も98年にイホ・リソース社に変更。自前で所有するプランテーション面積は177・1haに減少した。

その後、2013年に合弁事業会社タグム・リソース・アグリ社（TRAIN）を設立、294haを長期リース契約で獲得した。TRAINは17年にイホ・リソース社の100％子会社となった。現在も、富士フルーツを通して日本へのバナナ輸出事業を継続している。

③バーレーンの複合企業傘下のナダー＆イブラヒム・フィリピン社[24]

21世紀に入り、日本市場に参入する中東の企業グループが登場した。ナダー＆イブラヒム・フィリピン社である。ローヤルが日本の輸入業者となっている[25]。バーレーン企業のフィリピン現地法人で、青果物分野で知られたオランダ人起業家と提携して2001年に設立。フィリピン国内のバナナ栽培業者、生産者協同組合、出荷業者、各種サービス提供業者、また海外の輸入業者と提携関係を結んで国際貿易の展開を図った。イギリス領ヴァージン諸島に登録されるNEHインターナショナルの100％子会社で、中東では、食料の単なる買い付けではなく、フィリピン現地法人を設立した先駆け的存在である。

湾岸アラブ諸国（バーレーン、クウェート、カタール、サウジアラビア、アラブ首長国連邦、オマーン）やイラン、イラクへの青果や野菜の輸出から始まり、現在は極東（日本、韓国、中国、香港、ロシア）、東南アジア（シンガポール）へと市場を拡大[26]。グローバル市場への参入を果たした。2006～08年ごろには独自ブランド「ダナバナナ」が京都生協で販売されていたが、現在は取り扱いがない。

２００４年からは東南アジアと日本の市場でのさらなる展開を目的にグローブ太平洋貿易社（イギリス領ヴァージン諸島登録会社）を設立した。その結果、04年の年間１４０万箱から09年には約４００万箱まで輸出が拡大。以後いったん伸び悩んだものの、12年から経営の透明性を強めるなどの改革を進めて作付面積あたり収量の25％増大に成功し、15年には５５０万箱を輸出するに至ったという(27)。

独立系生産者協同組合の連合体

最後に、独自の輸出経路を確立してきている独立系生産者協同組合の連合体を紹介したい。ミンダナオ協同組合連合（Federation of Cooperatives in Mindanao：ＦＥＤＣＯ）である。第Ⅺ（ダバオ）地域の農地改革受益者である小規模バナナ生産者の協同組合の連合組織で、傘下の協同組合が高品質キャベンディッシュを日本、中国、中東に輸出している。連合の役割は、それぞれの加盟協同組合が海外の買い付け業者と直接取引できるようにするマーケティング・サービスの提供である。

取引先の海外市場には、日本、中国、韓国、中東がある。日本では「貴蕉」のブランド名で、セブン＆アイ・ホールディングス傘下のイトーヨーカドーのスーパーで販売されている(28)。

以上、フィリピンのバナナ輸出においては、四大多国籍企業の寡占状況が継続しながらも、さまざまなタイプの栽培・輸出主体が近年のグローバル化の進展とともに台頭してきていることをみてきた。輸出先の市場は、かつてのように日本一辺倒ではなく、世界各地が対象となっている。とりわけ、中国や中東に大きな需要がある。日本のフィリピン産バナナ市場がフィリピンの輸出用バナナ産業に占める重要性は、相対的にではあるが、しだいに低下してきている。**表6―2**に示したように、2018年には初めて中国への輸出数量が日本への輸出数量を上回ったことも、そうした変容を表すものである。

表6―2　フィリピンのバナナ輸出相手国(2018年)

	重量 (1,000t)	価額 (100万米ドル)	価額 シェア(%)
中国	1,165.88	496.23	35.90
日本	944.76	485.22	35.11
韓国	387.99	192.24	13.91
アラブ首長国連邦	195.63	61.34	4.44
イラン	162.60	47.77	3.46
その他	269.35	99.31	7.19
総計	3,126.20	1,382.11	100.00

(出典) Philippine Statistics Authority, *Selected Statistics on Agriculture 2019,* 2019, p. 43.

中国の台頭は、中国の経済成長の反映であるが、無関税という事情も寄与していよう。フィリピン産バナナに対する日本の輸入関税は8～18%であるのに対し、東南アジア諸国連合(ASEAN)との自由貿易協定(FTA)により、中国では2010年以降フィリピン産バナナに対する関税は無税となっているのである。

三　バナナはどう輸入されているのか――保税地域内での工程と輸入業者

本章では、最初に日本での荷揚げから輸入に至る作業工程を明らかにした後、輸入業務を管理統制している輸入業者についてみていくことにする。

図6―2(289ページ)に示したように、日本でのバナナ輸入は、低温貨物船からの荷揚げに始まり、保税地域内[29]にある倉庫への搬入、倉庫における輸入検査(検疫および残留農薬検査)、通関という流れで行われている。輸入業者は、これらの過程をそれぞれの専門業者に委託するなどの手配をして処理する。荷揚げされてからも、バナナが日本国内に入るまでにはさまざまな関所がある。鮮度を重視せざるをえない青果物輸入業者にとって、この最初の工程を滞りなく通過することが大きな課題である。以下、保税地域内での工程をみていこう。

荷揚げ

バナナを積んで港に着いた低温貨物船から陸地に荷揚げする作業を担うのが荷役業者である。荷揚げの方法はさまざまだ。

2010年ごろには、デルモンテ・フレッシュ社のように、真空パックに詰められたバナナを開封しながら、夜から翌日夕方までかけて手作業で荷揚げをする輸入業者もあれば、ANAフーズのように、パレットに載せられた箱詰めバナナをパレットごと短時間で荷揚げする業者荷揚げ方法の違いは、フィリピンの輸出業者の輸出時における出荷方法の違いに対応している。こうしたもいた[30]。現在は、フィリピンでの出荷段階で小分け包装を終えて輸出する例もある。

保税地域での保管と病害虫検査

低温貨物船から荷揚げされた大量のバナナは、保税地域内の倉庫に運び込まれる。生鮮青果物なので植物防疫法と食品衛生法にもとづく手続きが必要とされ、2種類の検査を受ける。最初に必要となる検査は、植物防疫法にもとづき農林水産省の植物防疫官によって行われる抜き取り検疫（抽出検査）である。検査は指定の場所で行われ、病害虫や土壌付着の有無などが調べられる。伝染性の病害が疑われて精密な検査が必要となると、植物防疫所に持ち帰ったうえで、植物または付着病害虫の判定がされる。

バナナの輸入検疫を規定する植物防疫法によれば、輸入検査の結果、検疫有害動植物が見つかった場合には、発見された種類により、消毒、焼却、積み戻しなどの措置が命じられる（第9条第1項）。バナナの場合の消毒とは、燻蒸である。燻蒸は、薬剤を密閉された倉庫の中でガス化して害虫を殺すもので、臭化メチルとシアン化水素（青酸ガス）が使用されてきた。ただし、臭化メチルは残留性が相対的に強く[31]、排出ガスはオゾン層の破壊につながることが指摘され、近年は使用が避けられているようだ。

バナナ業界では、シアン化水素は揮発性が高いので、果実に残留しにくく消費者にとっても安全性が高いと認識されている。しかし、人体に対する毒性は強く、吸入すれば死に至る危険があり、皮膚から吸収される可能性もあるので、あらゆる接触を避けなければならない[32]。また、燻蒸室外への排出に際しては除毒処理が必要とされる。引火性もきわめて高い。2017年のある試験報告によれば、バナナに対する燻蒸一日後のシアン化水素の残留濃度は0・2〜0・3ppm[33]で、上限基準値の5ppmよりはるかに低い。消費者が入手するころには検出されなくなると考えられている。

なお、害虫が発見されなくとも、燻蒸を施す場合が多いようだ。ただし、燻蒸によりバナナの表面は化学薬品の煙にさらされる。そのため、生産現場においては有機栽培であったバナナでも、燻蒸を受けると有機バナナと名乗ることはできなくなる。

もう一つの検査は、食品衛生法にもとづき、厚生労働省（以下、厚労省と記す）の検疫所が行う検査である。バナナの場合には、基準以上の残留農薬が残っていないかどうかを調べる検査となる。この残留農薬検査は、申告された書類審査を経て、「モニタリング検査」か「命令検査」が行われる。

法律違反の可能性が低いと判断される場合には、国庫負担でサンプルを抜き取るモニタリング検査が行われる。この場合は、検査結果を待たずに通関手続きを進められる。検査結果が食品衛生法に違反することが分かれば、もちろん回収・廃棄などの措置が講じられる。

モニタリング検査で違反があったり、法律違反の可能性が高い食品については、輸入業者の費用負担での検査を検疫所が命令する。これが命令検査である。命令検査の場合には、検査結果が明らかになるまで通関手続きはできず、輸入業者は多大な負担を強いられる。

すでに第4章で言及された点だが、２０１８年2月28日、厚労省はネオニコチノイド系農薬と類似した性質を持つ浸透性農薬のフィプロニル（殺虫剤）を含む12農薬の食品残留基準を変更し、バナナの場合は０・01ｐｐｍから０・００5ｐｐｍに厳しくする措置が取られた。

そのおよそ半年後の11月28日、厚労省は「検疫所におけるモニタリング検査の結果、フィリピン産バナナからフィプロニルを検出した」ことから、フィリピン産バナナに対し、「食品衛生法第26条第3項に基づく検査命令（輸入届出ごとの全ロットに対する検査の義務づけ）を実施すること」を公示した。[34] これはサンプル検査ではなく、フィリピン産バナナすべてを対象とする全量検査である。すべてのバナナが少なくとも数日間保税地域内の倉庫に留め置かれることとなり、すべての輸入業者にとって多大な負担となった。**表6－3**は、厚労省が発表した食品衛生法違反の内容である。

『日本農業新聞』の報道によれば、残留農薬検査のモニタリング検査対象は全体の数％だったが、9月にフィプロニルの残留が見つかり、厚労省は検査対象を30％に増やして対応を強化したという。[35] また、違反した輸出業者のバナナには、輸入の都度自主検査を課した。[36] しかし、11月15日には、市中に出回っていたバナナの残留農薬基準違反を東京都中央区保健所が報告。[37] その際の輸入業者は丸紅だった。こうした違反が相次いだことを受けて、11月28日の「命令検

表6－3　厚労省が公表した残留農薬基準違反業者リスト（2018年11月28日発表）

輸入業者	輸出業者	届出件数	重量(t)	検出値
ANAフーズ 株式会社	AB DIRECT FRESH FRUITS INC.	1件	22.4	0.006ppm
株式会社 ヒロインターナショナル	SUCREX MARKETING CORPORATION	5件	39.2	0.007～0.010ppm
丸紅 株式会社	LAPANDAY FOODS CORPORATION	1件	20.9	0.006ppm
	FIRST CAPITAL INVESTMENT LIMITED	1件	3.5	0.006ppm
富士フルーツ 株式会社	LAPANDAY FOODS CORPORATION	1件	5.6	0.009ppm

査」となったと思われる。

この東京都中央区の例のように、残留農薬基準違反は、厚労省の検疫検査だけではなく、バナナが市中に出回ってからの地方自治体による収去検査[38]で判明することがある。２０１５年に大阪府が行った収去検査では、ユニフルーティージャパンが輸入した「チキータバナナ」から基準値の２倍の殺虫剤ビフェントリンが検出され、府は同社を管轄する東京都へ食品衛生法違反を連絡したほか、販売店に対し販売中止を指示した[39]。

命令検査が実施された２０１８年には、輸入業者ローヤルが輸入販売するフィリピン産バナナ「エストレージャ」から使用基準値の２倍のビフェントリンが検出されて、自主回収となってもいる[40]。厚労省はその後、ビフェントリンについても検査対象を30％に強化したモニタリング検査に乗り出した(41)。このように、業者の規模を問わず、残留農薬が検出された事例が繰り返し出現していることは留意しておくべきである。

２０１８年11月に残留農薬違反から命令検査が実施された事態に対して、翌月にはフィリピン政府との二国間協議が始まり、厚労省は現地調査も行った。ダバオ市の大手バナナ輸出業界団体であるフィリピン人バナナ栽培者・輸出業者協会（ＰＢＧＥＡ）もフィリピン農業省に対処を要望、これに対して農業省は基準を満たしている輸出業者の認定リストを日本側に提示。それら輸出業者の出荷バナナに対する検査免除を厚労省に求めるに至った(42)。

２０１９年7月には、ミンダナオ協同組合連合（ＦＥＤＣＯ）が輸出したバナナからも基準値以上のフィプロニルが検出される(43)。厚労省は当初、慎重姿勢を崩さなかったが、約1年後の19年12月、フィリピン側で登録した基準を満たした輸出業者を検査免除企業として日本側も受け入れることで、事実上の決着をみた(44)。

丸紅と富士フルーツにバナナを輸出するラパンダイ・フーズ社も検査免除企業として登録され、２０２０年7月末現在、検査はおおむね通常の抜き取り検査に復帰したと言える。ところが、オルター・トレード・ジャパン社やタナカバナナ社に無農薬栽培バナナを輸出している業者は、依然として免除リストからはずれ、全量検査を余儀なくされているという。厚労省は、フィリピン政府が提出したリストにもとづいた対応との立場で、実態を把握する意向はなく、本末転倒のこの状況を正す姿勢はみえないままだという[45]。

この残留農薬問題をとおして考えたいのは、最初に残留農薬違反を問われたフィリピン側の輸出業者に四大多国籍企業系の輸出業者は含まれていなかった点である。取引きした日本の輸入業者も、四大多国籍企業系と比べれば輸入量が格段に小さい業者である。一見、農薬使用の管理は多国籍企業のサプライチェーンのほうが厳しく行われていることをうかがわせる結果のようにみえる。だが、第4章で述べられているように、2019年2月にはスミフル・ジャパンが輸入したバナナから基準値を超える残留農薬が検出されている。

前述したように、基準値を超えたバナナの残留農薬問題は、輸入業者の規模や農薬の種類を問わず、繰り返し起きている。日本の輸入業者に厳格なサプライチェーンの監視が求められる状況に、変わりはない。

通関から輸入へ

保税地域内での法令検査に合格したバナナは、関税の支払いを含む一連の税関手続きを終えると、輸入の最終的許可が与えられる。この通関を経て、バナナはようやく保税地域から搬出され、日本国内に輸入されたことになる。

なお、バナナについては、「季節関税」が課せられている。輸入される時期によって税率を異にする関税で、国産の柑橘類やぶどうの端境期には低い税率が適用され、収穫期になるとそ

図6－2　バナナの輸入工程

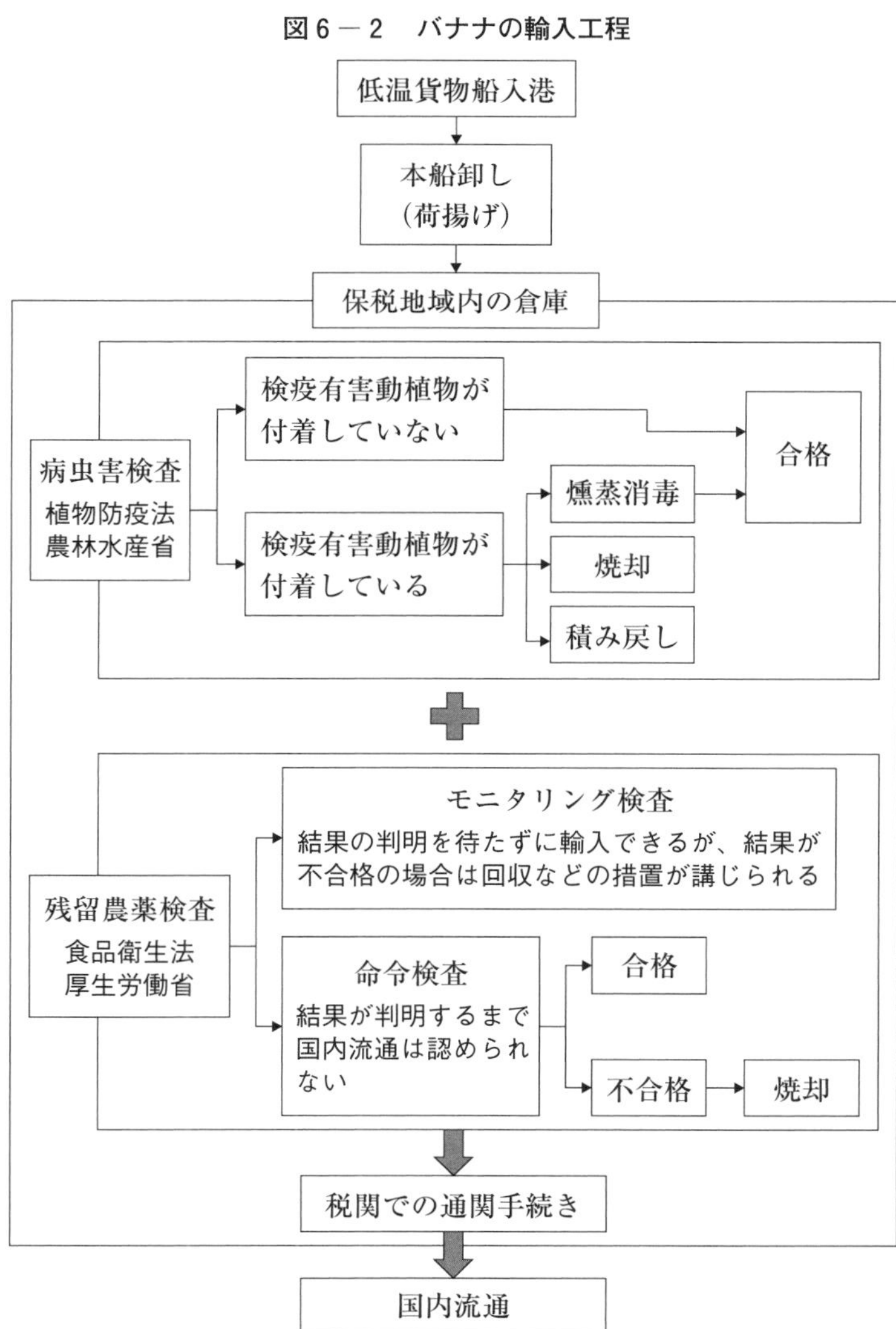

(出典)関連法規、関係政府機関資料をもとに筆者作成。

れらの国産果物の市場を保護するべく高い税率が適用されている。2020年7月1日現在、4~9月に輸入されるバナナは8%、10月~翌年3月に輸入されるバナナには18%の税率がかけられている。[46]

図6—2に、以上やや詳しく述べてきた輸入工程の流れを図示して整理した。

輸入港湾ターミナルの最大手物流業者——上組(かみぐみ)

日本到着後の港湾ターミナルでの最初の作業工程の物流を支えてきた伝統的な裏方は、港での荷揚げ、保税地域内での倉庫保管、国内の流通拠点への運搬を担う港湾運送業者である。この業界で青果物の取り扱いにおける最大手業者と言えば、海外にも自社単独運営のコンテナターミナルを保有し、IT技術と最新設備を備えている上組だ。

上組は、コンテナ専用埠頭で、バナナ積載船から物流センターまでの港湾荷役を担う古い実績を持つ。日本でのバナナの港湾荷揚げ業務では50%を超えるシェアを占めると言われ、拠点である神戸港におけるバナナ輸入取扱いシェアに至っては実に95%以上である。[47]

2012年に完成した上組ポートアイランド総合物流センターは、神戸港ターミナルの保税地域内に建設され、青果棟(倉庫)と青果加工棟(追熟加工)を連結した構造の国内最大級の青果物流通加工施設である。二隻の貨物船が同時に着岸でき、荷揚げも同時にできる。[48] 加工棟には、後述するバナナの加工流通最大手のファーマインド社が入る。70もの数の追熟加工施設

（室(むろ)）が設置され、大量の注文にも対応できるようになっている[49]。

日本のその他の港湾では、このような設備を整えたところはまだない。たとえば同じ上組が請け負っている東京湾の業務の場合には、バナナの荷揚げ・保管・検査・燻蒸・通関・荷捌きを経て、最初に搬入された倉庫から、追熟加工業者の室のある別の倉庫へと運送される[50]。ところが、連結されて建設された加工棟を持つポートアイランド総合物流センターでは、建物内だけでなく建物間においても完全空調によるコールドチェーン（低温流通体系）が構築されており、温度を管理したままバナナを外に出すことなく一括した形で、一連の工程を終えられる。バナナは、ここから直に小売店舗に配送できるのだ。

すべてを最も効率的に代行できる体制を整えて、厳しい品質管理を求める輸入業者の要求に応えようとする。この上組の神戸の事例は、港湾輸送業を主軸としながら、バナナをはじめとする青果物の輸入から国内流通までのサプライチェーンについて一貫して請け負い、組織管理していくことにより、青果物取扱い業界での地位の維持拡大を目指す企業戦略を示していると言えるだろう。

多様な輸入業者

すでに触れたように、大手四社だけで、フィリピン産バナナの日本輸入全体の4分の3以上を占めている[51]。しかし、輸入業務を行う業者は他にも数多くあり、「日本バナナ輸入組合」には21社が加盟している。[52] メキシコ産有機栽培バナナやエクアドル産バナナの輸入に従事している会社[53]や、農産物全般の輸入販売を業務とする会社もある。

財務省の貿易統計では、2016年のフィリピン産バナナの輸入総量は約75万1220トンで、輸入金額にして810億2180万円とされている。最新の確定値が出ている19年では、輸入総量は83万6618トン、金額は845億721万円である。[54] 日本への輸出国では、フィリピンが相変わらずトップの地位を譲っていない。2位のエクアドルは11万9294トン、108億8814万円であり、そのシェアはフィリピンの7分の1程度にとどまっている。

2016年時点で当時の日青協に加盟していた輸入業者と各社の取扱数量（箱）は、**表6―4**のとおりである。この加盟社が、長年にわたって日本におけるフィリピン産バナナの主たる輸入業者であったと言っていい。

表6―4　日青協加盟のフィリピン産バナナの輸入業者と輸入数量（2016年）

輸入業者名	輸入数量（箱）
伊藤忠商事	1.525万7,316
スミフル	1,461万7,060
フレッシュ・デルモンテ	768万1,286
ユニフルーティー	667万9,994
ANAフーズ	386万5,225
ローヤル	152万5,633
富士フルーツ	74万8,862
その他	194万533
計	5,231万5,909

（出典）日青協『2016年（平成28年）輸入青果物統計資料』。

表6―5は、**表6―4**の大手輸入業者と、バナナ輸入組合加盟の輸入業者、バナナ輸入組合非加盟の独立系輸入業者の中から、輸入バナナを扱う日本の輸入業者の多様性がつかめるように、規模も業

表6－5　日本におけるバナナの輸入業者の多様なタイプ

	会社名	業務内容と特色
商社系輸入業者	伊藤忠商事	伊藤忠グループの中核として、バナナの栽培、輸出、輸入、流通、小売のすべてに子会社と関連会社を組織し、「原料等の川上から小売等の川下までを包括的に事業領域」(伊藤忠商事ウェブサイト)として垂直統合した経営を展開。中核ブランドが「ドール」。
	スミフル・ジャパン	生鮮青果物の輸入および販売。住友商事が49%の株式を保有するスミフル・シンガポールの100%子会社だったが、住友商事は2019年にスミフル・シンガポールの全株式を売却。住友商事とスミフルの資本関係はフィリピンでも日本でも解消されたが、輸入以降の小売りに至るまでの全工程を、スミフル・ジャパンと住友商事の関連会社が連携して行っている。「甘熟王」をはじめ多様なブランドバナナを展開。
	ANAフーズ	全日空商事の100%出資子会社。主力のバナナ取り引きでは、生産から輸入・加工・販売までの一貫流通体制を自社で整備。フィリピンの「フレスカーナ」とエクアドルの「田辺農園」がブランド。
青果物特化型輸入業者	フレッシュ・デルモンテ・ジャパン	デルモンテの100%出資日本法人。「デルモンテ」ブランドのもとで生鮮果実・野菜の輸入、加工、販売を行う。
	ユニフルーティー ジャパン	Unifrutti ASIA B.V.(アムステルダム)が99.5%出資する日本法人。おおむねバナナの輸入に特化した多国籍企業。貯蔵・加工・販売を手掛ける。「最高峰バナナ」「天晴れ農園金の房」などのブランドで販売。
	ローヤル	1950年設立の京果京都青果合同株式会社が母体となり、81年に発足。生鮮果実・野菜の輸出入、加工、販売を行う。99年にバナナの直輸入を開始し、ラパンダイ・フーズ社の「エストレージャ」ブランドや、ラパンダイ社の栽培だが独自ブランディングの「みやび」などを展開。
地域独立系青果物輸入業者(輸入・加工・卸売)	南国フルーツ(福岡県福岡市)	大手輸入業者・商社(主要取引先は伊藤忠商事)と連携した輸入青果卸売・バナナ熟成加工(年間80万ケース)。フルーツパーラー、ジュースバーを展開。1962年、翌年に控えたバナナ輸入自由化をにらんでバナナ加工場設置、2008年に室をリニューアル。
	船昌商事(東京都大田区)	外国産果実、野菜の輸入および卸売業務、全国への青果物の販売供給・東京大田市場をはじめとする卸売市場、スーパーや量販店へ生鮮果実を販売。2016年、大井ふ頭にバナナ加工場を新設。
	タナカバナナ(三重県伊賀市)	バナナやアボカドの輸入、熟成加工や卸売、外食事業を展開。明治初期(1870年ごろ)に青果問屋を創業。1907年に青バナナの熟成加工を開始。「食糧格差をなくし、飢餓のない世界を実現する」をビジョンに、オーガニックバナナ、フェアトレード認証バナナを取り扱う。「認定NPO法人セカンドハーベスト名古屋」と協力し、無償でバナナを届けるフードバンク活動にも参加。

(出典)各社ウェブサイトの情報を中心にして筆者作成。

務内容も異なる各社を取り上げて、タイプ別に分けたものである。[55]

伊藤忠商事の事例で以下において検討していくが、グローバルに事業を展開している大手輸入業者の場合は、規模の大小を問わず、輸入商社であると同時に卸売業者でもある。小売販売までも含めた流通過程全体をコントロールする立場にたっている。

生鮮青果物や野菜の輸入に特化した企業には、多国籍企業であるデルモンテやユニフルーティーのような伝統ある業者もあれば、ローヤルのように、近年になってバナナの直輸入を手がけるようになった純国産の輸入業者もある。それらもまた、バナナのサプライチェーンの川上から川下に至るすべての物流工程を管理・監督する立場である。

独立系輸入業者は、自らは輸入商社部門を擁することなく、商社や大手輸入業者との連携や提携で世界各地の果実の輸入につなげている、もともとは国内での加工や卸売を本業としてきた業者が多い。しかし、自ら現地視察などを行い、買い付けの見定めを行う。

たとえば**表6－5**の南国フルーツは、九州を地盤とし、量販店、外食産業、小売店など幅広い取引先へ生鮮農産物全般を卸している。関東地方で大きな市場シェアを持つ船昌商事は、東京の大田市場をはじめとする卸売市場や、スーパーなど量販店を取引先とする。最も社会的志向の明確な独立系業者がタナカバナナだ。「食糧格差をなくし、飢餓のない世界を実現する」をビジョンとし、有機ＪＡＳ認証を持った日本国内で唯一のフィリピン産バナナ・ブランド「スイートオーガニック」を手がける。さらに、地域のフードバンク活動への参画など、広報宣伝的性格の色濃い他社の社会貢献活動とは一線を画した取り組みを展開してきた。

このように、独立系輸入業者は、それぞれが地盤を持ち、その地域内で卸しや小売りの市場によりきめ細かく目を配るなど、大手ではできない独自の価値の創出に力を入れている。また、この三社はいずれも、自社のバナナの追熟加工を独自性のある主要業務の一つとして謳う。

重要なことは、多国籍企業から独立系に至るまで、輸入後に行われる追熟加工から小売店への販売までを一貫して管理する方向で事業の展開を図ってきた点である。また、ＡＮＡフーズやローヤルのような比較的規模の大きい輸入業者はもとより、地域ごとに市場を持つ独立系の輸入業者もまた、さらなる利潤追求を目指して、生産現場との提携関係を強化し、一貫した管理が可能な独自のサプライチェーン構築の取り組みを試みている点も注目されよう。

伊藤忠商事のサプライチェーン構築戦略

ここでは、輸入業者の中でも最大手の伊藤忠商事の事例をみてみよう。伊藤忠の特徴は、完全子会社かあるいはそれに近い資本関係を持ったグループ会社を系列化して、独自のサプライチェーンの構築を追求してきている点である。近年になって生産―輸出―輸入を担い、スミフルとの資本関係を解消した住友商事とは対照的に、アジアにおけるドールの青果事業を手中に収めたように、事業提携や積極的な買収を進めてきた。現在では**図６―３**に示したサプライチェーンを有し、生産から販売まで、垂直的で最も一貫した調達―供給経路を持つに至っている。

図6－3　伊藤忠商事のサプライチェーンの概略

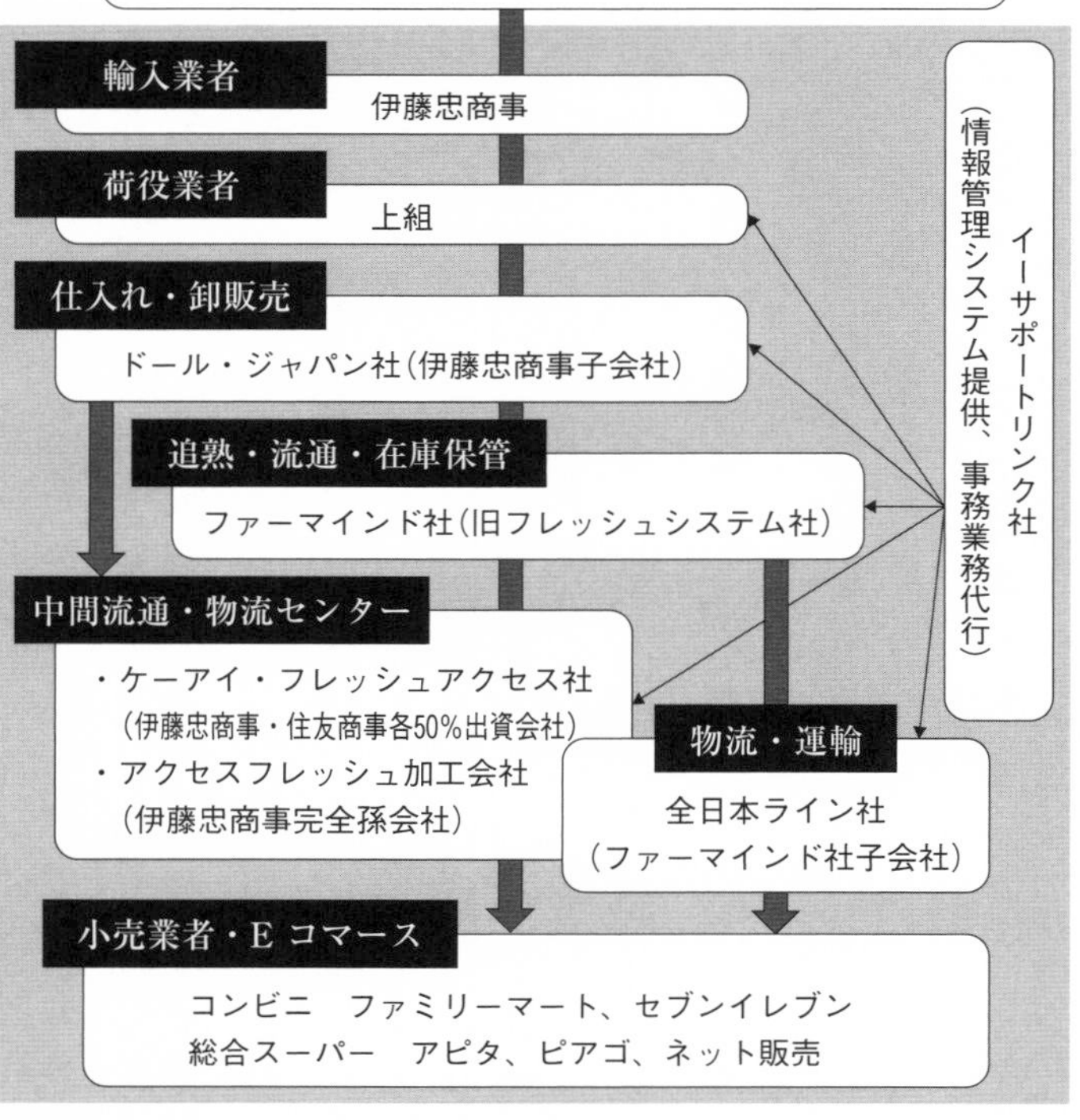

（出典）伊藤忠商事ほか関連各社のウェブサイト、有価証券報告書などから筆者作成。

しかし、そのバナナ輸入の歴史は、必ずしも順風満帆というわけではなかったことが分かる。１９６６年に栽培されたバナナの全量を買い取る契約でドール・フィリピン社と事業提携をし、日本市場への輸出を目指して翌年に設立された現地生産出荷会社スタンフィルコ社にも出資したことは、すでに触れた。

伊藤忠商事はバナナの日本での受け皿の整備も急ぎ、１９６７年に伊藤忠青果協議会を結成。参加したのは、「台湾バナナの専売業者だった京浜物産貿易や東京丸一青果貿易、ジャパン・フルーツ、青果卸売会社である京都青果合同など」だったという。[56] こうして、伊藤忠が輸入したバナナの日本国内での卸売りを、既存青果会社各社を糾合した伊藤忠青果協議会がまとめて行う体制が整い、翌年にフィリピン産バナナの輸入が始まった。

全量買い取りというリスクは、当時全国に増え始めたスーパーが販売先として広がったことで緩和された。それでも、フィリピン産バナナの生産量と日本での需要のギャップ（＝供給過多）や、価格変動の激しさは続いたようで、「全量買い取り方式」時代は終焉を迎えた。１９８２年には伊藤忠青果協議会も解散し、日本での販売権をキャッスル＆クック社に返上する。

キャッスル＆クック社は１９８２年に、それまでの日本支社を日本法人（現：株式会社ドール）化し、伊藤忠商事に替わって日本での販売事業に乗り出した。ところが、輸入事業については伊藤忠が引き続き担い、キャッスル＆クック社が旧伊藤忠青果協議会加盟社を軸とした加工・卸売業者に販売を行うかたちが残ったという。

２０１３年に伊藤忠商事は、新規設立した１００％持ち株会社(Dole International Holdings)を通じてドールのアジアにおける青果物事業を完全買収した。それと並行して、株式会社ドール(Dole Japan, Inc.)の買収も行い、関連子会社化した。輸入業者であった伊藤忠はここに、フィリピン産バナナ事業のサプライチェーンすべてを垂直的に統合してコントロールする立場にたったのである。関根佳恵の指摘によれば、これは、日本の青果物の流通が１９８０年代以降の構造調整政策のもとでの規制緩和対象となって以降、伊藤忠が選択した経営戦略だった(57)。

伊藤忠商事の食糧部門のウェブサイトには、フィリピン産バナナ事業について次の記載がある。少し長いが、伊藤忠グループの垂直統合戦略の性格をよく表しているので、引用したい。

「当社は２０１３年４月に米国のドール・フード・カンパニーから、アジアにおける青果物事業と、グローバルに展開する加工食品事業を買収しました。買収以降、主要商品の最大生産拠点であるフィリピンで台風、干ばつ、病虫害等が発生し、バナナの生産数量は買収前と比べ約４割減少しました。当社のグループ金融制度を含む資金力の活用及びマネジメント・現場への人材派遣を通じて、生産量の回復・拡大に努めています。具体的には、バナナにおいては灌漑設備の導入、農地の集約・拡張、病虫害対策等、パイナップルにおいては農園への設備投資と栽培方法見直し等を行っています。更に、天候不順等のリスクに備えた産地の多角化の推進や、事業・商品の選択・集中、不採算事業の整理等の経営改善も実行しました(58)」

ここで書かれている「現場への人材派遣」とは、バナナ事業に関しては、自社の商社マン一

表6－6　伊藤忠によるドールからの取り込み損益（純利益）の推移（2013～19年）（億円）

	2012	2013	2014	2015	2016	2017	2018	2019	2020
計画	―	―	100	81	58	―（不明）	105	100	74
実績	0	71	48	▲169	83	32	78	▲2	

（出典）伊藤忠商事ウェブサイト掲載の各種決算説明資料より筆者作成。

名をドール・フィリピン社に出向させていることを指す。この商社マンは、ミンダナオ島に駐在し、総計３７００万本にのぼるバナナの株を擁する各農園の管理にあたっている。[59]こうした努力の結果、収益は改善し、今後は「アジア最大の農産物インテグレーター」、すなわち最大規模の統合を目指すとして次のように続けていた。

「２０１６年度は販売価格の好調や各種コスト削減も奏功し、収益が改善しました。今後２０２０年度までにフィリピンでバナナを２０１６年度の44万トンから80万トンに、パイナップルを75万トンから１００万トンにする増産体制を整え、アジア最大の農産物インテグレーターを目指します」

フィリピン現地子会社のドール・フィリピン社に対する強力なテコ入れを行って経営実績の回復に努めてきたかのようにみえる伊藤忠商事であるが、結果は２０１３年にドールを買収した際に想定されていた「安定的に１００億円を稼ぐ[60]」という計画どおりには進んではいない。

表6―6は、パイナップルの栽培加工事業なども含めたドール事業全体が伊藤忠商事にもたらしている年度ごとの損益の推移を表したものである。バナナだけの問題ではないのだが、買収以前の段階での設備投資

不足や、病害虫や気候変動、効率化などの課題には現在も対応が続いている。

２０１５年度の１６９億円もの損失には、ドール事業のオーストラリアからの撤退による約20億円の損失も含まれている。16年度決算ではいったん「Doleの経営改革が予定通り進み採算改善」したとされ、[61]17年度の第１四半期の質疑応答でもドール買収以前に「滞っていた必要な設備投資を進めており、灌漑設備の整備や経費削減等、２年がかりでやってきた施策の成果が着実に出ている」[62]とされた。

しかし、減損損失は繰り返し発生し（２０１７年度も75億円の減損[63]）、有形固定資産の取得に18年度は99億円、19年度は89億円を費やしている。19年度には、「Doleの青果物販売価格の下落や食品事業のコスト増加及び現存損失」による減少もあり、「Doleでの減損損失及び不採算農園撤退等　約▲45［億円］」を「一過性損益内訳」として計上している。[64]「安定的に１００億円を稼ぐ」どころか、その見通しさえ立っているとは言えない状況にある。

四　追熟加工は誰がどう行うのか

人工的な熟成過程

この節では、バナナが日本に輸入されてから後の工程をみていく。通関を終えれば国内での流通が可能になるが、そのまま消費者の手に運ばれていくわけではない。国内に輸入されたバナナに対して最初に行われるのが「追熟」という「加工」作業である（以下、「追熟加工」と記す）。この人工的な熟成の過程を経たバナナだけが、小売店舗に並ぶ。

生鮮青果物としてのバナナに「加工」という工程が含まれていることは、不思議に思われるかもしれない。輸出用バナナは、産地において熟度が70度程度、すなわち青い未成熟のまま収穫される。そして多くの場合、その青い状態で13・3〜13・8度の低温で保管され、日本に輸入される。輸入された時点も、未成熟のままである。

成熟して黄色くなったバナナは、ミバエという害虫が卵を産み付けることがあり、検疫上の理由から輸入は許可されていない。通関手続きを終えたバナナは未成熟で青いまま、「室（むろ）」（以下、読みやすくするためにムロと記す）とよばれる追熟加工を施す部屋に運び込まれる。

追熟加工の歴史

追熟加工の歴史は古い。日本にバナナが輸入されたのは1903（明治36）年で、台湾バナナである。1915（大正4）年ごろからバナナの需要が伸び始めたと言われている。[65]たとえば、横浜で青果物の加工・仲卸・外販を営む横浜水信（みずのぶ）の歴史は、1915年の台湾バナナ加工卸問屋・水信商店の創業に始まる。植民地台湾から「移入」した青いバナナを室で追熟し、小売店に卸すパイオニア的な加工業者として創業された。その後、移入加工業者の数は全国で400ほどにもなったという。[66] バナナの熟成加工販売を専門とする熊本市の松田青果は1926(昭和元)年の創業である。現在の店の地下には大きな倉庫跡があり、「バナナを貯蔵し、よりよく熟成した時に市場に出荷していた」という。[67]

戦後は、1963年のバナナの輸入自由化が、各地の卸売業者に空調で管理できるバナナ加工場の設置を奨励する重要な契機となった。青果仲卸業者として東京都中央卸売市場大田市場に本社を持つフナスエが、東京郊外の板橋区にバナナ加工室を建設したのが63年である。[68] 松田青果は64年の東京オリンピック開催のころに空調で管理するムロを新設しているし、福岡市を拠点とする南国フルーツが加工場を新設したのも同時期である。高度経済成長はすでにフル回転し始めていた。

しかし、昭和30年代に主流だったのは地下ムロだった。松田青果のように自分の小売店舗の地下にムロ兼倉庫を持っていた例もあるが、多くは卸売業者が青果市場の地下などに保有して追熟加工を行っていた。この地下ムロでの追熟方法は以下のようだったという。

「ムロの上部の木板の上に氷を載せて、ムロの下方には都市ガスあるいはプロパンガスなどのコンロ、炭火七輪などを用いて加熱します。

氷からの水分と燃焼による水分、あるいは地下水の浸透により、ムロ内は十分に加湿され、また、氷の量や燃焼時間などでムロ内の温度調節を行い追熟をしてきました。

この方法は地下で燃焼させていることにより、酸素不足による酸欠事故やガス漏れによる中毒事故、爆発事故を起こし大変危険な方法で同時に温度の調節が難しく熟練者しか出来ないものでした[69]」

追熟加工技術の近代化

前述したように、追熟加工では温度と湿度の調整が重要である。ユニフルーティージャパンのウェブサイトには次の記述がある。

「湿度がなければ、熱（温度）が伝達せず、バナナの水分も奪ってしまうので、湿度は90％に保ちます。1本のバナナの果肉部分をセンサーで温度測定していますが、ムロ内に設定した温度を、その果肉センサーの温度が上回った状態になった時、バナナは眠りから覚め自ら呼吸を開始し熟成をはじめたことを意味します。そこからCO2濃度を調整していきます[70]」

温度と湿度のほかにもうひとつ大事なのが、換気である。それは、爆発事故防止のためではない。追熟を早める作用を持つエチレン量の管理が、より良いバナナの熟成と保管のために必要だからである。ムロの温度を上げてバナナが目覚めるときにエチレンガスを入れ、20～36時間ほど密閉状態に置くと、バナナは完全に目を覚まし、自らエチレンガスや炭酸ガスを発生する。こうなるとバナナの呼吸が活発化し、定期的に換気をしないと逆に酸欠状態になって、バナナは腐敗してしまうという[71]。

伊藤忠商事の完全孫会社として農産物加工を行うアクセスフレッシュ加工会社で、バナナの追熟加工を担当して20年になる農産加工部長は、最大の企業秘密を「最初にガスを浴びせて24時間密閉した後の換気の加減」にあるとする[72]。最初のガスでバナナの目を覚ましたあとは、バナナ自らが出すエチレンガスで自然に熟成するよう促すところにコツがあるらしい。

ムロの設備は、バナナの輸入自由化にともない1960年代中ごろから、地下ムロから空調で管理される地上ムロへと変化していった。空調管理可能な地上ムロは、高い遮熱性を有する壁で囲まれ、温度を上げるためのヒーター、温度を下げるためのクーラー、湿度を上げるための加湿機、外部の空気と内部の空気を入れ替えるための換気機といった空調設備を備えている[73]。

熟成を促進させ、かつ風味を向上させる目的で、エチレンなどのガス投入機も設置された。加えて、熟成加工室内の状況を把握するための温度センサー、果肉温度センサー、湿度センサー、CO2センサーなども設置され、追熟管理がなされるのが、一般的な地上ムロだったという。

差圧式システムによる加工技術の効率化と均質化

戦前のバナナ問屋から始まる果物の加工・卸売の名古屋バナナ加工会社も、高度経済成長の続く1960年代に空調設備のあるムロを増設していった加工業者のひとつである。戦後の51年に「バナナ会館」を建設して最初の追熟加工業務を拡大したのち、60年と67年にさらに別々の場所に加工場を増設して業務を拡大した。

そして、1996年には日本で初めて「差圧式エアバックオーバーアンダーシステム」を導入したバナナ熟成室を新設、2005年には「二段式差圧バナナ室」を増設。コンピュータによる温度管理のされた専用追熟室で熟成を行っている。名古屋バナナ加工会社は、「熟成加工は50年を超える実績の中で、独自のノウハウと高い技術力を持っています」と謳い、追熟加工した出荷前のバナナの定温倉庫での温度管理まで実施している(74)。

名古屋バナナ加工会社の歩みが示すように、地下ムロから空調ムロへと進んだ追熟加工施設の近代化は、1990年代以降になるとさらに進んだ。それが差圧式のムロである。ムロに関してはさまざまな特許開発がなされている。それらの申請書の記述を借りて、どのような点が問題となって差圧式ムロが求められるようになったのか、またそのメリットはどこにあるのかを整理しておこう(75)。

これは、カートンボックス（重さにして13〜13・5kgのバナナを詰め込む段ボール製の箱）に重ねて入れられたバナナが、ムロ内のどの位置にあっても均一な温度と湿度を享受できるようにして、色むらや表皮の割れの発生を防止しようとするものである。温風や冷風をカートンボックスのどこの隙間にも均一に送り込むための工夫が、カートンボックスの内外に人為的に設けた空隙の「差圧」の利用である。こうした差圧は、エアバッグや、クッションと布からなるベッド、積層されたカートンを覆うシート、追熟加工室内に突出可能なシャッターなどを用いて操作される仕組みが従来用いられてきた。

カートンボックスの内外に設けた空隙の差圧を利用することで、温風や冷風を効率的かつ強制的に循環させられれば、カートンボックスの積み替えを行って風の当たり方を均等にする作業が不要となり、積み荷をパレットに積載させたままの状態で熟成できる。すなわち、積み替えに要する人件費や作業時間を節約できるし、積み替え作業によるバナナの損傷も減らせる。しかも、カートンボックス間は従来のように隙間を空けないで積載できるから収納量が増え、熟成室をより効率的に利用できる。

ユニフルーティージャパンは、東日本エリアでは東京都大井（品川区）に64、西日本エリアでは神戸市に28のムロを自社所有している。ひとつのムロで最大1800カートンのバナナを加工できる。差圧式については、以下のユニフルーティージャパンの説明が分かりやすいかもしれない。

「私たちのムロは、差圧式と呼ばれる最新式のものです。…（中略）…差圧式により、風が強く循環します。バナナのダンボールは、上底部ともに蓋を閉めても中央部が開いています。これは、風を内部まで吹き込ませることと、加工状態を確認しやすくするため。ダンボールを持つときに使う側面部の穴も、実はバナナにとっては風を送り込むための重要な役目をしているのです」

そして、ユニフルーティージャパンはこう締めくくっている。

「バナナが持つポテンシャルは栽培時に、最終的な味は加工で決まります」[76]

名古屋バナナ加工会社が導入した差圧式加工システムを供給した朝日熱学工業（現ティーネットジャパンＡＳＡＮＥＴＵ事業部）は、果実熟成加工設備の設計施工を主軸の業務とする。そのシステムは、フレッシュシステム社（現ファーマインド社）をはじめ、本稿で触れているほとんどのバナナ輸入業者や卸売業者、仲卸業者へ追熟加工施設として納入されている。[77] 従来６日を要していた加工が４日となるなど加工サイクルが短縮化できるうえ、コンピュータ制御加工のため、加工中の温度・湿度・換気・ガス濃度のコントロールには一切人手がかからないという。[78]

青果の卸売業者や仲買人が、経験や勘をもとに行っていた追熟加工は、いまや、最新テクノロジーで管理され、限りなく「品質が均一」なバナナが消費者に供給される体制が日本中で整えられるようになったのである。ファーマインド社は、この差圧式加工システムによる追熟加工を全面的に取り入れ、品種や畑の違いなどを含めた１２０種ものバリエーションがある「ドールバナナ」の栽培状況に関する情報一つひとつをデータベース化。きめ細かく調整したコンピュータ制御加工をすべての加工センターで行っているという。[79]

「勘と経験」の強調

しかし、すべてを機械化したりマニュアル化することはできない。船昌商事では、追熟加工は「それでもなお職人の世界」だとし、それぞれの加工業者がムロごとに独自の「門外不出の秘伝」の基準を持っているとする。急な受注の際には追熟を早める、入荷の遅れがあれば市場に穴が空かないように追熟を抑えるなどの対応をするという[80]。

「作業者の勘と経験」が強調されているのは、各業者による販売戦略である面も少なくないかもしれない。各業者は一様に、最新テクノロジーによる全自動操作と管理による効率の追求を目指しつつも、一方では追熟加工技術の差異化とそこからもたらされる品質の差異化においても激しく競っている。

南国フルーツの場合は、エチレンガスによる追熟加工だけではなく、「ハニー加工」というアルコールを含んだ加工液による熟成をあわせて行っている。ムロに「ハニー液」を霧状に散布し、これによって「バナナが芯から発酵して、澱粉とタンニンが完全に糖化され」、「まろやかな食感と際だつ甘さの後味の良いバナナ」になるという[81]。さらには、輸入フルーツ専門の仲卸業者の松孝の場合のように、反効率を鮮明に打ち出している業者もみられる。

「近年日本に出回っているバナナの多くは、効率ばかりが重視され、短い期間でバナナを黄色く色づけしただけのものに過ぎず、本当に残念なことです。私たちは、1日に1000ケース以上のバナナを人力で積み直すことから始め、時間と手間ひまをかけてじっくり熟成させ、芯まで甘く、最高においしいフルーツに仕上げてお届けすることに全力を挙げています[82]」

ファーマインド社などの大手が時代遅れとみなすカートンボックスを互い違いに積み直す作業を、松孝は重視する。「船積みされたままのバナナケース[=カートンボックス]をそのままムロに入れ、温度を急激に上げ下げして短期間で皮を黄色くする効率ばかりを重視したバナナ」を喧伝する大手加工流通業者への激しい対抗心が、ここにみてとれる。

五　国内流通の短縮効率化と寡占化――卸売市場からコールドチェーンの確立へ

以上、追熟加工の過程を、その歴史と担い手や手法の多様性に着目しながら詳しくみてきた。追熟加工を施されたバナナは、いよいよ本格的な日本国内の流通過程に入る。これは「川中」にあたり、ここを経て初めて川下の小売販売店へとバナナはたどりつく。

追熟加工の仕事は、従来多くの場合、小売りへバナナを卸していく卸や仲卸という川中のアクターによって担われてきた。卸や仲卸業者は、販売店へバナナを追熟加工したうえで流通させる要となるアクターである。かつてバナナの流通は、ほぼすべて彼らが売買を行う卸売市場をつうじてなされていた。次にみるのは、この卸売業者の役割と、その仕事場である卸売市場におけるバナナの流通過程である。

卸売市場と卸・仲卸業者の役割

日本の各地に存在する中央卸売市場は、近代化の進展にともない安定した円滑な生鮮食料品供給が求められるようになるなかで登場してきた近代市場である。１９２３（大正12）年に中央卸売市場法が制定されたのち、27(昭和2)年に京都市に日本初の中央卸売市場が開設された。以後、高知市、横浜市、大阪市、神戸市、東京都の順に続々とオープンしていく。

バナナの卸売業者の仕事場は、卸売市場であった。しかし、以下で紹介する福岡市の場合は設置が遅れ、青果市場が開場したのは1960年になってからである。このときに福岡市の卸売業者は福岡大同青果に統合され、今日に至っている。

中央卸売市場の目的は、流通の円滑化と適正価格の形成により、市民の食生活の安定を図ることにある。卸売市場には、産品を集荷して仲卸業者や売買参加者に販売する「卸売業者」と、卸売業者からせり売りや入札、あるいは相対売りによって物品を購入する「仲卸業者」がいる。

仲卸業者は、「卸売業者との売買取引に参加して買い受けた物品を市場内の店舗で売買参加者や買出人に販売する者」とされている。「買出人」とは小売商や加工業者で、彼らの小売店を通してバナナは消費者に届く。仲卸業者はまた、「消費地の市場に発送したり、大量、多種類の物品を評価、分荷、調整したりする重要な機能を持っている」ともされている。

そのほかに、市場での「売買参加者」がいる。これは、小売商・加工業者のうち、市長の認可を受けて、仲卸業者を通さずとも卸売業者との取引きに参加できる者を指す。**図6―4**に、福岡中央卸売市場の売買の流れを図示した。

このように、卸→仲卸→小売商(買出人)という市場内での商取引を繰り返したのちにバナナは消費者に届く。これが、昔ながらの流通過程であった。ところが、バナナの流通において今

図6－4　福岡中央卸売市場の青果物の流通経路

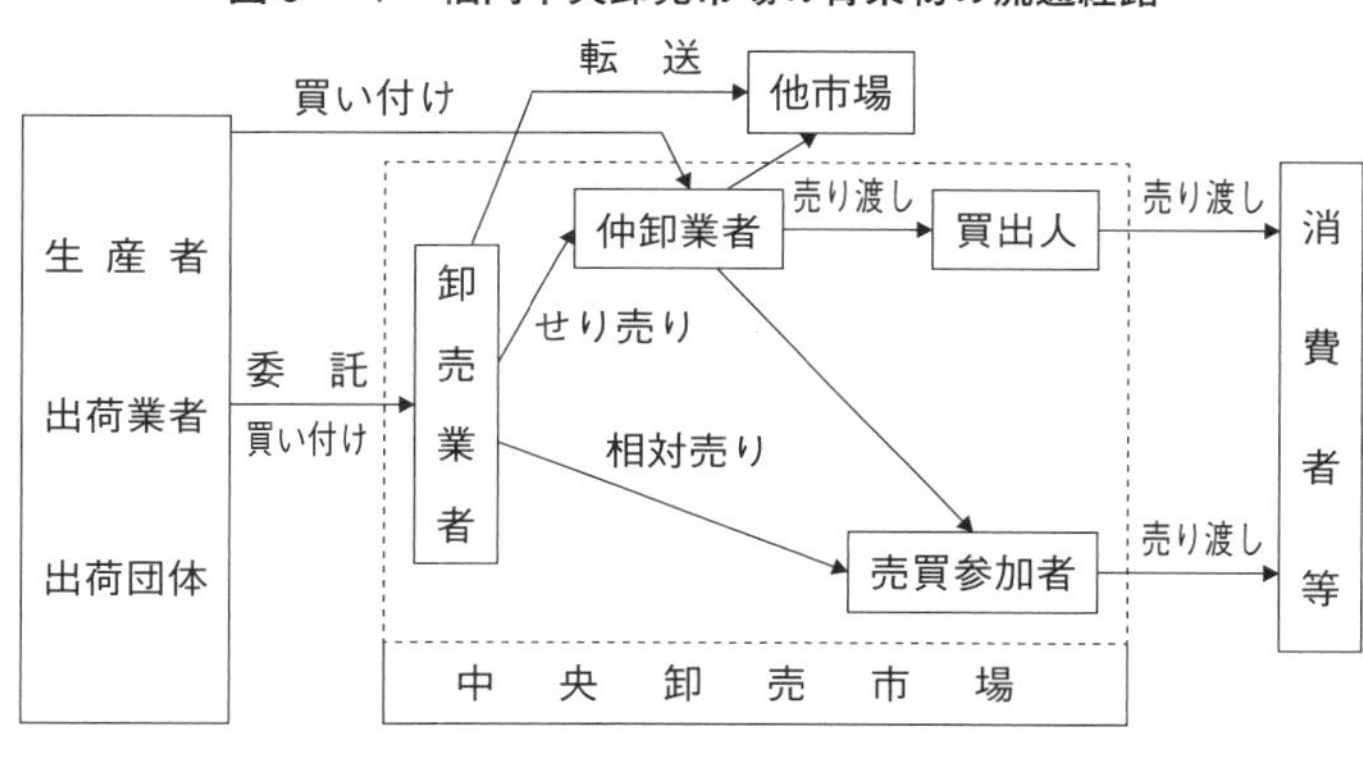

（出典）福岡中央卸売市場市場課編『市場概況 平成30年版<抜粋>』2018年、10ページ。

日主流となっているのは、この公的市場経由の流通経路ではなく、公的市場外の流通である。[83] そこで、市場外の流通経路とその特色――「コールドチェーン」（低温保管倉庫流通網）――をみておこう。

ドール系グループによる追熟加工と流通の革新

伊藤忠／ドールのバナナ事業の日本での展開を支え牽引してきたのが、「コールドチェーン」体制を確立したフレッシュシステム社（１９９１年設立、現ファーマインド社）である。１２０種ものバリエーションを持つとされるドールのフィリピン産バナナの品質を一定に確保するべく、すでに触れた差圧式追熟設備が完備された青果物加工センターを日本各地に整備した（２０２０年現在13カ所）。

まず、それまでは輸入したバナナを青果卸会社に未熟な状態で「青売り」していたのだが、追熟加工を各地の加工センターで自ら行うことにした。加工済みのバナナは、そのあと徹底的に低温管理された倉庫保管とトラック輸送を経て、販売店に届けられる。こうした低温管理体制を国内流通において一貫維持して、外気の温度に左右されて起こる品質劣化を予防し、販売店における食べごろの均一品質バナナの販売を日本中で可能としたのである。

加工されたバナナの取引きは公的な卸売市場を通すことなく、直接スーパーなどの小売店と価格交渉して直送される。こうした流通過程の短縮化と効率化によって、利益の大幅な底上げも追求した。

ただし、港から200km以上離れると、温度管理された冷蔵トラックで運んでも、熟成した軟らかいバナナは輸送時の振動で傷むという。そこでファーマインド社は、港沿いだけでなく郡山市(福島県)や高崎市(群馬県)など内陸都市にも、200km圏内となるように加工センターを増設してきた。日本のほぼ全域をカバーする加工流通ネットワークが構築されたというわけである。

フレッシュシステム社を設立して代表取締役社長に就任したのが、堀内達生(現在はファーマインド社の社長)である。堀内は、1977年にキャッスル&クック・イースト・アジアリミテッド日本支社(現ドール・ジャパン)へ入社し、89年には同社副社長に就任する。つまり、ドールから独立した会社でバナナの加工と流通システムを刷新し、2015年に商号変更してファーマインド社となり、現在に至っているのだ。堀内は語る。

「加工センターの大規模集約化が進み、世界でも類を見ない最新鋭のインフラと独自のコンピュータシステムを整備することで、あらゆる品種のバナナを、いかようにも追熟加工できるようになりました。今後は100km圏ごとに加工センターを増やしていき、ますますきめ細かな流通ネットワークを構築する予定です(84)」

このファーマインド社が追熟加工したバナナをはじめとする青果物の流通を担い、コールドチェーンの確立に寄与しているのが、1998年に設立されたケーアイ・フレッシュアクセス社である。生鮮青果物の卸売り、青果物センターの運営、ロジスティクス(運輸配送)全般の一括受託を業務とし、伊藤忠とドールが主体となって設立された。第三者割り当てにより、現在では伊藤忠と住友商事がそれぞれ50%の株式を持ち合う構成に変化している。

加えて、中間流通に関する事務のアウトソーシングサービスを提供するイーサポートリンク社が2000年にフレッシュシステム社により設立された。イーサポートリンク社は情報処理システムの提供や事務代行業務の受託という形で、伊藤忠系列だけでなくスミフル・ジャパンとも取引関係を持ち、日本国内の大手生鮮青果物サプライチェーンの情報処理インフラを支える機能を担っている。

伊藤忠/ドールと住友商事/スミフルはライバル関係にある。だが、日本国内の加工と配送センター・中間流通においては、ファーマインド社が国内流通で独自に構築して主導権を握ってきたサプライチェーンに組み込まれるかたちで、規模の経済と効率の飽くなき追求に半ば追い込まれるようにして取り組んでいるのである。

ファーマインド社が先導する国内サプライチェーン再編の波紋

日本のバナナ加工を一新したとみなされているフレッシュシステム社は、2015年に関係他社三社と合併するかたちで、日本で最大のバナナ追熟加工業者であるファーマインド社となった。17年現在、伊藤忠／ドールと住友商事／スミフルの仕入れたバナナを中心に、日本のバナナ輸入総量の約40%の加工を取り扱っている。[85] ファーマインド社の加工センター（全国13ヵ所）にバナナを運び込めば、追熟加工後も温度管理されて全国どこへでも高品質のまま配送できるという。

バナナは毎日配達される日配商品だから、量販店は二～三社から購入する仕組みをとる。いずれの量販店もファーマインド社を仕入れ先のひとつに組み込んでいるため、ファーマインド社で追熟加工されたバナナは日本の「すべて」のスーパーやコンビニに毎日届く仕組みになっているという。2017年決算期の売り上げは約750億円、その4割がバナナによる。

いまやファーマインド社は、「青果流通の全プロセスをフルカバー」と謳い、商品開発（日本全国、世界各地からの野菜・果実調達）、加工（追熟、リパック[86]、カットフルーツ）、受発注システムの開発と提供、流通（物流センター、コールドチェーンネットワーク）、営業（輸入果実および国産野菜・果実）、マーケティングサポート、消費者対応（お客様相談室、消費者コミュニティサイト運営）

に至るまで手掛ける。さらに、有機栽培を含む独自のバナナ・ブランドを複数持つまでになっており、圧倒的な存在感を示す。

ファーマインド社はもともと、伊藤忠／ドールのバナナを扱う高機能追熟加工会社として出発した。だが、現在はその枠をはるかに超え、伊藤忠商事の系列とは無関係に、というよりもむしろ対抗的に、国内外の青果物の調達から販売まで独自のサプライチェーンを展開している。

また、ファーマインド社の追熟済みバナナの広域流通卸を担うケーアイ・フレッシュアクセス社は、すでに述べたように、もともとは伊藤忠／ドールが出資して設立された。ところが、いまでは伊藤忠と住友商事が50％ずつ出資するかたちで伊藤忠／ドールのみへの依存体質から脱却し、スミフルを手放した住友商事の青果卸売事業を担う主体ともなっている。ファーマインド社と同じように、伊藤忠／ドールから出発しつつもその後独立性を高め、社全体としてのシェアを拡大しているのである。

ファーマインド社自身も、より安定し拡大したコールドチェーンの維持のために、物流専門会社を完全子会社化した。それが、グループ会社である全日本ライン社だ。自前の流通会社を持つことで、シェア拡大にともなう機動性という課題に対応してきた。

全日本ライン社は、札幌市、郡山市、川崎市、名古屋市、神戸市、福岡市という、ファーマインド社の規模の大きい追熟加工センターの半分近くに支社をかまえる。そして、すべてが冷凍冷蔵車である50台の貨物トラックを配置して物流を担っている。首都圏の需要をこなす川崎市には、ファーマインド社が二棟のセンターを保有。一方にはケーアイ・フレッシュアクセス社、もう一方には全日本ライン社が入る。こうして、ファーマインド社のコールドチェーン網を構成している。

ファーマインド社のコールドチェーンの情報インフラを担ってきたイーサポートリンク社の動向も興味深い。同社の大株主には、ファーマインド社（10・08％）を筆頭に、ケーアイ・フレッシュアクセス社（4・48％）、上組（2・89％）も上位5社に入っている。国内流通におけるサプライチェーンの連結の強度がここによく示されているではないか。

サプライチェーンの構築における情報インフラの一元的整備の企業にとっての効用は多岐に及ぶ。従来の卸売市場を通した流通では、バナナの受け取り手が変わるたびに情報が途切れた。たとえば、近年の目の肥えた消費者が求めるトレーサビリティの確保はほとんど不可能である。だが、紙やファックスや電話ではなく、使い勝手の良いオンライン・ソフトが活用できれば、事情は異なる。産地情報、生産者情報、コスト情報、流通経路情報、在庫・出荷情報など、あらゆる情報をデータとしてインプットし、関係業者が共通に管理してさまざまな事故や課題に対処することが可能となる情報環境が構築できる（図6―5）。

垂直的統合を進めてきた本家伊藤忠／ドールの側は、バナナの国内流通に関しては、もとは分家でありながら一人前以上に成長したファーマインド社のサプライチェーン構築戦略の前に、後退戦を強いられているようにみえる。それでも、伊藤忠商事自身も独自の追熟加工会社

図6－5　情報インフラから見た国内サプライチェーンの一元管理の例

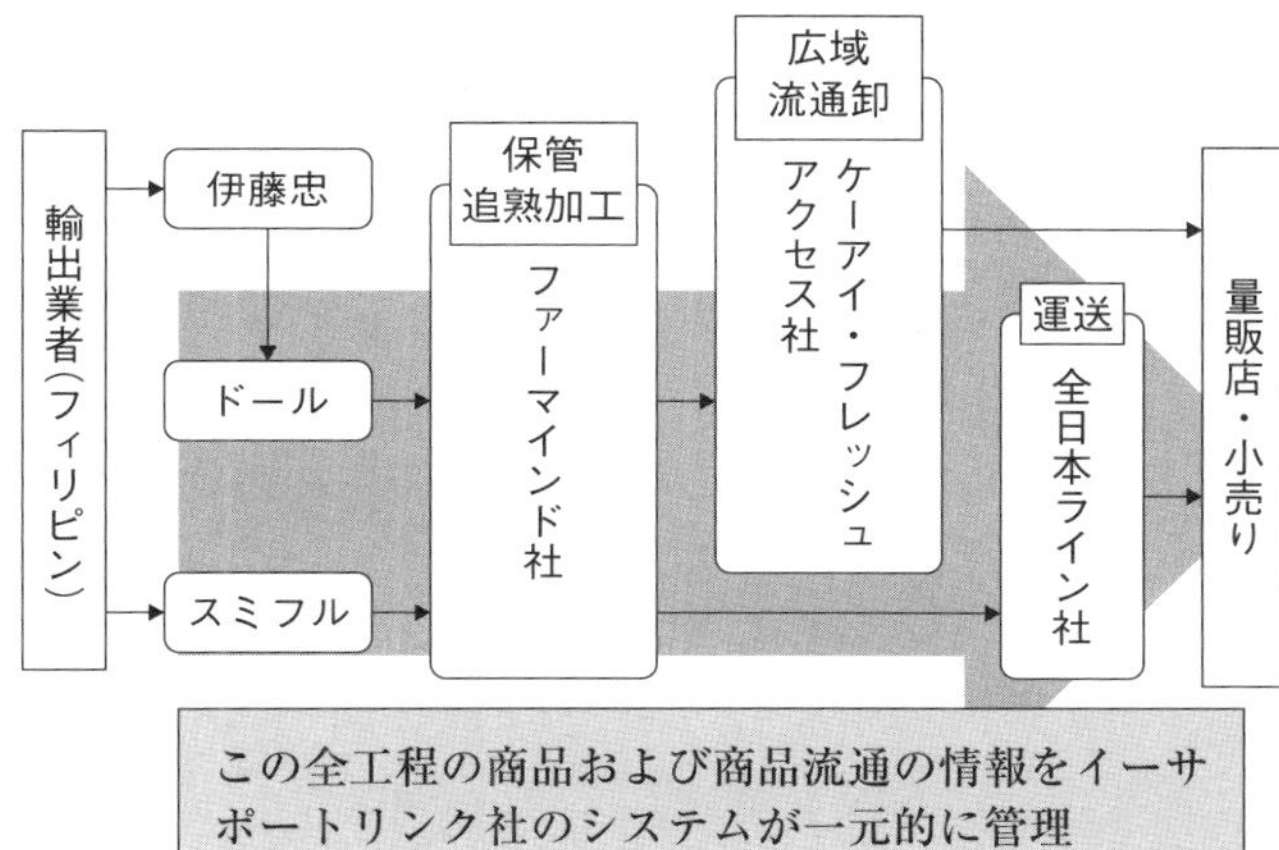

（伊藤忠の食品部門の卸売と物流を担う完全子会社・日本アクセスの完全子会社アクセスフレッシュ加工）を持ち、関東と関西にセンターを配置しているほか、高崎市にも追熟加工工場を造ってファーマインド社に頼らない市場の確保にも余念がない。

また、伊藤忠／ドールの場合には、地方の既存の卸売業者と提携し、追熟加工以降の国内サプライチェーンを委ねている場合もある。南国フルーツがそれにあたる。青果店から出発した南国フルーツは1962年に、翌年に実施されるバナナ輸入自由化を商機と捉えて追熟加工工場を福岡県春日市（当時は春日町）に新設。伊藤忠商事との取引関係から92年のフレッシュシステム福岡の開設にも出資した。現在は年間85万箱を独自の追熟技術で加工して、卸販売を行っている。地域ごとにさまざまなタイプのサプライチェーンを構築してバナナを届けているところに伊藤忠の特徴がある。

攻勢を強めるファーマインド社

しかし、ファーマインド社は攻勢を強めていく戦略を取っているようだ。たとえば2016年に行われた、フィリピン政府とフィリピン産バナナの調達についての基本合意書(MOU)の締結である。調印式は東京で、ドゥテルテ大統領や関係閣僚が出席して執り行われた。

合意では、「フィリピンから年間2000万ケースのバナナの調達を目指し、ドゥテルテ大統領が推進する付加価値のある農産物の生産・販売によるフィリピンでの地域開発プログラムへの協力を行」うという。さらにプレスリリースでは、「今回の合意によるフィリピン産バナナの調達により、一層効率的に輸入・加工・流通・販売と一貫したサプライチェーンを完結できることとなり、今までにも増して年間を通じて安定的に消費者の皆さまへ高品質で美味しいバナナを供給させていただくことが可能となります」と結んでいる。[87]

フィリピンの各紙の報道では、このファーマインド社の計画は、ミンダナオ島で7000haの新たなバナナ農園の造成を必要とし、そこでは1万4000人分の直接雇用が生み出され、2000万箱のバナナが毎年生産されることになるとの政府関係者の発言が報道された。[88]この計画は、紛争地域の元反乱軍兵士たちへの雇用供給を念頭においたものだともいう。金額にして50億ペソ(2018年7月時点のレート換算で103億8140万円)をもたらすことになるとも報じられた。[89]このように、伊藤忠商事のお株を奪うかのように、海外産地まで含めたサプライチェーンの垂直統合に乗り出しているのがファーマインド社である。

特定地域を商圏とする中小規模のバナナ流通業者の健闘

伊藤忠商事に限らず多国籍企業は、自らあるいはがっちり系列化された子会社が輸入を手掛けている。輸入業者であると同時に卸売業者でもあるが、各地域の卸売業者や量販店のネットワークも持ち、各地に構築した流通過程全体をコントロールする。アメリカ・デルモンテ社の完全子会社のフレッシュ・デルモンテ・ジャパンは、日本で消費される「5本に1本はデルモンテ」と言われる規模で輸入バナナを扱っている。扱う品目の内訳は、約80％がバナナで、約15％がパイナップル、残りの約5％がぶどう、アボカド、柑橘類、キウイフルーツなどのその他果実である[90]。

一方、バナナの追熟加工や卸売りを業務とする国内各地の独立系卸業者は、相対的に規模は小さいとはいえ、個々の地域商圏内では無視できない重要な存在だ。すでに触れた船昌商事や南国フルーツは、それぞれ首都圏と福岡圏における大手の輸入卸売業者である。

船昌商事は、大井ふ頭の保税地域のビル内に13ムロ（2016年新設）、そして東京都中央卸売市場大田市場前のビル内に10ムロ（03年新設）、あわせて23ムロを稼働させている[91]。南国フルーツは、春日市のバナナ加工場を08年にリニューアルし、伊藤忠商事から仕入れた年間85万箱を独自の技法で追熟加工してきた。卸売市場での卸売業務を遂行する一方で、九州・山口のスーパー約1000店にバナナをはじめ青果物を流通させてもいる[92]。

これらに対して、各地の拠点的な青果卸売市場内にムロを保有し、そこで追熟加工したバナナナを卸売市場内で仲卸や買参人に販売している業者もある。こうした市場密着型の事例としては規模はかなり大きいが、たとえば福岡中央卸売市場の場内にバナナ加工センターを新たに建設した福岡大同青果がある。[93] 同社は、福岡商圏唯一の卸売市場に事業の軸足をおきつつ、市場に隣接する市場外の土地に物流センターを建て、卸売とは別に独自の集荷、加工、パッケージを請け負い、量販店店舗へと配送する別会社も設立した。[94] ファーマインド社のような、伝統的卸売市場をバイパスする流通業者がバナナ取引の主流となるなかで、市場卸から手数料以外の収入模索へと舵を切ったということだろう。

ファーマインド社の台頭の事例にみてきたように、全体としては、旧来の卸売市場の役割は低下し、追熟加工と流通における卸売市場を介さない短縮効率化と寡占化が進んできた。しかし、一方で、自ら輸入したり、輸入商社からバナナの追熟加工の受託を受けたりする大小さまざまの卸売業者が、それぞれ独自のバナナの追熟施設と追熟技術を持ち、熟したバナナを選別し、ブランド化して袋詰め（リパック）を行い、卸売市場や量販小売店に販売、あるいは受託配送している。

ファーマインド社やケーアイ・フレッシュアクセス社のような中間流通企業の台頭は、青果卸売市場の存在そのものを否定していく力を持っており、多国籍企業のサプライチェーンの強大化は、中小の青果流通企業に深刻な影響を与えていることに変わりはない。それでも、福岡大同青果のように、市場の機能を保全しながら市場と隣接する市場外の量販店と直接取引し、加工・配送する施設を新設して巻き返しを図る業者もある。

六　小売店から消費者へ――ブランディング（ブランド戦略）と量販店

以上のような国内流通を経て、フィリピン産バナナは小売店の店頭に並ぶ。日本における飲食料品の販売では、食品スーパーと総合スーパーなどの量販店が大きなシェアを持つ。

さまざまな業態の量販店を傘下に持つ大手小売業者には、イオン、セブン＆アイ・ホールディングス（デパートのそごうや西武、スーパーのイトーヨーカドーやコンビニのセブン-イレブン・ジャパンを保有）、入り組んだ資本関係を形成してアジア展開を図るユニーとファミリーマート（伊藤忠商事の子会社のコンビニ）とドン・キホーテ、ユナイテッド・スーパーマーケット・ホールディングス（スーパーのマルエツ、カスミ、マックスバリュー関東を保有）、サミット（住友商事の完全子会社）、独立系のスーパーチェーンのライフコーポレーションなどがある。いずれも、さまざまにブランディングされたフィリピン産バナナを販売している。

以下では、近年のブランディングの特徴と、バナナ小売販売の主役である量販店がどのようなブランドのバナナを販売しているのかを検討し、サプライチェーンの末端にあたる川下の複雑な流通経路を確認する。

非常に多様なブランディング

ブランドといってもさまざまであるが、まず、栽培・輸入業者のブランドとして、「ドール」や「スミフル」「デルモンテ」「チキータ」のように、自社で取り扱っていることを示す以外にこれといった特色がないバナナに適用されている一般的なブランド(スタンダード・ブランド)が存在する。これらスタンダード・ブランド商品は、一房に一枚貼られたシールによって消費者の目に留まる。

しかし、これらのバナナには、別のブランド名でさらに包装されて量販店で売られているものもある。たとえば、ライフで売られているプライベートブランドバナナである「スターセレクトバナナ」は、デルモンテのシールが貼られたバナナの房が、スターセレクトのラベルが貼られた透明なプラスチック袋で包装されている。ラベルはシンプルなデザインで、原産国がフィリピンであることを示す以外の商品表示はまったくない。

こうした一般的なブランドとは別に、甘みが強いとか、高地で栽培されているとか、有機栽培であるなどの理由から、それぞれにブランド名がつけられている場合もある。さらには、独自の研究所を所有して品種改良・開発を進めているスミフルのように、バナナの品種自身を自社開発して特許を取得するなどして商品化し、ブランド化しているケースもある。これらは高品質の特別なバナナであることを売りに、一般のバナナとは差別化を図るブランディングがなされ、高価格で、洗練されたデザインのラベルが貼られ、一本ずつ個別包装されて販売されている場合も少なくない。

最近増えてきたのが、第三者による認証ラベルが貼られたバナナである。業者がそれぞれ売り出しているブランドにさらに付加価値をつけるものとして、第三者認証は存在している。認証ラベルは多くの場合、低農薬栽培や有機栽培など自然環境に配慮がされている栽培方法で育成されたバナナ、あるいは農場労働者の労働条件など生産者側の人権に配慮した栽培契約や売買契約のうえで育成されているバナナなどに貼付される。

世界的に最も知られているのはフェアトレード財団が認証しているフェアトレードバナナである。しかし、日本では、労働条件などの基準が厳しいフェアトレード財団認証バナナの流通量は少ない。フェアトレード財団よりもかなり緩い条件で、多国籍企業でも認証を取りやすいと言われているレインフォレスト・アライアンスの認証を取ったバナナが多い。ユニフルーティーは、ほとんどのバナナにこの認証を獲得している。

有機栽培バナナの認証は、日本の基準では有機農産物の日本農林規格（有機ＪＡＳ）の認証バナナということになるが、フィリピン産で有機栽培認証を取っているものは少ない[95]。有機認証はドールの場合はエクアドル産、スミフルの場合はメキシコ産だ。グローバルＧＡＰ、有機ＪＡＳ、アメリカ・ヨーロッパの有機栽培認証の三つの第三者認証を取得しているファーマインド社のブランド「有機栽培オーガニックバナナ」もメキシコ産である。一方、フィリピン産有機認証バナナは大手では皆無だ。フィリピンにおける巨大プランテーション栽培バナナの歴史

ブランド(2020年4月現在)

会 社	ブランド	特色・認証
ユニフルーティー	天晴れ農園金の房	高地栽培(600m以上)、レインフォレスト・アライアンス認証
	最高峰バナナ	高地栽培(1,000m以上)、レインフォレスト・アライアンス認証
	地球育ちしあわせバナナ®	高地栽培(1,000〜1,200m)、レインフォレスト・アライアンス認証
	ごほうびバナナ	高地自社農園栽培、レインフォレスト・アライアンス認証
	こだわりリッチバナナ	レインフォレスト・アライアンス認証
	やさしさバナナ	—
	ユニフルーティー®バナナ	—
チキータブランド(ユニフルーティー)	チキータ「プレシャス」バナナ	高地栽培(600〜850m)、レインフォレスト・アライアンス認証
	チキータ「ミディオ」バナナ	中高地栽培(350m〜)、レインフォレスト・アライアンス認証
	チキータ「レギュラー」バナナ	低地栽培(350m以下)
デルモンテ	ハイランドハニー®	高地栽培(500m以上)
	デルモンテ・クラシック	—
	デルモンテ・バナナ	—
	カルダバ・バナナ	料理用バナナ
ANAフーズ	frescana(フレスカーナ)	—
ローヤル	みやびゴールド	高地栽培、セーブ・ザ・チルドレンに売上げの一部を寄付
	みやび	セーブ・ザ・チルドレンに売上げの一部を寄付
	エストレージャ	セーブ・ザ・チルドレンに売上げの一部を寄付
	アロハスウィート	高地栽培

の長さと重さがうかがい知れる。

表6—7は、日本で流通している主なフィリピン産バナナのブランドの一覧表である。

ローヤルのブランドである「みやび」はフィリピンの現地企業ラパンダイ・フーズ社が栽培するバナナを独自にブランディングしたものだが、「エストレージャ」はラパンダイ・フーズ社のオリジナ

表6－7　日本向けフィリピン産バナナの

会　社	ブランド	特色・認証
ドール	極撰バナナ	高地栽培(500m 以上)
	スウィーティオバナナ	高地栽培(500m 以上)
	スウィーティオバナナ グリーンフォレスト	高地栽培(700m 以上) レインフォレスト・アライアンス認証
	低糖度バナナ	低地栽培
	ハッピープレミアムバナナ	中高地栽培(250m 以上)
	ベビースウィートバナナ	品種セニョリータ、高地栽培(500m 以上)
	ドールバナナ	—
スミフル	甘熟王ゴールドプレミアム	高地栽培(800m 以上)
	バナナの王様甘熟王	高地栽培(700m 前後)、有機質肥料中心
	昭和の贅沢(甘熟王シリーズ)	スミフル開発品種、台湾バナナの食味
	キウイーナ	スミフル開発品種、キウイの爽やかな食味
	甘熟王エコ	エコシリーズ:「農薬をできる限り抑えて栽培するための取り組みを実践。そのほかにも、除草剤不使用、有機質肥料を中心に施肥」
	熟撰バナージュエコ	
	エコバナナ	
	スミフルバナナ	ベルマーク付き
	朝のしあわせバナナ	—

(出典)各社のウェブサイト上の情報により、筆者作成。

ル・ブランドである。ラパンダイ・フーズ社は、各国の顧客の要望に応じて多様なラベルを貼ったバナナを輸出してきた。規模の大きい多くのフィリピンの栽培・輸出業者は、そういう形で輸出契約をしている。

発注した輸入業者が自らブランディングしたバナナにどれほど独自性があるのかは、私たち消費者にはよく分からないままである。ブランディングがアピールしてくる品質の保証は、当該輸入業者がフィリピンの産地を訪問する形で確認されているようだ。しかし、その確認作業がどの程度信頼おけるかは必ずしも明確ではないし、詳細は公表されることもない。

近年の重要な特徴は、高地栽培であることを謳ったブランディングに各社とも力が入っていることである。高地栽培は、寒暖差が大きいことからもたらされるとされる特別な甘さを持つ高級品であると宣伝されているほか、環境に優しい商品であるかのようなイメージを持つ宣伝のされ方もされている。しかし、高地に大規模プランテーション農園を開拓する高地栽培は、水源汚染や森林保全などの点で、低地栽培より問題が多いとさえ言える。実際、第2章2で示されているように、すでにさまざまな深刻な環境問題が引き起こされているのだ。

ところが、そうした社会的・環境的面での地域コミュニティへの影響が、高地栽培を展開する多国籍企業や輸出業者によって考慮されているとは言い難い。そうした問題はフィリピンの環境ＮＧＯなどから報告され、厳しく批判されている。

量販店での販売

これらさまざまにブランディングされたバナナは、日本ではどのような形で消費者のもとに届くのだろうか。日本の小売マーケットは欧米に比べて地域色が強く、多様で、利益も小さいとされている。たしかに日本では、スーパー業界だけで約８０００社が存在し（帝国データバンク調べ)、うち年商上位50社まで数えてようやく業界全体の年商の半分を超える程度である。[96]主導的な大規模総合小売業者の純利益率も1～3%と言われ、ローソンやファミリーマートなどのコンビニが5～8%であることに比べると競争の激しさが分かる。[97]

かくして、全国的な寡占化の度合いは欧米に比べると相対的に低い。しかし、それぞれの地域商圏内では寡占化が進む傾向が強く見られ、その意味で中小零細の伝統的な小売店舗の苦境が続いていることには変わりがない。[98]

また、大手小売企業の全国規模での影響力は大きくなる傾向にあり、[99]地域ごとの日本的特色もしだいに薄まる傾向にあるように思われる。フィリピン産バナナも、こうした寡占化傾向を強める大手小売企業の各店舗においてその多くが販売されている。

寡占化の傾向は進んでいるものの、規模の小さい流通業者も、その規模に応じてそれなりの商機は確保できている。果物専門の仲卸であり、商社との連携で世界各地の果実の輸入につなげている松考は、総合スーパーや百貨店との取引きは行っていないが、成城石井などの高級食品スーパーから一般の食品スーパーまで幅広い取引先を持っているようである。[100]日本人の職人が管理するミンダナオ島の小規模農園から輸入したバナナを、すでに触れた独自の手間と時間をかけて箱を積み直す追熟加工を行い、「王様のバナナ」というブランドを販売している。[101]規模の小さい仲卸の流通業者が、特色ある追熟加工などを売りにして、独自のブランドを展開する余地は残されているわけだ。

寡占化の傾向を強める業者同士の競合再編は熾烈である。たとえば、伊藤忠商事は1998年、ファミリーマートの株式の30％を取得して筆頭株主となり、小売市場に対する直接の参入を果たした。その戦略について、伊藤忠自身が次のように述べている。

「1998年、当社は㈱ファミリーマートの発行済株式総数の約30％を取得しました。初めての本格的な小売事業への参入となるこの取組みを機に、それまでの卸・物流事業を中心とする伝統的ビジネスモデルから、川上の食糧資源の確保、川中の加工・製造、中間流通、川下のリテールに至るバリューチェーンを構築する「SIS（Strategic Integrated System）戦略」を通じたビジネスモデルの変革に踏み出し、総合商社ならではの機能を提供しながら、㈱ファミリーマートの競争力向上に貢献してきました。現在では、消費者接点で得られる情報を活かしながら、下流（小売）から上流（原料）へ Bottom up 型の強靭なバリューチェーンを構築し、食料カンパニーのみならず伊藤忠グループでの幅広いビジネスに収益機会を拡げていきます[102]」

こうした伊藤忠商事の垂直統合戦略により、従来から関係が密接だったセブンイレブンとの関係にひびが入ったと言われている[103]。一方で、伊藤忠／ドールを脅かす存在にもなりつつあるファーマインド社は、依然セブンイレブンを主要取引相手として位置づけているようだ。

量販店とブランド

表6―8に、首都圏のスーパーやコンビニの量販店の店頭にどのようなフィリピン産バナナ

が販売されているのかを、スミフル、ドール、プライベート・ブランド（PB）の三タイプに分けて、グループ会社別に括ってサンプル的に表してみた。量販店では、系列からのさまざまなブランドを組み合わせて店頭に並べ、消費者に一定程度の選択の幅を与えている。各店舗の立地や規模によっても異なるが、総合スーパーの中で最も多様なブランドが店頭に並んでいるのは独立系のライフだ。コンビニは多くの場合、一種類か二種類のブランドしか置いていない。

近年では、ブランドのラベルは、フィリピンで輸出する業者が袋詰めする前に貼られている場合が多い。しかし、日本国内の卸売業者が輸入されたバナナを追熟し、リパックして青果卸市場や小売店に出す段階でブランド化されている例も少なくない。たとえば、セブン＆アイ・ホールディングスのＰＢバナナは、ファーマインド社が追熟加工して出している。

プライベート・ブランドは、たとえばDoleなどのブランド・シールが貼られた青いバナナを安い価格で確保し、追熟加工業者にリパックともども委託するかたちで、品質を確保しつつ小売量販店独自のブランドとして売り出される。利益率が高いため、各小売量販店が近年力を入れている販売戦略の一つとなっている。

西ヨーロッパに比べるとまだプライベート・ブランドの商品シェアは小さいものの、日本の消費者調査でも、72％が購入を増やしていると答えており、(104) バナナにもこの動向が強く反映されるようになっていると言えるだろう。しかし、プライベート・ブランド商品は、商品についての情報が表示されていないことも多い。サプライチェーンの管理責任という観点からは、問

表６－８　系列スーパーの取り扱う主なフィリピン産バナナのブランド

小売量販店	スミフル	ドール	プライベート・ブランドなど
イオン、マイバスケット、アコレ（イオングループ）	甘熟王ゴールドプレミアム バナナの王様 甘熟王 甘熟王	スウィーティオバナナ 極撰バナナ ベイビースウィート	熟れっ子バナナ（高地500m 以上） 滅の恵みバナナ（レインフォレスト・アライアンス認証） ディズニーバナナ 果実の極高地栽培バナナ（高地 800m 以上） 甘みさわやかバナナ（GGN 認証）
イトーヨーカドー、ザ・ガーデン、セブン-イレブン（セブン＆アイグループ）	バナナの王様 甘熟王	極撰バナナ 低糖度バナナ（低地） ベイビースウィート（高地）	セブンプレミアムフィリピン高地栽培バナナ（高地栽培 500m 以上） セブンプレミアム濃厚旨味バナナ（高地栽培1,000m 以上；スミフル輸入元） フィリピン産スイーツキングバナナ（高地栽培1,000m 以上）
アピタ、ピアゴ（ユニーグループ）	甘熟王ゴールドプレミアム	極撰バナナ スウィーティオバナナ	スタイルワンバナナ ピュアバナナ フレスカーナ（ANA フーズ）
マルエツ、カスミ（ユナイテッド・スーパーグループ）	バナナの王様 甘熟王	ベイビースウィート 極撰バナナ ドールバナナ スウィーティオバナナ プレミアム 1000	くだもの日和（マルエツ指定農園、中高地栽培300m 前後）
ライフ	甘熟王 甘熟王ゴールドプレミアム	スウィーティオバナナ 極撰バナナ ベイビースウィート	スターセレクトバナナ（ヤオコーとの共同開発PB） プラチナスウィーツ（高地栽培 800m 以上）

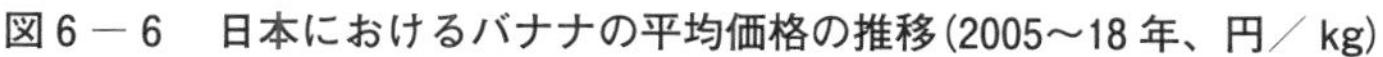

図６－６　日本におけるバナナの平均価格の推移（2005～18年、円／kg）

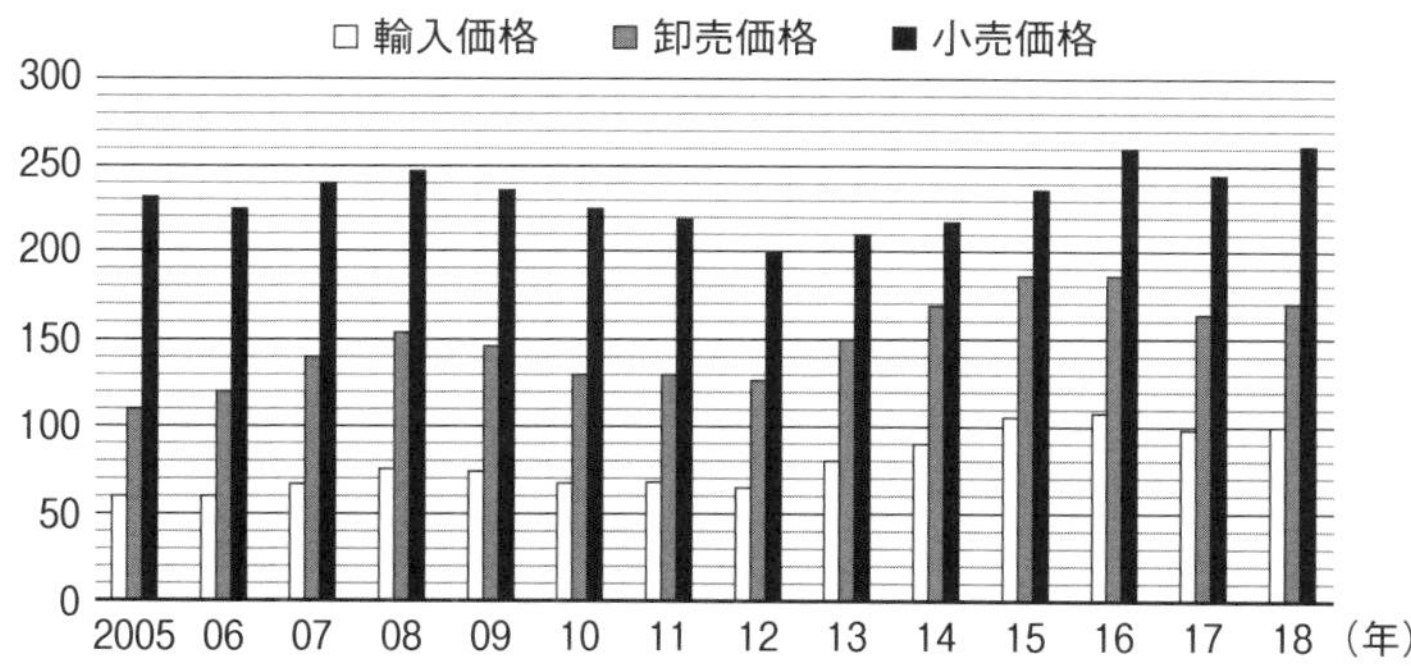

（出典）FAO, *Banana Statistical Compendium 2015－16,* 2017 and *2018,* 2019より作成。

題がこれまで以上に多い商品である。

次節では、入手可能なフィリピンバナナに関する統計から、流通の各取引段階の平均価格を算出し、輸出業者・輸入業者・卸売業者・小売業者それぞれの取り分について概略的だが理解を試み、全体のまとめとしたい。

七　誰にどれだけの取り分があるのか
――バナナ価格の構成をみる

図６―６に示したのは、バナナの輸入時、卸売時、小売時それぞれの年平均価格である。価格は、天候の影響や需給の変化によっても大きく変化する。また、独自の季節関税がかけられているので、輸入以降の価格は季節関税の変化によっても影響を受ける。しかし、ここではそれらをすべて捨象して、年平均の数値で全体像の把握を試みる。

図６―６をみると分かるように、小売価格は２０１２

表6－9　日本のバナナの取引価格と利益（2018年）

取引価格の種類	取引価格（円／kg）	最終価格（小売価格）に占めるそれぞれの取り分割合（％）	各取引段階での差額（円／kg）
輸入価格	100.81	38.4％	―
卸売価格	172	27.2％	71.2
小売価格	262	34.4％	90

（出典）FAO, *Banana Statistical Compendium 2018,* 2019より作成。

年以降上昇傾向にある。輸入価格と卸売価格にも、おおむね上昇傾向が認められる。一方フィリピンでは近年高い率で物価上昇が続いているにもかかわらず、輸出価格の上昇率は限定的であるようにみえる。また、14年には卸売業者の取り分が相対的に大きかったが、それ以降は小売業者の取り分の上昇が顕著である。取引価格における取り分（諸経費を含む）の割合でいうと、**表6―9**にみるように、小売業者の取り分の割合のほうが卸売業者の取り分の割合よりも高い。

２０１８年を例に取ってみると、小売価格（1kgあたり２６２円）に占める卸売価格（1kgあたり１７２円）の割合は65・6％を占め、小売業者がバナナを販売することで得られる差額収入は1kgあたり90円である。最終価格の34％強を小売業者が確保している（**表6―9**）。ただし、ここには消費税、小売販売にかかる諸費用が含まれる。

他方、卸売業者は、小売業者に販売する段階で輸入時点の価格（1kgあたり１００・81円）との差額となる71・2円を収入として得ることになる。これは、最終の小売価格の27・2％にあたる。ここには関税、追熟加工費用、配送費用などが含まれる。

ここでフィリピンからの輸出時の価格を算出すれば、輸入業者が得る収入が判明する。輸出時の価格は、日本市場向けに輸出される価格の情報が入手できなかったので、世界各地に輸出されるバナナすべての年平均価格を利用した。輸出総価額を輸出総重量で除すというシンプルな形で2018年為替レートを使って単純に計算した結果、フィリピンからのバナナの輸出価格は1kgあたり約45・8円になった。

図6―7　フィリピン産バナナの流通価格（2018年、円）

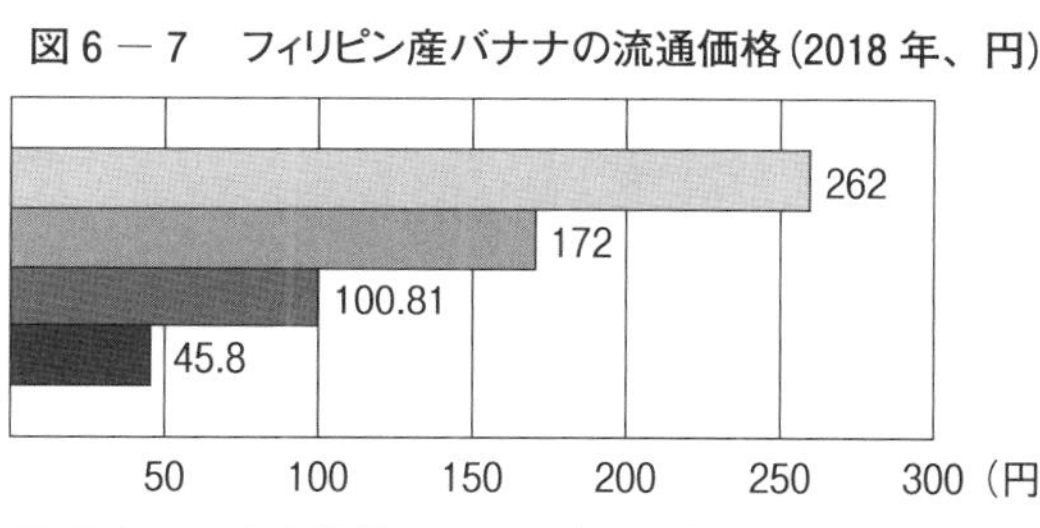

（出典）FAO, *Banana Statistical Compendium 2018,* 2019より作成。

図6―7に示したのは、フィリピンの輸出価格から日本国内での小売価格までの各取引段階での流通価格である。バナナの輸入業者は、1kgあたり約55円の差額を得ていることになる。ここには、海上輸送費用や海上保険料などのコストが含まれる。

以上のような価格差がバナナの流通過程には見られる。どの段階で誰が最も利益をあげているかを言うことは難しいし、近年の動向も一律ではない。細分化された流通過程で多くの中間業者の手を経ることにより、最も川上の生産者の取り分は少なくなり、最も川下での小売価格が高くなる傾向があることは推測できる。ただし、流通過程の諸工程の合理化を進めればいいかというと、検疫上の問題や各種作業段階で雇用されている労働者の問題など、さまざまな課題がある。

以上、本章では、フィリピン輸出後のサプライチェーンの流れ、具体的な作業工程、各工程におけるアクター、各流通段階における近年の業界再編の動向などをみてきた。複雑な取引関係をかなり単純化して記述してきたことは否めない。資本および業務の提携や委託関係はきわめて入り組んでおり、垂直統合を謳う伊藤忠商事でさえ、系列一本ですべて事足れりとしているわけではない。そのときどきの需要と供給のバランスを見極めつつ、輸入、卸売、追熟加工、運輸配送、小売の各段階におけるアクターたちは、情勢に合わせて効率と利益を追求する取引きを展開している。その際には、系列を横断する協力と補完の関係も適宜構築される。

日本のバナナのサプライチェーンに関わる多様な事業者についての検討からは、バナナの品質や食味へのこだわりには他の追随を許さない努力が払われていることがよく分かる。栽培から追熟、配送まで、最新テクノロジーを駆使した管理がまさに一貫して徹底追求されている。

たとえばファーマインド社では、全国のどこの小売店にも同一品質の均一なバナナを毎日配送できることが理想とされ、産地のバナナ育成状況の詳細な把握にも余念がない。有機栽培バナナや高地栽培バナナなどの高級バナナになれば、そうした管理体制は、第三者認証の導入も含めてさらに徹底されている。この姿勢と情熱、そこに賭けるエネルギーは、大手・中小、輸入業者・卸売業者問わず変わらない。それぞれの業者の利益追求は、品質管理を前提として行われているようにみえる。

したがって、一面では日本の業者のサプライチェーンの管理はきわめてよくなされていると言えるかもしれない。しかし、そこで決定的に後回しにされているのは、その徹底管理されたバナナを育て、収穫し、箱詰めし、運搬する労働者とその家族への人権面での配慮であり、正当で公平な利益還元である。大量の均質なバナナが化学肥料と農薬散布によって生産されることによって引き起こされる生産者や生産者コミュニティへの健康被害と周囲の自然環境への負荷についても、事業者の視野にはほとんど入っていない。

そして、そうした事業者の姿勢を究極的に許しているのは、企業の喧伝する安心・安全やおいしさ基準を問い直すことなく満足してしまっている消費者だと言わざるをえないのではないだろうか。

（1）Philippine Statistics Authority, *Crops Statistics of the Philippines 2014-2018*, 2019　表4－1aから計算すると、自治地域も含めたミンダナオ島の２０１８年におけるキャベンディッシュ生産量は、全国の99・87％にもなる。自治地域を除いても95・60％である。

（2）Joy Hasmin, De los Reyes and Wim Pelupessy, *Agrarian Reform in the Philippine Banana Chain*, Institute of Development Policy and Management, University of Antwerp, 2009, p. 25.

（3）伊藤忠商事は２０１３年、ドール・フード社から同社のアジア青果物事業とグローバル加工食品事業を買収し、大きな話題となった。その後も従来どおり、伊藤忠商事がドールのバナナの代行輸入業務を請け負っている。

（４）「バナナが食卓に届くまで」（伊藤忠商事ＰＤＦ資料、２０１５年：https://www.itochu.co.jp/ja/files/print_07.pdf）、ユニフルーティーのウェブサイト情報（https://www.unifrutti.co.jp/brochure01、２０２０年3月30日アクセス）。

（５）日本青果物輸出入安全推進協会『２０１６年（平成28年）輸入青果物統計資料』および農林水産省『農林水産物輸出入概況２０１６年（平成28年）』から算出。

（６）The Pilipino Banana Growers and Exporters Association, Inc.（ＰＢＧＥＡ）は、１９７４年に設立された大手のバナナ栽培業者と輸出業者からなる業界団体で、フィリピンのバナナ輸出産業の発展を目的としている。２０２０年現在、ミンダナオ島の15州で事業を展開する22の企業とその子会社が正規会員。日本向け輸出を主事業としている四大多国籍企業のほか、フィリピン系国産企業やバーレーン系現地企業も会員となっている。ＰＢＧＥＡは、加盟業者全体で４万３６４７haに及ぶプランテーション農園で、輸出用キャベンディッシュの約50％を栽培し、その約50％が日本に輸出される（*Business World Online*, 11/04/2019; https://www.bworldonline.com/banana-growers-seek-govt-assistance-over-new-japan-import-testing-regime、２０２０年４月10日アクセス）。現会長はユニフルーティーのアルベルト・パテルノ・Ｆ・バカーニである。

（７）２０１５年までの名称は日本青果物輸入安全推進協会。その後、18年に正式解散し、輸入ではなく輸出促進を目的に15年に結成された日本青果物輸出促進協議会として再出発した。

（８）*Asia & Pacific*（online）, Nov. 19, 2018（http://www.xinhuanet.com/english/2018-11/19/c_137617021.htm、２０２０年５月31日アクセス）.

（９）ドール社の全体像と経営戦略の位置づけについては、関根佳恵「多国籍アグリビジネスの新たな経営戦略――グリーンキャピタリズムを掲げるドール社」『季刊 at』９号（２００７年）を参照。関根は、環境への配慮や企業の社会的責任を謳った「グリーン資本主義」戦略、構造改革による規制緩和を利用した青果物流通の垂直的統合をドールの経営戦略として指摘している。

(10) グローバルＧＡＰのウェブサイト情報(https://www.globalgap.org/uk_en/Profiles/b4c9c63b-d653-11e5-ac69-6805ca037347/、２０１９年1月31日アクセス)。

(11) Daniel B. Schirmer and Stephen Rosskamm Shalom, eds., *The Philippines Reader: A History of Colonialism, Neocolonialism, Dictatorship, and Resistance*, South End Press, 1987, p. 242.

(12) 食の安全、環境への影響、生産労働者の健康や福祉に対するヨーロッパでの消費者の関心の高まりに対応すべく小売業界が立ち上げた「企業の社会的責任」(ＣＳＲ)推進団体で、Good Agricultural Practice (G.A.P.)という独自の第三者認証システムを構築するなどの活動をしている。

(13) 一般社団法人環境金融研究機構のウェブサイト情報(https://rief-jp.org/ct11/91002、２０１９年1月31日アクセス)。

(14) 大塚隆史「住商が『フィリピンバナナ』から撤退したわけ　労組が労働条件改善求めてスト、殺傷事件も」『東洋経済オンライン』２０１９年7月8日(20年1月20日アクセス)。第3章2も参照。

(15) 倫理に適う貿易イニシアティブのウェブサイト情報(https://www.ethicaltrade.org/blog/eti-terminates-fyffes-membership-statement-8、２０２０年2月1日アクセス)。

(16) *The Irish Times* (online), Jan. 16, 2017.

(17) トライスター社のウェブサイトの各ページ参照(https://www.tristar.com.ph/Home.html、２０２０年4月12日アクセス)。「フレンドリーバナナ」はコープこうべのイニシアティヴで始まったブランドである。その歴史や現状については、コープ九州事業連合のウェブサイトに詳しい紹介が連載されている(https://coop-weblabo.jp/lupo/firipin_banana/9840、２０２０年4月13日アクセス)。

(18) この段落の情報は、*Business Mirror*, 01/09/2016 (https://businessmirror.com.ph/2016/09/01/tadeco-eyes-more-banana-exports-in-2017、２０２０年４月12日アクセス); Fresh Del Monte Produce Inc. *2019 Annual Report*, 2020, p. 7 にもとづいている。なお、19年９月にタデコ社を訪問した石井正子氏から、現在はユニフルーティーにも納入しているとご指摘いただいた。

(19) Peter Krinks, 'Fruits of Independence? Philippine Capitalists and the Banana Export Industry' in Michael Taylor and Nigel Thrift, eds., *Multinationals and the Restructuring of the World Economy*, Routledge, 2014 (originally published in 1986), p. 271. ＦＡＯ(国連食糧農業機関)発行の *The World Banana Economy, 1970-84*, 1987, pp. 37–38 も参照。

(20) 以上のタデコ社の記述は、Tagum Agricultural Development Company, Inc.(ＴＡＤＥＣＯ)のウェブサイト(http://www.anflocor.com/tadeco/)および ANFLO MANAGEMENT AND INVESTMENT CORPORATION のウェブサイト(https://www.anflocor.com/about-us、２０２０年４月10日アクセス)に拠る。

(21) *The Philippine Star* (online), September 2, 2016. ２０１９年９月にタデコ社を訪問した石井正子氏の教示による。

(22) ここでのラパンダイ・フーズ社の説明は、同社ウェブサイト掲載の情報に依拠した(http://www.lapanday.com/history.php、２０１８年７月26日アクセスおよび、Republic of the Philippines Department of Environment and Natural Resources ENVIRONMENTAL MANAGEMENT BUREAU Region XI, Davao City, 'ADOPT-AN-ESTERO /RIVER PROGRESS REPORT', n. d. [2013] (http://119.92.161.2/portal/Portals/17/anthony/Saugriverlapanday.pdf、２０２０年7月30日アクセス))。

(23) イホ・リソース社のウェブサイト(https://www.hijoresources.com/the-hijostory/、２０２０年４月12日アクセス)を参照。

(24) ナダー&イブラヒム・フィリピン社のウェブサイト(http://www.nehco.com/fruit-and-vegetable-trading.html、２０２０年4月12日アクセス)を参照。また、Eckart Woertz, *Oil for Food: The Global Food Crisis and the Middle East*, Oxford University Press, 2015, p. 203 も参照。

(25) ローヤルのウェブサイト(http://www.royal-jp.com/history.html、２０２０年4月12日アクセス)を参照。

(26) André de Waal and Jeroen de Haas, 'Longitudinal Research into the Effects of the High Performance Organisation Framework: The Case of NEH Philippines', *International Journal of Productivity and Performance Management*, 67(6), 2018, pp. 991-94.

(27) 前掲(26)、および André de Waal and Jeroen de Haas, 'Working on High Performance in the Philippines: The Case of NEH', *Global Business and Organizational Excellence*, July/August 2013, p. 10.

(28) ダバオ市商工会議所(Davao City Chambers of Commerce and Industry Inc.)およびウェブサイトの各種情報などから作成。

(29) 日本の税関では、保税地域の目的を「輸出入貨物を法の規制下に置くことにより、秩序ある貿易を維持し、関税などの徴収の確保を図る」とし、貨物の積み卸し、運搬、蔵置などを基本機能としている。輸出入貨物を税関の許可が下りていない状態で関税を留保したまま蔵置できる場所のことで、港湾や空港の近くに設けられている。コンテナヤードや倉庫などが保税地域の代表的な施設である。

(30) デルモンテの事例は、「野菜ソムリエコミュニティさいたま」が２０１０年3月に行った見学体験記による(https://ameblo.jp/vegecommu-saitama/entry-10491294578.html)。ＡＮＡフーズの事例は、https://www.ana-foods.co.jp/products/frescana/ に紹介されている(２０２０年4月4日アクセス)。

(31) 臭化メチルの果物への残留調査については、酒井奈穂子・橋本常生ほか「輸入農産物中残留臭素の実態調査(平成17～23年度)」『東京都健康安全研究センター研究年報』63号、２０１２年、２３７～２４３ページ、参照。

（32）国立医薬品食品衛生研究所安全性予測評価部のウェブサイト掲載のＡＥＧＬ（Acute Exposure Guideline Level、急性曝露ガイドライン濃度）設定値とその根拠文書の要約部分の翻訳情報より（http://www.nihs.go.jp/hse/chem-info/aegl/agl/ag_Hydrogencyanide.pdf、２０２０年5月23日アクセス）。ＡＥＧＬはアメリカＡＥＧＬ委員会によって策定され、ＷＥＢ公開されている有害性物質の人に対する閾値濃度を示したもの。

（33）星川佑輔・赤川敏幸・橋本浩明「くん蒸剤の各種農産物における残留実態調査（第５報）」『植物防疫所調査研究報告（植防研報）』第53号補冊、２０１７年、９〜13ページ。

（34）厚生労働省（報道発表資料）「輸入食品に対する検査命令の実施〈フィリピン産バナナ、その加工品〉」２０１８年11月28日。

（35）「比産バナナ検査命令　残留農薬相次ぎ発覚　全ロット義務付け」『日本農業新聞』２０１８年12月20日。

（36）薬生食輸発０９１４第３号：厚生労働省「『平成30年度輸入食品等モニタリング計画』の実施について」２０１８年９月14日。このとき最初に検査強化の対象となった輸出業者はAB Direct Fresh Fruits Inc.であり、その輸入業者はＡＮＡフーズである。

（37）一般社団法人農民連食品分析センターのフェイスブック、２０１８年11月21日投稿記事。

（38）国内対策として、都道府県等食品衛生監視指導計画にもとづき、必要に応じて行われている流通食品の行政検査。

（39）「フィリピン産バナナ一部から基準値超える殺虫剤」『エキサイトニュース（ウェブ）』（https://www.excite.co.jp/news/article/Recall_28597/、２０１５年10月30日アクセス）。

（40）クロネコヤマトのリコールドットＪＰのウェブサイト（https://kuroneko-recall.jp/index/info.php?LinkID=19094、２０２０年４月５日アクセス）。

(41) 薬生食輸発1108第1号：厚生労働省「『平成30年度輸入食品等モニタリング計画』の実施について」2018年11月8日。

(42) *DAVAWATCH* のウェブサイト「【News】ダバオのバナナ栽培輸出業協会、日本が新たに施行したプロトコルの解決を求める」2019年4月24日(https://davawatch.com/articles/2019/04/24/13786.html、2020年4月5日アクセス)。

(43) "PHILIPPINES: Japan Rejects Banana Shipment from the Philippines due to High Chemical Residues" *International Tropical Fruits Network News*, 10/08/2019(https://www.itfnet.org/v1/2019/08/philippines-japan-rejects-banana-shipment-from-the-philippines-due-to-high-chemical-residues、2020年5月30日アクセス).

(44) 薬生食輸発1217第1号：厚生労働省「食品衛生法第26条第3項に基づく検査命令の実施について(フィリピン産バナナ及び加工品)」2019年12月17日。

(45) 2020年3月23日最終改正の別表32「フィリピン産バナナ(フィプロニル)検査命令免除対象企業」には、39の輸出業者と包装業者が登録されている。フィリピン産無農薬栽培バナナがいまなお全量検査の対象となっている事実は、松本敦氏の教示による。

(46) 税関(ウェブサイト)「輸入統計品目表(実行関税率表)」2020年4月1日版(https://www.customs.go.jp/tariff/2020_4/data/j_08.htm)。

(47) doda(デューダ)ウェブサイト「株式会社上組の業績・売上などの企業データ」(https://doda.jp/DodaFront/View/CompanyData/j_id_0000345307l、2020年4月13日アクセス)、株式会社上組『2018 CSR報告書』2017年、27ページ。

(48) 株式会社上組「大規模青果物流加工センター建設について」2011年6月2日。

(49) ネットメディアこうべ配信記事「国内最大の青果物倉庫　ポアイに上組が建設」2012年8月23日

(http://netmk.seesaa.net/article/287993366.html、２０２０年4月13日アクセス)。

(50) 上組東京支店の東京湾におけるバナナ荷役については、『朝日新聞』２０１７年1月23日、参照。

(51) この数値は、すでに解散した日青協が会員輸入業者のバナナ輸入の統計を公表した最後の年になる２０１６年時点の数値であるが、大手四社の寡占状況は20年時点でも大きくは変わっていないと思われる。

(52) 21社には、輸入商社・商事会社のほか、青果の卸業者、流通大手、大手スーパーチェーンなどが含まれている。

(53) 日本で販売されている有機栽培バナナは、南米産が多い。メキシコの有機栽培バナナの輸入業者としては、スミフルやファーマインド社などの大手のほか、独立系の株式会社アルコインターナショナルがある。エクアドル産バナナの輸入業者には、有機栽培バナナでは大手のドールや独立系のヒロインターナショナル社、グローバルＧＡＰとレインフォレスト・アライアンスの国際認証を取得した減農薬栽培の「田辺農園」ブランドを輸入しているＡＮＡフーズがある。

(54) 農林水産省「農林水産物輸出入統計」平成28年度（２０１６年）および平成31年・令和元年（２０１９年）。いずれも確定報である。

(55) バナナ貿易の歴史が古い富士フルーツについては、情報がほとんど収集できなかったため割愛せざるをえなかったことをお断りしておく。

(56) 吉野芳夫「『ドールバナナの礎』伊藤忠ドール」ドール社ウェブサイト「ドールバナナの歴史を紐解く」(https://www.dole.co.jp/special/banana_history/leader/yoshino.html、２０２０年2月2日アクセス)。本段落と次の段落は、このウェブサイトにおける元伊藤忠商事役員・吉野氏の証言に依拠して記述している。吉野氏はフィリピンでのバナナ生産事業の責任者を務めた経験を持ち、伊藤忠の１００％子会社で、ドールから買収したアジアの青果事業と世界の加工食品事業を統括する Dole International Holdings 株式会社の元代表取締役会長。

(57) 前掲(9)、24ページ。

(58) 伊藤忠商事株式会社「Dole 事業におけるターンアラウンドについて」(https://www.itochu.co.jp/ja/business/food/project/06.html、２０２０年４月７日アクセス)。

(59)『朝日新聞』２０１７年１月９日。

(60) 伊藤忠商事株式会社『２０１８年度第３四半期決算 アナリスト向けネットコンファレンス 質疑応答要旨』(19年２月５日実施)、https://www.itochu.co.jp/ja/ir/financial_statements/2019/_icsFiles/afieldfile/2019/02/07/19_3rd_05.pdf、20年５月27日アクセス)。

(61) 伊藤忠商事株式会社『２０１６年度決算 ２０１７年度経営計画 説明資料』２０１７年５月２日。

(62)「２０１７年度第１四半期決算 アナリスト向けネットコンファレンス質疑応答要旨」２０１７年８月。

(63) 伊藤忠商事株式会社『２０１７年度決算・２０１８―２０２０年度中期経営計画 補足資料』２０１８年５月２日。

(64) 伊藤忠商事株式会社『２０１９年度決算 ２０２０年度経営計画 説明資料』２０２０年５月８日。

(65) 国立公文書館アジア資料センター「インターネット特別展 公文書に見る戦時と戦後」(https://www.jacar.go.jp/glossary/tochikiko-henten/qa/qa12.html、２０２０年４月16日アクセス)。

(66) 水信ウェブサイト(https://www.mizunobu.co.jp/story/、２０２０年４月16日アクセス)。水信は、横浜港がバナナの主要受け入れ港である地の利を活かし、第二次世界大戦前夜の１９３７(昭和12)年ごろには全国でもトップクラスの実績を誇ったという。

(67) クロスくまもと「バナナ一筋90年 九州でも珍しい 熟成加工専門店『松田青果』」(https://crosskumamoto.jp/article/3855/、２０２０年４月16日アクセス)。地下倉庫は、現在は蓋が閉められて使用されていない。

(68) フナスエ「フナスエの歴史」(http://www.funasue.com/about、２０２０年4月16日アクセス)。

(69) ドーワテック「バナナ加工について」(http://www.dohwatech.co.jp/bananakakou.htm、２０２０年4月16日アクセス)。

(70) ユニフルーティージャパンのウェブサイト(https://www.unifrutti.co.jp/brochure03、２０２０年4月7日アクセス)。

(71) 前掲(69)(２０２０年4月16日アクセス)。

(72)『朝日新聞』２０１７年2月20日。

(73) ＪＰ２９９２７１４Ｂ２「バナナ熟成加工制御方法と装置」(１９９９年12月20日認可)における従来の技術に関する説明より。ちなみに、当該特許は91年に申請され、99年に認可されている。申請者は、日立エンジニアリング、朝日熱学工業、日立製作所、瑞穂機電である。

(74) 名古屋バナナ加工会社のウェブサイト(http://www.nagoya-banana.co.jp/、２０２０年4月16日アクセス)を参照。「差圧式エアバックオーバーアンダーシステム」とは、朝日熱学工業(現・ティーネットジャパン)が１９９０年に開発した「オーバーアンダー差圧式バナナ加工設備」を指していると思われる。ティーネットジャパンのウェブサイト(https://www2.tn-japan.co.jp/asanetsu/company/index.html、２０２０年4月16日アクセス)を参照。

(75) 以下の二段落分の記述は、特許ＪＰ２５０７６２３Ｙ２「バナナ熟成装置」(安藤馨申請、１９９６年8月14日認可)および、特許ＪＰ５２６８１７２Ｂ２「バナナの追熟加工方法および追熟加工用システム」(サミット神戸合同物産申請、２０１３年8月21日認可)における記述を整理要約したものである。

(76) ユニフルーティージャパンのウェブサイト(https://www.unifrutti.co.jp/brochure03、２０２０年4月16

日アクセス)。

(77) ティーネットジャパンのウェブサイト(https://www2.tn-japan.co.jp/asanetsu/product/saatsu_kako/index.html、２０２０年4月16日アクセス)に納入先リストが掲載されている。

(78) 前掲(77)。

(79) 堀内達生「より高品質な『ドールバナナ』の熟成加工」(https://www.dole.co.jp/special/banana_history/leader/horiuchi.html、２０２０年4月16日アクセス)。

(80) 船昌商事ウェブサイト(https://www.funasho-s.co.jp/proddetail/report6/#i、２０２０年4月16日アクセス)。

(81) トキオ福岡(南国フルーツのグループ会社)の楽天出店ホームページ(https://item.rakuten.co.jp/kajitsumuratokio/c/0000000108/、２０２０年4月15日アクセス)。

(82) 松孝「もう他のバナナは食べられない　松孝のおいしい秘密」松孝ウェブサイト(http://www.matsukoufruits.com/reason/、２０２０年4月１９日アクセス)。

(83) 古関喜之「グローバル化時代の台湾バナナと日本市場――台湾の輸出戦略と日本市場向けバナナの生産・流通の動向」*E-journal GEO*、12(2)、２０１７年、２７３ページ。

(84) 前掲(79)(２０２０年4月14日アクセス)。

(85)『日本食糧新聞(電子版)』２０１７年5月１日。堀内達生社長談。

(86) 箱詰めされて荷揚げされたバナナを、卸や小売業者の求めに応じて、小分け包装し直す作業。「Dole」などのシールが貼られたバナナ本体が、卸や小売業者が指定する新たなブランド名が印刷された透明プラスチックに小分けされたうえで、包装し直されることもある。そのようにリパックされたバナナは、いわば二重にブランド化されていることになる。

(87)「バナナの調達についてフィリピン政府と基本意向書締結」(ファーマインド社のプレスリリース、２０１６年10月26日、https://www.farmind.co.jp/company/news03.html)。
(88) *Davao Today* (online), Nov. 10, 2016; *Mindanao Times* (online), October 28, 2016.
(89) *Manila Bulletin* (online), May 2, 2017.
(90) 転職・求人サイト Green「フレッシュ・デルモンテ・ジャパン株式会社の企業情報」(https://www.green-japan.com/company/1217?case=login#js-anchor-paragraph-2、２０２０年４月13日アクセス)。
(91) 船昌商事の追熟加工設備については、同社ウェブサイトを参照(https://www.funasho-s.co.jp/facility/、２０２０年４月15日アクセス)。
(92) 南国青果ウェブサイトのほか、『ＦＦＧ調査月報』98号(２０１７年２月、24～29ページ)を参照した。
(93) 福岡大同青果「バナナ加工センター竣工のお知らせ」２０１８年５月１日(http://fdydo.co.jp/update/5875/、２０２０年４月15日アクセス)。
(94) 浅沼進「福岡大同青果ベジフルロジセンター――市場外で量販店のバックヤード機能」２０１９年11月９日(https://www.fdsupply.org/entry/191109、２０２０年４月14日アクセス)。
(95) タナカバナナが、フィリピンから有機ＪＡＳ認証の有機栽培バナナ(ブランド名「高地栽培有機バナナスイートオーガニック」)を買い付けている。
(96)『２０１３年版スーパーマーケット白書』２０１３年、58ページ。
(97) Deloitte Global Services, *The Path to 2020: Taking the Long View of Retail Market Entry*, 2013, p. 6.
(98) 前掲(96)によれば、２０１０年現在で、食料品の売上げに占める伝統的小売業者のシェアは20％を切るに至った。
(99) 堀内芳彦「食料消費構造の変化と食品小売業の対応―地域密着で生鮮強化を図るスーパーマーケットの

戦略を中心に―」『農林中金』２０１６年11月、参照。

(100) 松考ウェブサイト(http://www.matsukoufruits.com/company/、２０２０年４月16日アクセス)。

(101) 松考ウェブサイト(http://www.matsukoufruits.com/pop/1.php、２０２０年４月19日アクセス)。

(102) 伊藤忠商事『統合レポート２０１７』(オンライン)、39ページ(https://www.itochu.co.jp/ja/files/ar2017J.pdf、２０２０年４月20日アクセス)。

(103) 加谷珪一「伊藤忠がファミマを子会社化、商社とコンビニの微妙な関係とは?」ITmedia ビジネスオンライン(https://www.itmedia.co.jp/business/articles/1804/23/news036.html、２０２０年２月２日アクセス)。

(104) Deloitte Global Services, *The Path to 2020: Taking the Long View of Retail Market Entry*, Deloitte Global Services Limited, 2013, p. 7.

＊本稿は、２０１８年に筆者がFair finance Guide Japan に提出した報告書をもとに新たに書き下ろしたものです。内容に関して助言をくださった野川未央さん(APLA)、松本敦さん(ATJ)にお礼申し上げます。

第7章

私たちはどう食べればよいのか

エシカルな食べ方へ

市橋秀夫
野川未央

1 公正な民衆交易を目指して

市橋秀夫

一 日本でバナナの民衆交易が始まった

生活協同組合による「国際産直」としてのバナナ民衆交易*

鶴見良行の『バナナと日本人』が刊行されて3年が経った1985年、砂糖の国際価格が暴落し、フィリピンにおけるサトウキビの主要産地ネグロス島で飢餓が発生した。この緊急事態に応えるかたちで86年2月、「日本ネグロス・キャンペーン委員会」(JCNC。以下、ネグロス・キャンペーンと記す)が発足し、各地で緊急支援の運動が始まることになった。

その後、寄付に頼る緊急支援に持続性を期待できないことから取り組まれることになったのが、日本の生活協同組合(以下、生協と記す)のネットワークを通した「国際産直」事業である。バランゴンバナナ(以下、バランゴンと記す)は、その対象商品のひとつとなる。

ネグロス・キャンペーンが中心となってネグロス島のサトウキビから作られるマスコバド糖（有機黒砂糖）の輸入が始まったのは1987年3月、九州を中心とする生協グリーンコープでバランゴンの輸入計画が決定されたのは88年10月だった。さらに1年ほどの輸入試行期間を経た89年10月、グリーンコープや、関東を中心とする生活クラブ生協、首都圏コープ事業連合（現・パルシステム生活協同組合連合会）など複数の生協組織を主な株主とする株式会社オルター・トレード・ジャパン（ATJ）社（以下、ATJと記す）が設立された。

多国籍企業を介さない「民衆交易」と呼ばれる国際産直取引きが、生協の全面的な協力と支援のもとで始まったのである。こうして、「ネグロス島の人びとの自立を支えたいという人たちの思い」を、共同購入という生協組合員の「日常的な運動にする」道がつくられた[1]。

フィリピンでは、バナナを集荷し、洗浄・梱包し、輸出する事業を担う事業団体として、民主化運動の一翼を担った経験を持つ社会運動組織を基盤とする、オルター・トレード・カンパニー（以下、ATCと記す）が設立された。その事業インフラの整備を主たる目的に、日本側ではkgあたり50円のプレミアムが生協の販売価格に上乗せされ、そのお金が「自立基金」としてフィリピン側に手渡される。

こうして1989年以降、日本の消費者は限られた形であるとはいえ、多国籍企業に頼らずに、価格は高いが、生産者の労働と生活、そして地域環境の破壊に加担することがないと納得できるような生産者との直接のつながりを持つ、「安心・安全」な無農薬バナナを手にできるようになった。バナナの輸入についてはまったくの素人たちが始めた民衆交易は、輸出入の過程における品質管理ができず、当初は黒ずんだ小さなバナナが目立ったという。購入した組合員の30％は率直に、「値段の高さと傷みのひどさにガッカリしたという感想を寄せた」そうだ。[2]しかし、バランゴンは、「安心・安全」なバナナを子どもに食べさせたいという組合員の、素朴だが切実な願いにたしかに応えたものでもあった。

それは、自然食志向の消費者のニーズを満たすための無農薬バナナの輸入という側面を持つとともに、それを超えた、広い意味での社会変革の運動を目指す日本とフィリピンの運動団体の連携のもとにスタートした日本型フェアトレードであり、いわゆる「連帯型」の国際産直運動だったと言える（フェアトレード研究では、「提携型」として国際的にも知られている）。『バナナと日本人』の刊行時点では誰も考えていなかった、多国籍企業による貿易にとって代わる可能性を持つバナナのオルタナティヴ交易が現実のものとなったのである。

バナナ民衆交易を基盤にした自立村づくり

このバナナの民衆交易は、初年度の1989年には50トンだった輸入量が翌90年には360トンと7倍以上に増えた[3]ことからも分かるように、軌道に乗り始めたかにみえた。だが、90年11月の超大型台風ルピンによってネグロス島のバナナ栽培は一時、壊滅的な影響を受ける。

これに対して、作付面積の拡大と、バナナだけに頼らない生活の確立に向けた「バナナ村自立開発5カ年計画」が1991年12月から「自立基金」を活用して取り組まれる[4]。バナナからの収入がなくなったとしても立ち行かなくなることのない、農業自給のできる自立した村づくりである。その中心地域となった西ネグロス州ラ・カルラタ市ラ・グランハ村では、生産者協同組合が設立され、生産者自ら栽培・出荷、地域開発を進める基盤が整った。台風被害から立ち直って2年間は毎月40〜60トンのバナナを出荷し、世帯収入も一挙に3〜4倍になったという[5]。「一日三度の充分でバランスのとれた食事」という5カ年計画の目標の一つは実現した。

ところが、である。台風の次には病害が立ちはだかった。1993年にバランゴンの主要生産地であったネグロス島中部で「バンチー・トップ」と呼ばれる深刻なウイルス性の病害が発生し、1年半ほどの間にバナナ栽培が壊滅状態に追い込まれてしまう。ATJでは、この病害発生は経済的な成功を主眼とした「バナナ村自立開発5カ年計画」によってもたらされたと位置づけた。5カ年計画によるバナナの過剰な栽培が土壌をやせ細らせ、病害蔓延の状況を招いたという理解である[6]。

そして、これに対処すべく、今度は地域循環型の有畜複合農業の推進が唱えられた。病害を生まない健全な土づくりにもとづく自給自立のくらし確立計画である。バナナからの収入は家計収入全体の30％程度に抑えて、米やトウモロコシなど主食作物の生産を50％とする。残り20％は、豚やヤギといった家畜の育成でまかなう。単一栽培農業依存の弊害を避けるこの計画では、バナナをたくさん作って売って貧困を解決していくモデルとは異なる、地域循環型農業の確立が目指された。

この延長線で、ATJを生み出す母体となったネグロス・キャンペーンでは、「PAP21（ネグロス民衆自立農業創造計画21）」と呼ばれた地域循環プロジェクトの支援に1995年から取り組むことになる。ネグロス島の零細農民は、それまでの「農業労働者」意識を脱して「自営農民」となることが求められた。地域循環型の自給村は、個々の自立した篤農家によって担われるべきとされたのである。「農民・漁民・スラム住民が連帯し」、「村と町の間の共生を作りだすことで、支配的な政治経済システムから自立した地域自治と経済的自立と環境保全とが一体化された社会をネグロス島全体につくり出す[7]」という計画である。

これは、ATJや生協など多くの関係者のヴィジョンと強く呼応する社会変革構想であったが、理念が先行してもいた。そして、その理念の強さは、当時の現地の状況や人びとの暮らし方に対しても、またその後のグローバル化が浸透したフィリピンと日本の社会経済状況に対しても、クリエイティヴであり現実的である対応を難しくするというパラドックスをもたらす。

苦闘する民衆交易と対抗価値

民衆交易の究極的な目的は地域循環型の自給村の構築であるとする、理想の社会構想が日本の関係者の間で共有された一方で、ATJは、生協組合員の需要に対応できる量と品質のバナナを常に確保していかなくてはならないという待ったなしのビジネス上の課題にも直面していた。各種の自立支援活動の持続的な資金源確保という意味でも、ビジネスとしても成立しなければならない。そのために2000年9月から取り組まれたのが、バランゴンバナナ・リニューアル計画（BRP）と呼ばれた、新たな産地の開拓と病害などに陥りにくいことを目指した管理栽培の導入である。

産地について言えば、数量不足を補うため、当初のネグロス島から海を超えて、ルソン島、パナイ島、ボホール島、ミンダナオ島へと広がっていった。なかでも、かつては多国籍企業向けのバナナ栽培に従事していた経験による栽培管理技術が蓄積されていたミンダナオ島がまとまった数量を確保しやすい安定した出荷地域となり、民衆交易を支えていくことになる。

ミンダナオ島で栽培されているバナナは、ほとんどが輸出用のキャベンディッシュだ。そこに、バランゴンの無農薬栽培バナナを対置したのである。土壌の肥沃さもあるのだろうが、ミンダナオ島ではネグロス島に比べてサイズの大きなバランゴンが収穫されている。飢餓で苦しむ経験を持ったネグロス島の零細農民支援のための民衆交易という初期の物語は、もはやATJのバナナ民衆交易の一部にしかあてはまらない。

地域循環型の自給村の確立を目指したプロジェクトは実現していないと言わざるをえないが[8]、バナナの栽培と流通における品質管理強化と現代化は、品質向上に一定の成果をもたらした[9]。しかし、さまざまな有機栽培バナナが一般小売店でも入手できるようになり、購買者である生協組合員の国際連帯意識が希薄になってきているなかで、民衆交易の旧来のヴィジョンの更新や刷新が課題となっている。

オルタナティヴとして始まったＡＴＪの民衆交易。発足から30年が経って社会状況が大きく変化するなかで、いまやＡＴＪはエスタブリッシュメント化したとも言える。老舗になったことによるある種の手詰まり感がぬぐえない状況にある。

とはいえ、ＡＴＪによるミンダナオ島のバランゴン栽培は、労働者の健康と生活や地域の自然環境に害をもたらし続け、労働条件も劣悪な場合が多いプランテーション栽培バナナに対する対抗価値としての意義を持っていることも強調したい。たとえば、南コタバト州ティボリ町では、スミフルが農薬空中散布を実施していることへの反対運動が取り組まれている。無農薬でのバナナ栽培が可能であり、無農薬バナナが求める市場が海外にあることを具体的に示すＡＴＪの民衆交易の存在は、プランテーション栽培バナナへの具体的なオルタナティヴの可能性をたしかに提示するものともなっている。

二　新自由主義のもとでの民衆交易／フェアトレードの変容

新自由主義経済のもとでのバランゴンの商品化

ＡＴＪの苦闘は、近年におけるバナナの国際産直を取り巻く内外の社会経済的環境の急速な変化の中でさらに困難さを増しているように思われる。その環境変化とは、一言で言えば、いわゆる新自由主義的な統治様式（ネオリベラル・ガヴァナンス）のグローバルな浸透・定着、それと並行して進んだグローバル経済の広まり、その中での日本における物価の長期低迷である。

食材としてのバランゴンの位置づけも大きく変わってきた。たとえば、日本国内においては、バランゴンの消費財としての優位性が徐々に失われてきた。当初バランゴンは、日本で手に入る唯一と言っていい無農薬バナナであったが、いまでは生協以外でも手に入る数多い無農薬バナナの一つとなっている。

生協組合員の意識も変わり、ネグロス島の飢餓当時を知らない若い世代になると、安心・安全、品質、価格だけが食材の価値として重視され、連帯運動の側面は看過されがちになる。現在では、たとえばタイの無農薬栽培バナナをバランゴンと並行して販売している生協もあり、バランゴンは一つの選択肢にすぎない。

フィリピン側の事情も変わってきた。人口の1割（約1000万人）が海外への出稼ぎ労働者となり、海外からの送金は国内総生産（GDP）の約1割を占めるとされるなど、成長構造の歪みが指摘されている。それでも、2012年以降は6〜7％の年平均経済成長を遂げ、物価上昇も顕著である。一方の日本の物価は停滞が続き、フィリピンの物価上昇に見合った買付価格の支払いが容易ではない状況が続く。天候不順や深刻な病害による生産量の減収に対する補償も特効薬もなく、ATCやATJに対する生産者の不満が募りやすい状況が続いている。

ヨーロッパで広がるフェアトレード・バナナ

バナナを取り巻く経済環境に変化が起こったとはいえ、フェアトレードにせよオーガニックにせよ、日本では、それらの市場はごくごく限定的なままだ。一方、ヨーロッパではフェアトレード・バナナを大手スーパーでも当たり前のように見かけるようになっている。一般市場にフェアトレード商品が並び、いわゆる「メインストリーム化」が大きく進んだ状況にある。

連帯運動型のフェアトレードは、ニッチ市場のままにとどまって現地生産者の生活向上や労働条件の改善、自然環境の保護が局地的にしか実現できておらず、国際的な貿易構造も旧来然として社会全体には十分な影響を与えてこられなかった。その状況への打開策として、フェアトレードのメインストリーム化戦略は、「認証ラベル」という手法をともなってフェアトレード世界の内部から出てきた。構造的な変化をもたらすために、小規模な取り引きの連帯モデルから、より大規模な取り引きによる構造改革モデルへと戦略転換が選択されたのである。

ヨーロッパで最初にフェアトレード財団の認証ラベルの貼られたバナナが販売されたのはオランダで、1996年だった。すぐにスイスをはじめデンマークやドイツなど大陸ヨーロッパで取り扱いが広がる。イギリスでも2000年1月に大手スーパーで業界2位のセインズベリーズと業界4位のコープ・フードが取り扱いを始めた(**写真7―1、2**)[10]。最大手スーパーのテスコも02年にウィンドワード諸島のドミニカ国(中米)からフェアトレード・バナナの輸入を開始する。

写真7−1　セインズベリーズの店頭に並ぶフェアトレード認証バナナ

写真7−2　コープ・フードで販売されている
フェアトレード認証バナナ

２００４年にはスイスのコープが大手小売りスーパーとしては世界で初めてすべての取り扱いバナナをフェアトレード認証商品に転換した。イギリスでも07年に、セインズベリーズと高級スーパーのウェイトローズが販売するバナナを１００％フェアトレード認証基準に適ったものに転換した。これにより、イギリスで毎年食べられている70億本のバナナの25％がフェアトレード認証バナナとなった[11]。

現在、スイスではフェアトレード認証バナナの販売シェアは50％にのぼるとされる[12]。ただし、イギリスとスイス以外のヨーロッパ各国のシェアは一ケタにとどまっているようだ。

オルタナティヴの成果とジレンマ——認証ラベルの功罪

欧米におけるフェアトレード・バナナのメインストリーム化は、認証ラベルの確立、大手スーパー(小売店)によるフェアトレード認証商品の取り扱い、あるいは大手スーパー自身による自社ブランド品のフェアトレード認証商品への転換などによって大きく進展してきた。

フェアトレードの認証ラベルは、安心・安全な生産物というだけでなく、生産者の労働条件やコミュニティの自然環境や社会環境の水準も保証するものであるから、ラベルの貼られた商品が増えて広まることは歓迎されるべきである。しかし、認証ラベルが独り歩きするようになって、当初は想定されていなかった問題も出てきている。ここでは、さしあたり二つの問題を指摘しておきたい。

ひとつは、多数の類似した認証ラベルの登場と濫用である。フェアトレード財団の認証基準は、そもそも不公正な国際交易を強いられている生産者と生産者コミュニティへの連帯と支援という理念があり、認証基準のクリアは決して容易ではない。ところが、その後に登場してきたのは、レインフォレスト・アライアンスのように、認証基準を引き下げた認証ラベルであった。低い認証基準でフェアトレード認証とさして違いのないブランド効果が得られれば、生産企業であれ小売店であれ、より高い基準の認証を獲得しなければならない動機は小さくなる。

多少基準が低くても、現状の改善につながればよいのではないかという意見もあるだろう。しかし、事態は、悪貨は良貨を駆逐する方向で動いていることを示す出来事が、フェアトレードの盛んなイギリスで起きるようになってきた。

セインズベリーズは２０１７年６月、紅茶のフェアトレード認証の打ち切りを断行、自社独自の「Fairly Traded」というロゴの入った紅茶の販売に切り替えた。セインズベリーズだけではない。同年8月には、フェアトレード認証を初めて取得し、すべての自社商品にフェアトレード認証ラベルをつけていたチョコレートのブランド「グリーン&ブラックス」が、フェアトレード認証ではなくCocoa Life[13]の認証ロゴマークを冠した製品を発売したのである。

グリーン&ブラックスを買収したキャドベリーもまた、フェアトレード認証を脱してCocoa Lifeのロゴをつけるようになった[14]。レインフォレスト・アライアンス認証を取得していたネスレは早くも２０１３年に、Cocoa Planという認証プログラムを始めていた。

フィリピンのバナナ栽培業者が多く取得している国際認証であるグローバルＧＡＰも同じ流れに位置づけられよう。これは、１９９７年に農産物をめぐる安全性・自然環境・労働条件などを憂慮した消費者の声を受けて、イギリスを中心としヨーロッパのスーパーが中心となって設立された独自の農産物品質認証ラベルである[15]。

セインズベリーズもグリーン&ブラックスも、すべての商品でフェアトレード認証を廃したわけではない。しかし、これらの大手あるいは老舗ブランドがフェアトレード財団の第三者認証を見限り、自社基準で自社監査の認証プログラムを立ち上げる理由は何だろうか。

イギリスでは、すでに460を超える数のサステナビリティ認証ラベルが飲食料品のパッケージに貼られている。そのうち3分の1は過去15年間に新たにつくられたラベルだという。「ラベル疲れ」という言葉があるそうで、ラベルの数が増えれば増えるほど、それが何を意味するのか、どれほど意味があるものなのかが分からなくなる症状を指す言葉である。

利益の追求に余念のないグローバル食品企業は、この事態を見て自社ラベルへの乗り換えを有利と判断したとしてもおかしくはない。このなりゆきを企業による「グリーンウォッシュ」(単なるポーズとして環境保護への取り組みをアピールすること)だとして懸念や批判の声が上がっていることも当然だろう。[16]

二つめの問題は、生産者および現地コミュニティとの距離の遠さ、関係の希薄さである。認証ラベルを使う企業は、第三者のものであれ自社のものであれ、希釈された一般的な理念を熱心にウェブサイトで語ることはあっても、Cocoa Life のウェブサイトから分かるように、生産者の困難な状況をリアルに伝えるような問いかけはあらかじめ排除されている。

フィリピンの大規模バナナ輸出業者で構成される業界団体フィリピン人バナナ栽培者・輸出業者協会の YouTube 上の広報動画でも、生産現場は最新のテクノロジーにより徹底的な安全管理・品質管理がなされているという印象を与える。だが同時に、観光地の宣伝ビデオでもあるかのように、プランテーションやそこで働く労働者、その家族は幸福そうに描かれる。また、生産者は高度な手仕事や手作業に従事する芸術的職人を連想させるイメージでウェブ上に投影され、農地改革受益者との幸福な協同、ムスリムコミュニティとの紛争解決を含む地域や労働者の家族に対する社会貢献の成果がテキパキと示される。一方で、そうした映像以外の現状を明らかにしたうえで改善に取り組んだことを示す報告書類は、公開されていない[17]。

日本でのフェアトレード認証や類似の認証ラベルを獲得しているバナナの宣伝販売においては、フェアトレードが持つ運動的側面や現地の実情への言及はさらに希薄である。安心・安全などの品質面やオーガニックであることのブランド価値などが前面に押し出され、連帯運動や社会変革の側面は触れられることはないのが現実である。日本で唯一フェアトレード認証のフィリピンバナナを輸入しているタナカバナナのウェブサイトでさえ、残念なことに、フェアトレード財団の活動や歴史的意義を紹介したり説明したページは見当たらない。

生産者との直接的なつながりの重視、環境や労働条件や生産地域固有の事情などへの配慮、交易取引の透明化――これらを進めることにより、交易における公正さ(フェアネス)の拡充を目指してきたフェアトレードであった。しかし、デイヴィッド・グッドマンらの研究者も指摘するように[18]、メインストリーム化により、そうした当初の公正さを問う声は、商品それ自体においても、フェアトレードを伝え訴える言説においても、すぐれた味覚と高品質の生産物であることをまずは押し出さざるをえない流れに取って代わられてきているのが実情である。

多様な有機栽培バナナが入手できるいま、ＡＴＪのバナナもまた、連帯や生産者支援よりも、形、サイズ、傷や傷みのなさ、独自のおいしさなどを伝えるという課題をこれまで以上に求められるようになっている。いまなお生協を通した販売網に小売を限定しながらも、規模の経済や品質重視といった消費市場のトレンドと無関係では存在しえないというのが、バランゴンの民衆交易がおかれた状況である。

重要なのは、肝心のフィリピンのバナナ生産現場や生産者の実際の状況は、バランゴン栽培生産者も含めて、『バナナと日本人』当時と比べ、良くなってきているのだろうかという最も基本的な問いに繰り返し立ち返ることだろう。生産者の労働と暮らしの現実を、バーチャル化やウェブ上の映像の既視感に侵犯されたリアリティを超えて捉え直す必要がある。そうした観点に立って、私たち消費者はいま何をすべきなのか、それを次節で考えてみよう。

（1）堀田正彦「オルター・トレード・ジャパン（ＡＴＪ）とは何者か」ＡＰＬＡ編『民衆交易とフェアトレードのこれからを考える』ＡＴＪ／ＡＰＬＡ、２０１２年、10ページ。

（2）堀田正彦『台所からアジアを見よう　バナナ』オルター・トレード・ジャパン、１９９８年（第二版）、38ページ。

（3）堀田正彦・秋山眞兄「『善意』から『生きる力』としてのバナナへ」『季刊ａｔ』1号、２００５年、41

ページ。

(4) 前掲(2)、１９９５年(第一版)、１４０ページ。

(5) 前掲(4)、94ページ。

(6) ウィルス性の病害の蔓延と土壌の肥沃度との関係は必ずしも明確であるとは言えず、ＡＴＪのこうした総括自体の是非についてもあらためて検討が必要であろう。

(7) 前掲(4)、１４１ページ。

(8) 地域循環型農業を実現するには、まさに地域全体の参加が必要であり、行政や流通セクターなどとの連携も必要であるが、そうした取り組みを可能にする人的・物的なリソースをＡＴＪも現地関係団体も持ち合わせていないままである。

(9) バナナの生育段階の把握、袋掛けによる病虫害発生の防止、買取規格(サイズや傷など)の厳格化、冷蔵運搬車の導入などの管理強化がなされてきている。

(10) Harriet Lamb, *Fighting the Banana Wars and Other Fairtrade Battles: How We Took the Corporate Giants to Change the World*, London, 2009, pp. 21 and 30. ちなみにスイスでは、すでに１９８５年に、アメリカの経済封鎖で苦しむニカラグア支援のために連帯運動型バナナを輸入して販売していたという。

(11) ヨーロッパにおけるフェアトレード認証バナナの展開については、Harriet Lamb, *Fighting the Banana Wars and Other Fairtrade Battles: How We Took the Corporate Giants to Change the World*, London, 2009, pp. 5-39と、セインズベリーズのフェアトレード・バナナへの全面転換の過程を当事者が書いたMatt North, 'Banana Breakthrough', in John Bowes ed., *The Fair Trade Revolution*, London, 2011, pp. 140-54を参照。

(12) Banana Link, 'Fairtrade Bananas Spread in Continental Europe', 06/07/2015(http://makefruitfair.org/fairtrade-bananas-spread-in-continental-europe/、２０２０年6月10日アクセス)

(13) アメリカに本社をおく世界第3位の食品・飲料会社モンデリーズ・インターナショナルの「グローバル・サステナビリティ・プログラム」の名称。持続可能なカカオ栽培事業、カカオ栽培コミュニティのエンパワーメント、森林の保全と修復、を三本柱とするプログラム。

(14) キャドベリーは２００５年にグリーン＆ブラックス社を買収したが、10年には自身がグローバル菓子企業であるクラフト社（現モンデレス社）に買収されている。

(15) 当初はヨーロッパＧＡＰだったが、２００７年にグローバルＧＡＰに名称変更。

(16) Samanth Subramanian, 'Is Fair Trade Finished?', *The Guardian*, 23/07/2019; Sam Molineaux, 'Sainsbury's Not Playing Fair with its Red Label Tea, Say Critics', *World Tea News*, 12/03/2018（https://worldteanews.com/tea-industry-news-and-features/sainsburys-not-playing-fair-with-its-red-label-tea-say-critics、２０２０年６月10日アクセス）

(17) PBGEA, 'Philippine Cavendish: from Mindanao to the World'（https://www.youtube.com/watch?v=kulhNmeUhuo、２０２０年6月10日アクセス）

(18) D. Goodman, E. M. Dupuis and M. K. Goodman, eds., *Alternative Food Networks: Knowledge, Practice, and Politics*, London and New York, 2011, Part IV, pp. 195–249.

＊ 本稿の前半部分は、市橋秀夫「バランゴンバナナ民衆交易の歴史と特色」石井正子・関根佳恵・市橋秀夫『バナナとフィリピン小規模零細農民――バランゴンバナナ民衆交易の現状と課題』（埼玉大学教養学部・大学院人文社会科学研究科、２０１８年）、15～19ページと重複している。

2 エシカルな食べ方へ

野川未央

一 オルタナティヴなバナナの現状

数字から見えるもの

序章で述べられているとおり、『バナナと日本人』が一つのきっかけとなり、生協組織や市民によって設立されたオルター・トレード・ジャパン社などを中心に30年にわたって取り組まれてきたバランゴンの民衆交易は、「オルタナティヴな(＝一般的な生産方法をとらない、代替となる)バナナ」の先駆的存在と言い切っても過言ではないだろう。生協組合員や、全国に点在する自然食品店やフェアトレードショップなどを利用する消費者に「安心して食べられるバナナ」という選択肢を提供し、フィリピンの小規模生産者の生活向上を多少なりとも実現してきたのは間違いない。

私自身は、仕事を通じて、産地を訪問して生産者と出会ったり、バランゴンを購入している生協組合員や長年にわたって販売されてきた小規模なお店の方々などと直接会い、話をする機会を得たりしてきた。したがって、単なる数字だけで測れない価値があると信じて疑わない。とはいえ、同時に、バランゴンの輸入量は日本に輸入されるバナナのわずか0・17％にすぎない[1]という数字が示す事実を捉え直す必要があるとも考えている。

なお、2000年代以降は、生協や限られた小売店舗だけでなく、一般のスーパーなどにおいても、有機ＪＡＳ認証やレインフォレスト・アライアンス認証、フェアトレードマークの表示がついたバナナなど「オルタナティヴなバナナ」を見かけることが増えてきた。欧米が牽引してきたフェアトレード運動、それに続くエシカル（＝倫理的）な消費が日本でもわずかながらも広がり、いわゆる健康志向・環境志向の消費者が増えたことが、その一因だと考えられる。

日本国内で流通する有機栽培バナナの圧倒的なシェアを誇るヒロインターナショナル、加工業者として有機栽培やフェアトレードバナナも手がけるタナカバナナといった中小企業だけでなく、ドールやスミフルなどの多国籍企業もオーガニックもしくは有機栽培という名前のついたバナナを1種類ずつは販売している。とはいえ、バランゴンと市販の有機栽培バナナをすべて合計しても、全輸入量の1％程度と推測され[2]、非常に限られていることに違いはない。

裏を返せば、99％の一般的なバナナについては、企業が「管理栽培」などをアピールしていたとしても、農薬の使用状況や環境に対する影響、あるいは労働者の待遇といった産地の実状については担保されていない。しかも、消費者が知りたいと思っても情報を得ることすらできないのが現状だ。

有機栽培バナナの多くは遠く中南米から

では、認証マークがついていれば何の問題もないかというと、そうとは言い切れない側面もある。たとえば、カエルのマークで認知度が高まってきているレインフォレスト・アライアンス認証は、レインフォレスト・アライアンスという国際的な非営利団体が、環境・社会・経済面の持続可能性を義務づけた基準に準拠していると判断して付与する認証マークである。しかし、第4章で取り上げられているネオニコチノイド系農薬を含め、例外規定によって使用が許可されている農薬の種類は多い。こうした事実をどれほどの人が知っているだろうか。

また、一般スーパーなどで販売されている有機栽培バナナの産地を確認すると、ほぼすべてがエクアドル、ペルー、メキシコ、コロンビアなどの中南米地域である。フィリピン産はほとんど見あたらない[3]。その理由は、中南米の産地はフィリピンに比べて湿度が低く、農薬不使用でも比較的栽培しやすいからと言われている。

安心して食べられ、産地の環境破壊や生産者の健康被害に加担しないという意味においては、有機栽培バナナは積極的に選ぶべき「オルタナティヴなバナナ」と言って差し支えないだろう。しかし、フードマイレージ[4]を考慮する必要がある。

フードマイレージは、「生産地から食卓までの距離が短い食料を食べたほうが輸送に伴う環境への負荷が少ない」という仮説にもとづいた、食料輸入重量と輸送距離を掛けた、環境負荷の大きさを知るための指標だ。日本との距離を測ると、フィリピンは約3000㎞、エクアドルは1万4600㎞と、中南米はフィリピンの約5倍にも及ぶ。この観点から考えると、輸送燃料を大量に消費して食べることを選ぶべきなのかという問いも立てられそうだ。もちろん、輸送食料自給率が4割を切っている日本に暮らす私たちにとって、フードマイレージの問題はバナナに限ったことではない。

二　多国籍バナナ企業を変えるために

消費者が求めるのは「安くて見た目のきれいな」バナナ？

スーパーや八百屋には、さまざまなブランド名や商品名のついた一見〝バラエティ豊かな〟バナナが並んでいる。だが、その大半が多国籍企業のグループ会社・出資会社によって輸入されていることは第6章で述べられているとおりだ。

ドール(伊藤忠)、スミフル、デルモンテ、ユニフルーティー、ANAフーズの上位5社でフィリピンから輸入されるバナナの9割以上を占めている。そして、有機認証やフェアトレード認証ラベルがついたほんの一部の商品を除いては、それらのバナナがどこでどのように生産され、輸入されたのか、消費者が知ることは難しい。

日本バナナ輸入組合[5]が毎年実施している「バナナ・果物消費動向調査　第15回」[6]（2019年）の調査結果によれば、消費者がバナナを買うときの基準について、「価格が安いもの」が約46％で最も高く、以下、「見た目がきれいなもの」約37％、「本数が多い」約27％、「サイズが大きい」約19％と続く（複数回答可）。つまり、企業側としては、消費者のニーズに応えるために、安くて見た目がきれいなバナナを供給するためのたゆまぬ努力を続けているという論理で、コストカットのための生産者・労働者搾取や農薬の空中散布を正当化しているとも考えられる。

しかし、バナナを食べる消費者は、そのバナナが生産される背景に人権侵害や環境破壊が存在しているという事実を知っても、本当に価格が安く、見た目がきれいなバナナを求め続けるだろうか？　喜んで食べるだろうか？　私は、そうは思わない。単に、生産地の現状を知らない（知らされていない）がゆえにそうした選択をよしとしている人が多数なのだと信じたい。

ボイコットは有効か

では、すでに問題に気づいた私やあなたが多国籍バナナ企業を変えるために取りうる方法として、どんなものがあるだろう。一つは、人権侵害や環境破壊に加担する企業のバナナは買わないという姿勢を行動に移す、いわゆる不買運動（ボイコット）が考えられる。

不買運動でよく知られているのは、アメリカの有名スポーツメーカ・ナイキに対して1990年代後半に世界的に起こったケースではないだろうか。ナイキは、インドネシアやベトナムなど、労働コストが低い東南アジアの工場で製品の委託製造をしていた。現地での強制労働や低賃金・長時間労働、劣悪な労働環境や嫌がらせなどが発覚し、ナイキ製品の不買運動が世界的に広がったのだ。大幅な売上げ減という形で経済的打撃をうけたナイキは、その後、サプライヤー(製造委託工場など)における人権問題に取り組まざるをえなくなる。

こうしたボイコットは多国籍バナナ企業に対しても有効だろうか。ある事例を紹介したい。スウェーデンでは2010年前後に、ある事件をきっかけにしてそれまで市場全体の約5％だったフェアトレードバナナのシェアが、50～60％にまで拡大したと言われている。[7] その事件とは、スウェーデン人の映画監督フレドリック・ゲルテンらがドール社によって訴えられたことだ。

ゲルテンは、ドキュメンタリー映画『Bananas!*』[8]で、ニカラグアのドール社のバナナ園で働いてきた労働者たちが農薬による健康被害を訴えて起こした裁判について描き出した。ドール社は、この映画が自社の名誉を棄損しているという理由で、2009年に予定されていたロサンゼルス映画祭でのプレミア上映の中止を要求。さらに、ゲルテンや制作会社を訴えたが、監督たちは巨大企業からの脅迫に屈しなかった。

スウェーデン国内外のメディアが訴訟について取り上げ、国会議員は自国民の言論の自由を脅かす多国籍企業を野放しにしなかった。超党派で、ドール社に対して訴訟の取り下げを求める請願署名に取り組んだ。また、多くの市民が近くのスーパーに対してドール社のバナナを扱わないように求めた結果、スーパーがバナナの調達先を見直したり、ドール社に対して訴訟の取り下げを要求したりするケースもあったという。

結果的に、ドール社は訴訟を取り下げる。ロサンゼルス高等裁判所は、同社に対して訴訟費用として20万米ドル（約2200万円）を監督と制作会社に支払うことを命じた。

一方で、「ボイコットをすると、結局は生産者・労働者が仕事を失って被害を受けるのではないか」という質問を受けることも多い。そうした事態が起こらないように、ボイコット運動は、現地の生産者・労働者との関係性を構築したうえで展開されるべきだろう。

フィリピンのバナナに関しては、ミンダナオ島コンポステラ・ヴァレー州（2020年4月にダバオ・デ・オロ州に改名）にあるスミフル・フィリピン社のバナナ梱包作業所の労働者たちが窮状を訴えるために来日した際に、日本の消費者に対してスミフルのバナナのボイコットを明確に求めた(9)。彼・彼女たちによれば、スミフル・フィリピン社は日本向けだけにバナナを出荷しているわけではないため、仮に日本への出荷量がボイコットによって減少した場合でも、中国や韓国、中東のマーケットへの出荷に切り替えられる。それゆえ、生産者・労働者への悪影響はそれほど大きくないと考えられるという。

だからこそ、日本でスミフルのバナナのボイコットが広がることで、スミフル側が労働問題しいと訴えた。

を無視できなくなり、労働者の経済的状況や労働環境の改善を保証するように圧力をかけてほしいと訴えた。

企業の社会的責任を問う国際的な流れ

とはいえ、日本ではボイコットも含めて「ノー」を唱える運動はなかなか広がりを持ちにくいと感じてきた方たちが多いのではないだろうか。「ノー」を唱えるだけでなく、「イエス(=オルタナティヴ)」をつくり出す必要があるともよく言われる。

しかし、バナナに関しては、「オルタナティヴ」だけでは問題の構造そのものを変革してこられなかったという事実はすでにお伝えしたとおりだ。どちらも大きな成果をあげられていない日本では、フィリピン産バナナによって巨額の利益を生み出している多国籍企業を変えることはできないのだろうか?

ここでは、企業の社会的責任を問う国際的な潮流を紹介したい。

たとえば、2000年に制定された「国連グローバル・コンパクト(UNGC)[10]」は、「人権」「労働」「環境」「腐敗防止」の四つの分野で10原則を定めている。19年6月時点で、全世界で1万3000以上の企業・団体が署名した。日本では、本章で名前が挙がっている住友商事や伊藤忠商事をはじめ、合計365企業・団体が署名をしている(20年6月現在)。法的拘束力は持たないが、署名する企業・団体は、その実現に向けた努力が求められる。署名に対して責任ある行動が伴わない状況が続けば、除名されうる。

また、2011年には「ビジネスと人権に関する指導原則[11]」が国連人権理事会で承認された。こちらも法的拘束力は持たないものの、すべての国と企業が尊重すべきグローバル基準だ。各国政府は、この指導原則に則して「ビジネスと人権に関する国別行動計画（National Action Plan：NAP）[12]」を策定・執行しなければならない。日本の動きは、欧米諸国に大幅な遅れをとっているが、企業の社会的責任を問う流れは確実に大きくなっている。日本の企業もサプライチェーンにおける人権や環境面での責任を無視できる時代ではないのだ。

そうした国際的な状況を追い風にして、私たち日本の市民・消費者も積極的に企業の社会的責任を問うべき時に来ている。それは、人権、労働、環境のいずれをとっても問題だらけのフィリピン産バナナのサプライチェーンについても例外ではない。

三　エシカルな食べ方へ

消費する側が変わるために

こうしたなかで2018年夏に立ち上げたのがエシカルバナナ・キャンペーンだ。筆者が所属するNPO法人APLA（Alternative People's Linkage in Asia）、その姉妹会社でバランゴンバナナの輸入販売を続けてきたオルター・トレード・ジャパン（ATJ）社、そして『バナナと日本人』の著者である故・鶴見良行氏も立ち上げに関わったNPO法人アジア太平洋資料センター（PARC）が呼びかけ、2020年7月10日時点で賛同団体は48団体、賛同個人は約420名になっている。[13]

もともと「倫理的な」という意味を持つエシカルという言葉は、曖昧で分かりづらいと言われることも多いが、私たちキャンペーンのメンバーが考える「エシカルバナナ」は、以下の4点を満たすものである。

①生産地の水・空気・土地を汚染しない。
②先住民族の生活や先祖伝来の土地に関する権利[14]を尊重する。
③産地および消費地の人びとの健康を害さない。
④サプライチェーン上で強制労働や人権侵害が存在しない。

私たちは、日本に輸入されるすべてのバナナが「エシカルバナナ」になることを目指している。その道のりが決して平坦ではないことは、火を見るよりも明らかだ。しかし、スウェーデンの市民が実現できたように、日本の私たちも「生産地の人たちを傷つけるバナナを店頭に並べないで」「エシカルなバナナを販売して」という声を大きくして、モノを売って利益を得る小売業を動かし、バナナを供給する多国籍企業を変えられるはずだと信じたい。

そのためにも、まずは本書で明らかにしたフィリピン産バナナを取り巻く問題をより広く社会に広め、バナナを買う一人ひとりの意識を変えていくことが、エシカルバナナ・キャンペーンの活動の一つの柱である。

ブラックボックスの中身を可視化する

バナナの背景にある問題について知った人が、「買いたい・買おう」と思えるエシカルなバナナが現時点で限られていることは、すでに述べたとおりだ。さらに言えば、スーパーの棚に並ぶ複数のブランドのバナナのうち、どれが「買わないほうがよい」バナナで、どれが「比較的まともで買ってもよい」バナナなのかを判断するための情報がほとんどない。消費者が手に取るバナナについているブランド名や商品名は多様化しており、どの企業のバナナであるかという基本情報すら分からないことも少なくない。

たとえば、各社がナショナルブランド（スミフルの「朝のしあわせバナナ」や「甘熟王」、ドールの「極撰バナナ」や「スウィーティオバナナ」など）として売り出しているバナナ以外に、「生産地フィリピン」とだけ記され、輸入販売者が不明なバナナも多い。近年では、大手小売企業のプライベートブランド（イオンのトップバリュ、セブン＆アイのセブンプレミアムなど）のバナナも増えている。イオンやセブン＆アイが直接バナナを輸入しているわけではないが、どの企業が生産・輸入したものなのか、バナナについているラベルだけではほとんどの場合は判別できない。一方で、プライベートブランドのバナナに関しては、その大手小売企業の調達責任を問いやすいという側面もある。

そこで、エシカルバナナ・キャンペーンでは、活動の二つ目の柱として、バナナのサプライチェーンを商品(ブランド)ごとに可能なかぎり明らかにし、農薬の使用状況や生産者の労働状況に関する通信簿を作成したいと考えている。フィリピンから日本にバナナが届くまでのブラックボックスの中身を可視化し、仮にベストではなかったとしてもベターなバナナを選択できる判断材料を提供できるようにするためだ。

そして、このバナナ通信簿作成に向けて2019年夏、大手小売企業20社に対して公開質問状を送付した。なぜ、バナナを生産・輸入する企業に対してではなく、小売企業に対してなのか、と不思議に思う方もいるかもしれない。これまでの経験上、スミフルやドールなどの多国籍バナナ企業に公開質問状を送付しても回答が得られない可能性が高い。そのため、消費者に対して販売する大手小売企業に、サプライチェーン上の社会的責任を問うことから始めることに決めたのだ。

とはいえ、その回答状況は芳しくなく、各社に回答を催促しているところだ。継続して働きかけをすることで、小売企業の方針転換やそれを通じた多国籍バナナ企業への圧力につなげていきたい。

食べる私たちが果たすべき役割

バナナの話をすると、「残留農薬が心配なので、バナナの先端１㎝は切り落としてから子どもに食べさせています」という方と出会うのはそう珍しくない。だが、バナナの皮にある微細な穴を通って全体に浸透していく農薬もあるため、先端を切り落としたからといって効果があるとは言えないだろう。

自分が口にするもの、子どもに食べさせるものの安全性を考えることは重要だ。それは否定の余地がない。しかし、日本でバナナを消費する私たちが本当に考えなくてはいけない安全性は、先端１㎝を切り落として確保されるようなものではない。本書を最後まで読んでくださった皆さんなら、そのことを理解していただけたのではないだろうか。

私たちが口にするバナナに残留するほど農薬が使用されているとしたら、そのバナナが栽培されている農園でどれほど多量の農薬が撒かれているのか。そして、そこで働く人や近隣に住む人たちの安全は守られているのか。そこまで想像力を働かせ、その問題を解決するために行動して初めて、本当の安全性が確保されるのではないだろうか。

フィリピンからバランゴンの生産者が来日した際、こんな話をした。

「私たちが栽培しているバナナは傷だらけで軸も黒く腐りやすいけれど、中身はきれい（安心して食べられる）。プランテーションのバナナは正反対で、見た目をきれいにするために中身は汚い。そんなバナナを食べたいですか？　子どもたちに食べさせたいですか？」

たかがバナナ、されどバナナ。身近な果物であるバナナを通じて、日ごろ、自分たちがお金を出して買っている食べ物について、あらためて意識してみるところから始めてほしい。

（1）財務省の「貿易統計（輸入）」（２０１８年）によれば、２０１８年度のバナナ（生鮮）の輸入量は１００万２８４８トン、バランゴンの輸入量は１７０４トン（オルター・トレード・ジャパン社「年次報告２０１８」２０１８年）。

（2）現時点で有機栽培バナナの数量についての公式な統計は存在しておらず、以下を根拠とした推測値である。①農林水産省「平成28年度 認定事業者に係る格付実績」によれば、２０１６年度に外国で有機ＪＡＳ格付けされ日本向けに出荷された「果実」の量が1万６６９トン（https://www.maff.go.jp/j/jas/jas_kikaku/attach/pdf/yuuki_old_jigyosya_jisseki_hojyo-55.pdf）である。この中にどんな果物が含まれているか、データの作成者である食料産業局食品製造課基準認証室に確認したところ「認定事業者から「果実」という括りでしか報告を受けていないので分からない」という回答だった。②一般市場でみかける外国産の有機ＪＡＳ認証の果物のほとんどがバナナで、若干キウイフルーツとアボガドが流通している程度である（キウイフルーツの輸入総量は約10万トン。そのうち1％が有機だとしても１０００トン）。③バランゴンの輸入量は約１７００トン。④以上から、有機栽培バナナとバランゴンを合計しても1万トン程度と推測できるため、総輸入量約１００万トンに対して1％程度と考えられる。

（3）タナカバナナの「スイートオーガニック」は、ラベルで「フィリピンでは不可能とされていた有機栽培バナナを10年かけて作りあげました」と謳われている。

（4）イギリスの消費者運動家ティム・ラングが１９９４年から提唱している概念である「フード・マイルズ（Food Miles）」がもとになっている。

（５）同組合ウェブサイト「バナナ大学」によると、組合員には、伊藤忠商事、ドール、スミフルジャパン、ユニフルーティージャパンなど21社が名前を連ねている（２０２０年７月10日アクセス）。

（６）https://www.banana.co.jp/database/trend-survey/（２０２０年７月10日アクセス）

（７）フレドリック・ゲルテン監督来日時のインタビューより。KOKOCARA https://kokocara.pal-system.co.jp/2016/04/18/bananas-against-corporation/（２０２０年７月10日アクセス）

（８）日本では、『バナナの逆襲』というタイトルで２０１６年に劇場公開された。ウェブサイト：http://kiroku-bito.com/2bananas/。

（９）その声に応える形で、国際環境NGO FoE Japanが「フィリピンのバナナ生産現場での深刻な人権侵害が改善されないスミフル社のバナナをボイコット（＝不買）して、同社に対して問題改善を求めよう！」というキャンペーンを２０１９年10月31日に開始した。http://foejapan.org/aid/doc/191031.html

（10）『国連グローバル・コンパクト４分野10原則の解説』の日本語訳（仮訳）。http://www.ungcjn.org/gc/pdf/GC_10.pdf（２０２０年７月10日アクセス）

（11）日本語訳 https://www.hurights.or.jp/japan/aside/ruggie-framework/（２０２０年７月10日アクセス）

（12）外務省によれば、同原案に対する意見の募集を終え（20年２月）、20年半ばに行動計画を公表することを目指して策定作業に取り組んでいるという。https://www.mofa.go.jp/mofaj/fp/hr_ha/page22_001608.html（２０２０年７月10日アクセス）

（13）ウェブサイトから個人賛同を募っている。ウェブサイト：https://www.e-banana.info/

（14）２００７年に採択された「先住民族の権利に関する国際連合宣言」。https://www.un.org/esa/socdev/unpfii/documents/DRIPS_japanese.pdf（２０２０年７月10日アクセス）

あとがき

2015年2月、私はオルター・トレード・ジャパン社から、南コタバト州レイクセブ町のバランゴンバナナ生産者の調査を依頼された。本書執筆者の市橋秀夫さんと関根佳恵さんが同様の調査を先行して進めており、私はその後を追う形となった。8日間の調査を終えて帰国しようとしていたときである。滞在していた宿のオーナーで元州議会議員が一人の男性を連れてやってきた。

「こんなところに日本人がやってくるのは珍しい。彼の身体を見てくれ。全身、皮膚病だ。彼はドールの日本輸出用バナナ園などで農薬散布の仕事をしていたんだ」

男性の両足と両腕の皮膚はひどく乾燥し、かぶれていた。目には悲しみと疲労の色が浮かんでいたが、初対面の私に対し、なんとか笑顔をつくろうとしてくれていた。

信じられなかった。と同時に自分を恥じた。鶴見良行氏の『バナナと日本人』出版から40年近くが経つ。企業の社会的責任が当たり前になりつつあるなかで、このような惨状が続いているとは、迂闊にも思ってもいなかったのである。

この出会いが忘れられず、同年8月、私は追跡調査を開始した。ミンダナオ島でお世話になっている家族に私が「姉」と慕う女性がいる。姉はイスラム教徒で、武力紛争中に避難民となり、1970〜80年代にはドール・スタンフィルコ社のバナナ園で働いていた。

姉に事情を話すと、調査の手伝いを快諾してくれた。私たちは車で南コタバト州に向かうことにした。運転手は姉のかつてのバナナ園労働者仲間だ。早朝、同州の飛行場を訪ねてみると、空中散布を行う小型飛行機が農薬を積んでいた。そして、南の方角へ飛び立っていった。

「あれを追うよ」と姉が言う。

「え、車で？　無理だよ！　追いつかないよ！」と言う私を一顧だにせず、二人は車に乗り込む。が、案の定、私たちは飛行機を見失い、気がつくとティボリ町のスミフル・フィリピン社のバナナ園に囲まれた集落にたどり着いていた。あきらめて窓の外を見るとドリアンが売られている。

「しかたがない、ドリアンでも食べて帰るか」と民家の軒先でドリアンを食べ始めた。と突然、ブーンとうなりを上げて飛行機が現れ、私たちの頭上に農薬をふわりと撒いて、何事もなかったかのように去っていったのだ。あっという間の出来事であった。私は農薬を浴びて静止。二人は首尾よく木陰に隠れ、難を逃れていた。バナナ園で働いた経験から、身を守る方法を条件反射的に身につけていたのである。

バナナ園外への農薬の空中散布。これが紛れもない事実であることを身をもって体験した瞬間であった。私は調査を継続する決意を固くした。

その体験から5年が経ってしまったが、オルター・トレード・ジャパン社やアジア太平洋資料センター(PARC)の協力を得て調査を続け、ようやく完成したのが本書である。調査にあたっては多くの方々にお世話になった。訪問を受け入れてくださったNGPI多目的協同組合、チェッカード農園協同組合、キタングラド山アグリベンチャー社(MKAVI社)、タデコ社、NGOのファームコープと環境保護協会(IDIS)、スヤパ農園労働組合(NAMASUFA)、五月一日運動(KMU)、農業労働者連合(UMA)には、心から感謝したい。

ダバオ地域では、パトリック・ベリサリオさんが各方面へのインタビューを設定してくださった。彼はNGPI多目的協同組合から有機栽培のカカオ豆を仕入れ、自前のチョコレート工房でCoscaoというとてもおいしいチョコレートを作っている。ダバオ市を訪れる機会があったら、ぜひ探してみてほしい。レイクセブ町では、バランゴンバナナの生産者を組織するジェームス・シモラさんが笑顔で迎えてくださった。また、いつもガイドと運転を務め、安全に気を遣ってくださるハロン・サラさんとアブバカル・サンキさん、ありがとう。

原稿を仕上げる段階においては、澤田ちひろ(立教大学)さんが図序—4、2—1、2—2を作成し、表6—7をチェックしてくださった。堀芳枝(早稲田大学)さんは、学務が多忙を極める学期末に草稿の一部を読んでくださり、貴重なコメントをくださった。コモンズの大江正章さんには頭が上がらない。もともとは、市橋さん、関根さん、石井が3人でバナナについての普及書を出す企画を立てていた。その構想を鶴見良行さんと親交があった大江さんが後押ししてくださった。実は2020年3月からは、大江さんはしばしば入院中の病床から打ち合わせや原稿のやりとりに応じてくださっていた。筆舌に尽くしがたい闘病生活。「この本は絶対に世に出すから」と大江さんはおっしゃり、献身的に編集作業にあたってくださった。本当にありがとうございます。

なお、本書の内容は一部詳細かつ専門的であり、そのため分量が多くなった。日本に輸入されるフィリピン産バナナのサプライチェーンの全貌を見渡すことができる構成になっているが、忙しい読者にとっては、すべてを読み通すのは難しいかもしれない。ただ、各章の内容は独立しており、関心に合わせて部分的に読むこともできる。フィリピンや生産地に興味がある読者は第1～3章を、農薬に関心があれば第4章を、流通と消費の情報を知りたければ第5～7章を、まず読んでほしい。

本書を通じて『バナナと日本人』の仕事の重要性に改めて向きあうことになった。本書が、鶴見良行さんが投げかけた問いを1ミリでも前につなぐことができるのであれば、幸いである。

2020年8月

編者　石井正子

【著者紹介】

石井正子(いしい・まさこ)序章、第1章、第2章1、第3章1
立教大学異文化コミュニケーション学部教授。専門：フィリピン研究、紛争研究。主著＝『女性が語るフィリピンのムスリム社会——紛争・開発・社会的変容』(明石書店、2002年)。共著＝『現場〈フィールド〉からの平和構築論』(勁草書房、2013年)、『地域・草の根から生まれる平和』(早稲田大学出版部、2015年)。

アリッサ・パレデス(Alyssa Paredes)第2章2、第4章2
1989年生まれ。ミシガン大学人類学部博士研究員。専門：人類学。共著＝*Feral Atlas: The More-than-Human Anthropocene*, Stanford University Press Digital Projects, 2020. 主論文＝The Problem of mechanization: Craft, Machines, and 'Centering' in a Japanese Mingei Pottery Village. *The Journal of Material Culture* 23, 2018.

市橋秀夫(いちはし・ひでお)第6章、第7章1
1962年生まれ。埼玉大学大学院人文社会科学研究科教授。専門：近現代社会史。共著＝『イギリス文化史』(昭和堂、2010年)、『バナナとフィリピン小規模零細農民——バランゴンバナナ民衆交易の現状と課題』(埼玉大学教養学部・大学院人文社会科学研究科、2018年)。主論文＝The Reception of E. P. Thompson in Japan: The New Left, The Making, and "Moral Economy", *International Review of Social History* 61, 2016.

関根佳恵(せきね・かえ)第5章
1980年生まれ。愛知学院大学経済学部教授。専門：農業経済学、農村社会学。主著＝『13歳からの食と農』(かもがわ出版、2020年)、『家族農業が世界を変える』全3巻(2021〜22年、かもがわ出版、学校図書館出版賞受賞)。共著＝『アグリビジネスと現代社会』(筑波書房、2021年)、『バナナとフィリピン小規模零細農民』(埼玉大学教養学部・大学院人文社会科学研究科、2018年)、『多国籍アグリビジネスと農業・食料支配』(明石書店、2016年)。

田坂興亜(たさか・こうあ)第4章1
1940年生まれ。国際農薬監視行動ネットワーク(PAN)アジア・太平洋日本代表、元・国際基督教大学教授、アジア学院校長。専門：アジア諸国の農薬による環境汚染。主著＝『アジア輸入食品汚染』(家の光協会、1991年)、『危機に立つ人間環境——「食」と環境の化学』(光村教育図書、1999年)。共著＝『食品安全基準——ガットの落し穴』(家の光協会、1992年)。

田中　滋(たなか・しげる)第3章2
1981年生まれ。特定非営利活動法人アジア太平洋資料センター(PARC)理事・事務局長。専門：都市地域計画。

野川未央(のがわ・みお)第7章2
1982年生まれ。特定非営利活動法人APLA事務局長。専門：東南アジア社会経済学。編著＝『非戦・対話・NGO——国境を越え、世代を受け継ぐ私たちの歩み』(新評論、2017年)、『イチからつくるチョコレート』(農山漁村文化協会、2018年)。共著＝『フィリピンの少女ピア——性虐待をのりこえた軌跡』(大月書店、2006年)。

甘いバナナの苦い現実

二〇二〇年 八 月三〇日　初版発行
二〇二二年一〇月三一日　5刷発行
編著者　石井正子

発行所　コモンズ
東京都新宿区西早稲田二―一六―一五―五〇三
TEL〇三（六二六五）九六一七
FAX〇三（六二六五）九六一八
振替　〇〇一一〇―五―四〇〇一二〇
info@commonsonline.co.jp
http://www.commonsonline.co.jp/
印刷・製本／加藤文明社
乱丁・落丁はお取り替えいたします。
ISBN 978-4-86187-167-2 C 0036